VISION

Messages du Maître Hilarion
Suite aux événements du
11 septembre 2001
aux États-Unis

Hilarion

Canalisé par
André DeLadurantaye

C. P. 98 Varennes, (Québec) Canada J3X 1P9
Site Internet : http :/www.marie-lakshmi.com
Courriel : info@marie-lakshmi.com
Tel : 450-652-5649, Fax : 450-652-2562
Auteur : André DeLadurantaye (éditeur et médium)
Correction d'épreuves : Yvonne Ouellet
Collaboration : Ginette Gareau
Illustration de la couverture : André Lessard
Création sur image : lessard.andre@videotron.ca
1ère impression : Avril 02 – Imprimeries Transcontinental Inc.
Dépôt légal : premier trimestre 2002
Bibliothèque nationale du Québec
Bibliothèque nationale du Canada
Bibliothèque nationale de France

Données de catalogage avant publication (Canada)

Hilarion (Esprit)

Vision : messages du Maître Hilarion suite aux événements du 11 septembre 2001 aux Etats-Unis.

ISBN 2-921662-27-2

1. Attentats du 11 septembre 2001, États-Unis. 2. Vie spirituelle. 3. Vie – Philosophie. 4. Écrits spirites.
I. DeLadurantaye, André, 1943- . II. Titre.

BF1311.S44H54 2002 133.9'3 C2002-940572-6

IMPRIMÉ AU CANADA

SOMMAIRE

DÉDICACE

Je dédie ce livre à la mémoire de Marielle Bouchard, ma correctrice d'épreuves, pour les publications que je réalise depuis 1994. Marielle nous a quittés suite à une maladie qui nous a tous surpris par sa soudaineté et sa virulence. Elle était pour moi beaucoup plus qu'une correctrice, elle était une femme de cœur et de partage. Se donnant sans mesure dans tout ce qu'elle entreprenait, elle était très aimée de toutes personnes qui étaient près d'elle. Elle avait ce don d'unir les gens.

Marielle fut fondamentalement mon université d'écriture. Elle m'a appris à travailler le français avec adresse et simplicité. Je lui dois maintenant et pour toujours l'écrivain que je suis, amoureux de la forme et du style. Son départ fut un réel bouleversement pour moi, car je pensais naïvement que le temps et les mots écrits ne nous seraient jamais comptés. Mais le destin a décidé autrement. Pour moi, elle sera toujours la femme qui m'a permis de donner au monde ce que j'écris. Sa mémoire restera ineffaçable dans mon cœur.

Merci Marielle pour ton passage dans ma vie, m'ayant accompagné dans cette tâche d'apporter le confort spirituel à ceux qui cherchent. Tu resteras toujours la fondation sur laquelle repose et reposera ma réussite d'écriture. Je te dis au revoir. Ce n'était qu'un passage, mais gravé à jamais dans mon cœur.

Paix, Harmonie, Amour et Lumière – André

Signature

LA GRANDE INVOCATION

Du point de Lumière dans la Pensée de Dieu,
Que la Lumière afflue dans la pensée des hommes.
Que la lumière descende sur la Terre.

Du point d'Amour dans le Cœur de Dieu,
Que l'Amour afflue dans le cœur des hommes.
Puisse le Christ revenir sur Terre.

Du centre où la Volonté de Dieu est connue,
Que le dessein guide le faible vouloir des hommes,
Le dessein que les Maîtres connaissent et servent.

Du centre que nous appelons la race des hommes,
Que le Plan d'Amour et de Lumière s'épanouisse.
Et puisse-t-il sceller la porte de la demeure du mal.

Que Lumière, Amour et Puissance
restaurent le Plan sur la Terre.

INTRODUCTION

Quelques jours après les événements tragiques du 11 septembre 2001 à New York, j'ai reçu une demande du Maître Hilarion, que je suis appelé à canaliser depuis plus de cinq ans, à l'effet de prendre un message qu'il avait à nous livrer afin de nous faire comprendre la raison d'être des événements dont nous sommes témoins, ainsi que les implications multiples que les changements dans ce monde auront sur nous et sur notre entourage.

Rien dans cet Univers ne reste sans changement. Tout est en mouvement, même les choses que nous considérons comme immobiles. La planète Terre, selon les dires des Êtres de Lumière, est une école où tous les êtres sont propulsés vers une compréhension de la raison de leur existence. Certains diront que leurs situations karmiques les amènent au bord de la défaillance. Par contre, d'autres trouvent dans ce monde un lieu de repos et de quiétude. Que sommes-nous venus chercher dans ce lieu sinon des réponses à notre relation avec la vie, avec l'Univers, et avec tout ce qui nous aide à comprendre ce qui nous affecte et nous contrarie.

En ces temps où la conscience de l'homme s'est élargie, nous avons la possibilité d'entrer en contact avec des mondes non manifestés et de communiquer avec ces Êtres qui voient à la bonne gestion des mondes manifestés. Cette forme de communication exige une sensibilité de la perception et devient de plus en plus accessible à ceux et celles qui y voient un grand intérêt pour leur cheminement spirituel. À l'aide de techniques appropriées, tout individu qui se donne la peine de pratiquer et de faire les efforts nécessaires, peut arriver à communiquer avec les Êtres de Lumière de son choix. Cette forme de communication est la canalisation.

La canalisation des Énergies des Êtres de Lumière est depuis longtemps le moyen privilégié que le Ciel utilise pour guider l'humanité dans la recherche de sa raison d'être et du sens de sa vie. Toutes les époques témoignent des messages reçus par ces individus sensibles à la réception des énergies subtiles. Voici un extrait que le prophète endormi Edgar Cayce a transmis lors de l'une de ses nombreuses séances :

« À travers l'histoire, et jusqu'à ce jour, plusieurs clairvoyants psychiques et médiums, ont été contactés comme un canal par des esprits désincarnés ou des « guides » à partir de « l'autre monde ». Il faut rajouter à cela, en toute honnêteté, un grand nombre de saints et de prophètes bien documentés à travers les grandes religions organisées du monde.

« Apparemment, des êtres d'une telle sensibilité peuvent être utilisés en tant que canal, autant pour les communications de bons messages que pour les communications de messages machiavéliques, dépendant nécessairement de l'idéal qu'ils se sont fixé, et qui ou quoi ils attirent à eux. » Aujourd'hui, on entend parler de canalisation des Êtres de l'au-delà, dont plusieurs utiliseront le terme anglais « channeling », peut-être pour être plus près du véritable sens que le mot original américain renferme. Le « channeling » a vu le jour d'une façon progressive aux États-Unis dès le début des années 60. Depuis, cette forme de communication avec les autres réalités a pris beaucoup d'expansion, peut-être parce que les religions traditionnelles n'avaient plus ce pouvoir de persécuter les gens, comme cela était la coutume durant l'Inquisition.

Celle-ci était en fait un tribunal ecclésiastique chargé de réprimer « l'hérésie ». L'Inquisition a été introduite par le pape Innocent III en 1199. La procédure inquisitoriale consistait en un interrogatoire savamment accusateur, suivi de tortures corporelles et morales d'une atrocité alarmante, pour ensuite se terminer par un châtiment fatal sans recours. Bien que cette pratique ait disparu au cours du 18ième siècle, certains pays restent encore marqués par les énergies qui ont gravé le psychisme des âmes qui se réincarnent de nos jours pour réclamer leur justice.

Je crois personnellement que les victimes de cette époque sont en partie de retour pour devenir à leur tour les bourreaux. Ce qui arrive et se poursuivra dans les temps à venir pour notre monde, est tout simplement le retour des énergies de persécution de ces temps révolus. Ces énergies cherchent à retrouver les auteurs ancestraux et, finalement, mettre un terme à cette répression qui eut comme motif et emblème le nom du Maître et Christ Jésus. Le Maître n'a, en aucune façon, autorisé ces répressions et ces meurtres gratuits causés par la folie furieuse des hommes à travers l'autorité de certains papes qui justifiaient de tels holocaustes. Ces punitions étaient souvent administrées simplement parce que les victimes n'avaient jamais entendu parler de Jésus-Christ, ou qu'elles étaient de culture dite « païenne » selon l'évaluation de l'époque.

Le mot « païen », selon le petit Larousse, veut dire : « Adepte de culte polythéiste de l'Antiquité, et, particulièrement, du polythéisme gréco-latin, par opposition à chrétien. » De plus, ce mot signifie aussi, selon la même source, être impie et même mécréant. Qui sait vraiment jusqu'où cette folie a fait dévier la nature de la religion ?

La religion est constituée d'un ensemble de croyances et de dogmes définissant le rapport de l'homme avec le sacré. Elle est pratiquée à l'intérieur de rites propres à chacune de ces croyances. Si l'homme, par son pouvoir religieux et son influence au sein de la hiérarchie ecclésiastique a décidé de tuer au nom de Jésus-Christ suite à un jugement humain, il trahit purement et simplement le sens véritable du message du Christ. Dans les dix commandements que Dieu a communiqués à Moïse, n'est-il pas dit : « Tu ne tueras point. » Ce commandement est catégorique et ne laisse place à aucun « mais si... ». Il est inconditionnel.

Conséquemment, aucun être humain n'a une quelconque autorité à enlever la vie, que ce soit sous prétexte de religion ou d'état ! La personne qui émet le jugement sera jugée de la même façon lorsque son temps viendra. La réaction énergétique du retour la placera éventuellement dans la même position qu'elle a fait subir aux autres. Alors, si l'église, à travers la folie des hommes s'est attribué un rôle de juge face à ses fidèles obligés, elle devra répondre dans les années qui viennent de ces jugements, car elle est déjà condamnée par la collectivité mondiale.

Depuis fort longtemps, on constate une réelle désaffectation pour la pratique religieuse, ce qui a pour conséquence, au cours de cette décennie, la fermeture de nombreuses églises. C'est ainsi qu'à New York, 250 églises devront être démolies, et que même à Montréal, une ville qui me touche de plus près, plus de 50 lieux de culte seront démolis ou recyclés. Ceci ne démontre-t-il pas clairement que la fréquentation des églises était fondée sur la peur et l'oppression plutôt que sur l'amour pour Jésus ?

Depuis des siècles, l'éducation du clergé est sans doute en grande partie responsable de cette adhésion inconditionnelle à cette forme d'oppression impliquant l'absence de choix quasi absolu entre « aimer l'église ou mourir ». L'épée du karma tranche aussi nettement mais avec justice les actions passées de toutes les communautés et de tous les individus qui furent associés à des actes répréhensibles. Lorsque cette loi de cause à effet sera mieux connue et comprise, alors seulement les hommes vivront d'amour et en paix. S'il était donné à tout être humain d'avoir la vision de sa prochaine incarnation, peut-être celui-ci serait-il appelé à réfléchir davantage sur l'orientation de ses actes.

La conséquence de cette philosophie d'une seule vie implique des engagements extrêmes entre le bien et le mal. Le choix des énergies du mal entraîne presque obligatoirement des atrocités innommables. Le même phénomène se renouvellera dans la prochaine vie, voire même dans plusieurs vies subséquentes.

Ceux qui pensent naïvement que leur vie présente est la seule, et qu'elle n'est pas vraiment favorable, se disent : aussi bien en profiter avant de mourir. Ne sachant pas qu'ils vivront ces mêmes atrocités dans la prochaine vie, et peut-être même dans plusieurs vies successives, ces personnes n'ont aucun frein pour les empêcher de dégénérer dans leurs démences. Et c'est ce qui fait le plus peur dans ce monde.

L'être humain, ainsi éloigné de la Source, constitue une menace constante pour l'humanité. Sans cette vision de miséricorde du Père, du Fils et de l'Esprit Saint, l'homme n'est plus rien. Il vit et meurt comme un animal. Ces tragédies sont des conséquences de cette minorité d'hommes qui ne savent plus ce qu'ils sont ni où ils vont. Selon les messages du Maître Hilarion, les situations extrêmes qui se vivent maintenant sur la planète sont des retours que l'homme lui-même a provoqués par ses actions passées. Le mal se bat contre le mal, et non contre la Lumière. Parallèlement, la Lumière augmente sensiblement sur cette planète, et excite l'énergie du mal qui sait que son temps est maintenant limité. La Terre pénètre progressivement dans un secteur de l'Univers où la dualité diminue peu à peu pour faire place aux mille ans de paix qui avaient été promis. Au seuil de ces temps bénis, soyons témoins seulement de la dernière bataille qui se joue présentement : le mal contre le mal.

Je vous souhaite une bonne lecture et imprégnez-vous des Énergies d'Amour inconditionnel du Maître Hilarion.

André DeLadurantaye, éditeur.

CHAPITRE

1

LA TRAGÉDIE DU MILLÉNAIRE

Hilarion — Le monde vient de changer. Il a été attaqué par les forces du mal. Personne ne reste indifférent à la tragédie qui a frappé les symboles les plus importants pour le peuple américain. Les événements tragiques du 11 septembre 2001 à New York resteront gravés profondément dans la mémoire de toute personne vivant sur cette Terre pendant très longtemps. La façon de vivre de chacun ne sera plus jamais la même.

Vous vous demandez : « Mais pourquoi ? Pourquoi tant de pertes de vies innocentes ? Quelle en est la raison ? » La réponse à ces questions est très complexe et demande à chacun de regarder et d'évaluer sa propre vie, ses propres actions face à autrui, face à ce monde.

Je suis cette Énergie que vous appelez Hilarion, Régent du Rayon Christique vert émeraude : le Rayon de Guérison. Je viens pour vous réconforter dans cette épreuve globale en vous apportant un message d'Amour et de Compassion.

En ce moment présent dans la vie de chacun, les émotions sont sollicitées au plus profond de la compréhension humaine. L'esprit ne comprend pas ce qui vient de se produire. Tous les êtres, peu importent leurs racines, sont touchés intimement au fond d'eux-mêmes. Cette tragédie a fait ressortir des peurs, des moments de peine profonde, des inquiétudes face à l'avenir, des ressentiments pour les auteurs de la tragédie. La tendance est au désir de vengeance. L'énergie de guerre vient de s'installer globalement sur votre magnifique planète bleue. Mais, restera-t-elle magnifique ?

Avez-vous remarqué combien le monde est si fragile et la paix si précaire ? Depuis plusieurs décennies, vous vous demandez : « Y aura-t-il une troisième guerre mondiale ? ». Mais votre raison répond : « C'est impossible, pas en cette période du début du millénaire. Nous avons grandi, nous avons appris de nos erreurs du passé. Nous sommes plus intelligents, plus éduqués. » Regardez bien comment il a été facile pour les dirigeants gouvernementaux de convaincre la communauté mondiale de voter des fonds nécessaires à la mise en oeuvre d'un grand conflit à l'échelle planétaire.

Croyez-vous vraiment que cette action se limitera au terrorisme qui sévit dans le monde ? Attention aux manipulations politiques. Les esprits sont présentement échauffés au point de vouloir détruire plus qu'il n'est nécessaire. Et, dans une psychose collective, vous trouverez correct d'accueillir cette vengeance par légitime défense. Peut-être vous dites-vous : « Mon opinion et ce que je pense n'ont aucune influence sur le sort de l'humanité. » Erreur de jugement ! Les pensées de chaque personne sur Terre engendrent un effet collectif dans l'énergie, qui se traduit éventuellement par des manifestations physiques.

Est-ce seulement la haine d'un petit groupe qui est responsable de ces attentats ? Non ! Depuis très longtemps, un égrégore de haine se construit, nourri par les individus mécontents de leur sort, espérant une liberté à leur mesure. Cet égrégore est une masse énergétique de haine qui influence les marginaux d'une façon inconsciente dans leur système de croyances. Ils se révoltent à cause des torts qu'ils subissent venant de l'extérieur de leur patrimoine.

Vous connaissez sûrement le phénomène « walk-in », c'est-à-dire l'incarnation d'un Être de Lumière dans un corps qu'une âme a désiré quitter sans se suicider. Bien, il y a aussi des « walk-in » chez les agents de l'Ombre. Ils peuvent venir pénétrer ces personnes qui font un pacte avec le mal pour atteindre un but visé par leurs croyances. Pour eux, ce pacte n'est pas maléfique parce qu'ils ont été endoctrinés différemment. Les actions qu'ils accomplissent sont justifiées par les croyances qui leur ont été inculquées pour sauver leurs traditions et leurs racines.

Présentement, il y a des peuples qui se sentent menacés, non seulement par la vengeance d'un autre peuple, mais aussi dans l'idéal le plus fondamental de leur culture. Ces peuples ne se laisseront pas intimider par les représailles de vengeance. Ils défendront leurs idéaux jusqu'au bout, au risque de tout voir s'écrouler autour d'eux. Une incompréhension majeure risque de s'installer et de s'éterniser si tous les pays ne cherchent pas à comprendre les autres cultures et à laisser vivre les peuples selon leurs besoins. Parfois, les raisons politiques qui motivent la prise de position d'un peuple varient dans les pays où la culture est différente. Même si l'échange commercial est souhaitable, l'ingérence dans la culture peut devenir l'enjeu d'un entêtement progressif qui pousse ce peuple à vouloir retrouver sa propre liberté.

La force appelle toujours la force. Plus la force déploie ses ailes, plus la résistance à cette énergie est grande. Il n'y a pas de différence entre le cœur de celui qui frappe et celui qui désire la vengeance. Oui, le monde pleure l'agression contre sa liberté. Un changement de paradigme est en train de se produire. Les valeurs qui semblaient si sûres, si solides, se sont écroulées. Ce qui ne semblait pas possible s'est produit. Mais l'histoire se répète. Regardez dans vos archives, les agresseurs sont toujours prêts à frapper lorsqu'il y a un manque de vigilance envers la coopération collective.

La maturité de l'humanité n'est pas dans la croissance de la technologie, ni dans la sophistication de l'armement. Elle réside dans le partage fraternel des ressources, autant intellectuelles que matérielles. Tant qu'il y aura des peuples affamés et misérables dans les pays défavorisés par les climats et les gouvernements, il y aura des agressions contre les peuples qui vivent dans la richesse sans se soucier du bien-être de ceux qui leur sont extérieurs.

Oui, vous avez un grand pouvoir pour faire échec et mat à la guerre. Votre mode de vie occidental n'est pas toujours sain et équitable pour les générations qui vous suivent. La violence, par exemple, dans vos sociétés est en croissance. Avez-vous vraiment étudié l'équation ? Comment se comportent vos propres enfants et ceux de votre entourage ? Ils ont l'esprit formé par l'environnement dans lequel ils ont trempé : la violence. « Où est cette violence ? » demanderez-vous. L'éducation de vos enfants n'est pas seulement à l'école. Elle est dans tout ce qu'ils voient, touchent et entendent.

La télévision vous semble-t-elle sûre pour éduquer vos enfants ? Les longs métrages d'horreur qui y sont diffusés sont des virus virtuels qui impressionnent le subconscient fragile des enfants. Leur esprit et leur mémoire deviennent familiers avec le meurtre, l'agression sexuelle, le vol, la piraterie et une quantité infinie de vices et de manifestations de violence. Vous êtes prisonniers, mes enfants. Prisonniers de vos propres douleurs parce que vous avez écouté celui qui frappe. Vous avez ouvert la porte au mal qui vous trahit et diminue votre bien-être.

Partout dans le monde, des cris d'alarme se font entendre des associations qui se battent contre les instruments de violence, comme les programmes qui sont diffusés globalement, et qui portent en eux des germes fondamentaux de violence. Mais, malheureusement, ces travailleurs de l'Amour ne sont pas pris au sérieux. Les mises en garde contre cette forme d'éducation sont ignorées de la collectivité. Au fond, les gens entendent ce qu'ils veulent bien entendre. Mais voilà, le germe s'installe et fait finalement surface avec force et sans merci.

Les compagnies qui fabriquent les jouets de guerre entretiennent l'égrégore de la guerre. Cessez d'acheter les jouets qui représentent le mal, et l'éducation de vos enfants s'améliorera en ayant des tendances de paix et de partage. Fermez vos téléviseurs à la violence, et les corporations qui fabriquent ces scénarios machiavéliques ne feront plus d'argent sur vos souffrances. Vous avez un grand pouvoir entre vos mains : le discernement. Ce que vous laissez entrer dans votre esprit sera ce qui modèlera votre vie par résonance, lentement, mais sûrement.

Vous dites que le monde souffre et qu'il est malade. Vous regardez les images de peur et de souffrance défiler sur le petit écran et vous croyez que cette perception est le profil du monde. Non ! Rassurez-vous, cela n'est que ce que les médias veulent vous faire croire, que le monde est en décadence et qu'il faut intervenir avec encore plus de provocation. La réalité est tout autre. Vous êtes comme des prisonniers à qui l'on permet de regarder dehors par une toute petite fenêtre. Et vous croyez que cette vision que vous avez du monde par cette perception est fidèle à l'ensemble de la grande réalité.

Sortez de cette prison pour y voir tout cet ensemble et non pas l'échantillon que l'on vous propose. Lorsque vous prenez un moment d'arrêt dans votre vie et que vous vous retrouvez à la campagne, dans la nature près d'un lac, que ressentez-vous ? Vous vous connectez avec la vraie nature de ce monde. Un monde silencieux et paisible qui n'attend rien de vous mais qui est prêt à tout vous donner. Le bonheur n'est pas dans le monde de l'homme moderne, car celui-ci ne connaît pas le partage. Le bonheur est partout ailleurs, où la nature n'a pas été touchée par l'homme d'aujourd'hui, mais il faut le reconnaître et le saisir dans la simplicité et en toute humilité.

Comment se fait-il que vous puissiez oublier le monde lorsque vous êtes en vacances, loin des rouages de la société bruyante et exigeante ? Il y aura toujours des événements qui font réfléchir. L'éveil de la planète est commencé. Mais, comme l'adolescent qui continue à sommeiller après l'appel du réveille-matin, vous continuez à dormir et à oublier ces rappels à la conscience de votre propre nature. Vous avez dévié de la raison d'être de la vie. Vous vivez un rêve qui s'est tellement éloigné de votre réalité intime que vous ne reconnaissez plus votre origine.

Qu'attendez-vous de ce monde ? Qu'il vous montre son plus beau visage et qu'il vous dorlote avec passion et gentillesse ? D'abord faudrait-il que ces qualités soient en vous-même avant de les voir se refléter dans votre vie. Le monde n'est que le miroir de votre perception de vous-même. Il est l'instrument qui reflète ce que vous êtes intérieurement. Oui, bien sûr, Je comprends vos objections. Vous ne voyez pas clairement qui vous êtes et ce que vous êtes destinés à devenir.

Tous les Enseignants de la Lumière ont déjà mentionné que la planète Terre est une école qui se modèle parfaitement au besoin des critères qui vous feront prendre conscience de votre besoin de compréhension. Besoin ne veut pas dire ce que vous désirez consciemment, mais ce que votre âme veut vous faire expérimenter pour retrouver sa liberté spirituelle. Votre âme décide de votre sort. Elle est ce fragment de Dieu qui a tous les pouvoirs et elle pourvoit à créer ces événements qui vous font réfléchir afin de saisir votre attention.

Dans la séparation qui vous éloigne de votre âme, vous êtes devenu étranger. Par ces événements qui font réfléchir, elle veut simplement que vous preniez le chemin du retour qu'elle avait planifié pour vous avant votre incarnation sur cette planète. Rien n'est fait au hasard dans l'univers. Tout se justifie selon votre prise de conscience. Plutôt que de vous demander : « Qu'est-ce que je peux obtenir du monde dans lequel je vis ? » demandez-vous : « Qu'est-ce que je peux offrir à ce monde pour qu'il devienne meilleur ? ». Alors, tout ce que vous offrirez au monde, c'est à vous que vous l'offrirez, car, rappelez-vous, le monde est un grand miroir collectif et individuel.

Pour le saint qui marche sur cette Terre, le monde est parfait, parce qu'en lui-même, il y a la perfection. La création est virtuelle. Chaque esprit la voit différente, mais toujours selon sa propre perception, ses propres croyances. Les événements dont vous avez été témoins ces derniers temps ne sont réels à votre âme que dans la mesure où ils ont le pouvoir de vous faire réfléchir et de changer les sentiments qui vous motivent.

Par exemple, lorsque vous jouez sur un ordinateur à l'un de ces jeux d'adresse où vous devez faire culbuter un bonhomme ou c'est lui qui vous culbute, vous créez une action virtuelle qui n'existe que dans votre esprit. Pour celui qui est extérieur à ce jeu, la réalité est tout autre. De même, vous ne prenez conscience de ces événements qui vous font réfléchir que dans la mesure où vous croyez fortement qu'ils ont existé, pour vous en faire tirer une leçon, une réflexion profonde qui aura le pouvoir de vous faire changer quelque chose dans votre vie.

Il est très difficile pour l'esprit humain de saisir la raison d'être de toute action, de tout événement. Tant que vous êtes dans cette expérience de l'action-réaction, il vous est difficile de saisir les raisons qui justifient votre réalité, surtout dans la façon dont votre vie se déroule. Actuellement, personne n'est à l'abri du retour de sa propre création ; quelle soit vraie ou fausse, quelle soit bonne ou mauvaise. L'Univers de Dieu est composé de lois précises et immuables. Chaque action manifestée par l'homme, dans la mesure où il s'identifie à celui qui agit, crée un lien entre le monde manifesté et lui. Toutes les actions bonnes et mauvaises de vos vies passées reviendront vous visiter pour faire le point.

L'Univers n'est pas un grenier d'épaves énergétiques créées par des milliards d'individus, bien ou mal intentionnés. Bien que toutes ces énergies karmiques du passé soient emmagasinées dans le corps physico-émotionnel de la planète, elles reviendront infailliblement dans la réalité de toutes les personnes qui les ont émises. Ce corps physico-émotionnel de la Terre absorbe temporairement vos négativités parce que si vous deviez recevoir immédiatement le retour de vos actions, ces énergies vous tueraient avant même d'avoir vraiment commencé vos expériences de vie plus favorables. Vous seriez comme des enfants qui apprennent à marcher mais qui n'ont personne pour les aider à se tenir debout.

Voilà, mes enfants, l'Amour inconditionnel de votre chère Mère Terre. Aurez-vous le courage de la remercier ? Très peu le font et c'est pourquoi elle se rebute.

Les changements climatiques sont des manifestations conséquentes à ces énergies karmiques emmagasinées depuis si longtemps. Maintenant, le grenier est plein, le corps physico-émotionnel de votre Mère Terre est plein à craquer. Craquer ? N'est-ce pas le terme approprié pour exprimer les changements géologiques qui se manifestent sur votre globe ? Votre Mère Terre vous aime inconditionnellement, mais elle ne peut pas absorber indéfiniment vos responsabilités et vos actes. Elle doit s'élever dans sa propre raison d'être. Tout comme vous, elle désire se libérer.

Ce message que Je vous donne présentement est en réponse à ces inquiétudes et ces angoisses que vous vivez. Je profite de cette ouverture de conscience que les événements ont provoqué dans vos vies. Bien sûr, vous pourriez dire que J'aurais pu venir vous livrer ce message avant les événements. Je l'ai fait, mais votre cœur était fermé. Votre vie était trop ailleurs. Lorsque vous courez partout pour exprimer votre vie quotidienne, vous ne vous souciez de rien. Alors, comment puis-Je toucher votre cœur ?

Maintenant, Je vois une toute petite fissure par laquelle Je peux vous apporter un réconfort, un savoir qui vous sera utile afin de reconnaître le but de votre existence. Oui, ce message est important pour votre esprit. Maintenant ! Mais il est inutile si vous n'agissez pas pour changer ce qui ne va plus pour vous. Vous direz que vous avez lu tous les livres élevants qui ont paru depuis des années et que vous avez accumulé des connaissances extraordinaires. Bien sûr, J'en conviens, mais comment avez-vous appliqué ces connaissances dans votre comportement, dans vos pensées ? Qu'avez-vous vraiment retenu de ces enseignements ?

Il est bien de savoir que tout est possible. Mais, qu'est-ce que cela vaut si vous n'en faites pas l'expérience ? Rien. Agir, c'est guérir. La foi sans l'action est une faillite. Il faut croire, mais il faut vivre l'expérience dans l'action. Apprendre à équilibrer vos karmas emmagasinés dans le corps de la Mère Terre est l'enjeu de votre futur. Si vous ne le faites pas maintenant, vous le ferez dans une autre vie, à une époque peut-être plus favorable pour vous. Mais la vie sera toujours sur le même thème : la purification de l'esprit afin de laisser l'âme illuminer vos vies dans l'Amour inconditionnel.

Votre histoire est comme une cassette qui se répète continuellement. Les habitudes que vous exprimez sont des marques très profondes gravées dans votre psychisme depuis très longtemps, peut-être même des centaines de vies. Ce qui se joue sur la scène mondiale en ce moment vous démontre clairement que chacun vit pour défendre son patrimoine et il n'y a que cela qui compte pour la majorité des gens. Les valeurs communes au bien-être de l'ensemble sont loin d'être acquises par cette société qui se croit à la fine pointe de la technologie. Chaque ère possède son temps moderne. Le moderne d'aujourd'hui sera désuet au contact du moderne de demain. Mais, au fond, qu'est-ce qui changera, sinon l'effort de rendre le mirage un peu plus réaliste, quoique toujours virtuel par rapport à votre véritable nature.

En fait, pourquoi Dieu aurait-Il placé l'homme dans un monde de contrariétés, alors que partout dans l'Univers, sous Sa Signature, tout est Amour, Harmonie et Paix ? La différence est dans le pouvoir de votre liberté de choix. Vous avez eu un cadeau inestimable dans cette liberté de choix, car cette liberté est totale aux yeux de Dieu, mais aux yeux des hommes... attention ! Le libre choix ne vient pas seul comme pouvoir ultime. Il est accompagné de la loi du retour des actes accomplis, peu importe leur essence. La loi de cause à effet, nommée communément la loi du karma, ne peut se dissocier du statut de libre choix ou libre arbitre.

Le Maître Jésus a dit : « Vous récolterez ce que vous aurez semé. » Cette parole n'est pas une parabole, elle est très claire. Vous récoltez maintenant ce que vous avez semé avant aujourd'hui, et vous récolterez dans le futur ce que vous semez aujourd'hui. Je souhaite que cet enseignement que le Maître Jésus a donné autrefois vous fasse réfléchir et changer votre vision de vie, la vision de votre réalité.

Je vous bénis et Je vous imprègne de mon Rayon d'Amour inconditionnel.

Adonaï. — Hilarion

CHAPITRE

2

LES ÉVÉNEMENTS QUI FONT RÉFLÉCHIR

Ce chapitre est le compte rendu d'une conférence-canalisation du Maître Hilarion reçue à Metz, France, le 14 octobre 2001 par André. La première partie est en parole libre et la deuxième partie est la canalisation en transe profonde consciente.

André — Le thème de cette rencontre est : Les événements qui font réfléchir. Ce thème a été choisi par le Maître Hilarion pour apporter des réponses aux questions que la plupart des gens se posent sur les événements du 11 septembre 2001 à New York.

La première partie de la conférence nous donnera un compte rendu de ce que nous avons reçu à l'Intégration Christique de Montréal le 11 septembre, le soir même des événements. Un grand nombre de personnes ce soir-là ont posé des questions sur la raison des événements. Pourquoi ces événements sont-ils arrivés ? Pourquoi s'en est-on pris au États Unis ?

Alors, je vais développer un peu sur ce que le Christ a répondu et, en même temps, j'aimerais faire un petit survol sur l'avènement de l'éveil planétaire qui est en pleine effervescence et qui marquera tout particulièrement l'année 2012.

J'ai fait une conférence astrophysique ici, à Metz, au printemps 2001, en mai plus précisément, et cette conférence était peut-être un peu trop scientifique pour être bien comprise. J'aimerais reprendre l'essentiel du phénomène avec des termes plus terre à terre pour expliquer vraiment la direction que nous poursuivons. Contrairement à ce que beaucoup de gens croient, que la Terre va vers sa propre destruction, la plupart des grands philosophes pensent que cette époque est le dernier soubresaut de la dualité qui peut se poursuivre jusqu'à 2050. L'ouverture de l'Ère du Verseau a débuté en 1950. La plage d'instabilité durera jusqu'à 2050. À cette date, nous serons pleinement entrés dans l'Ère du Verseau.

Ceci concorde aussi avec un autre phénomène. En 2012, la planète Terre sera alignée avec l'étoile Polaris. Selon le Maître Hilarion, notre pôle Nord serait un oeil manasique, c'est-à-dire un œil qui voit la conscience. Il est comme un télescope psychique. Je vous donne un exemple : si on regarde la lune avec un télescope, on y voit une image de la lune. Par contre, si on bouge le télescope d'un degré à droite de la lune, nous ne voyons plus rien.

C'est un peu la même chose, on est sur le point de vivre ce phénomène avec l'étoile Polaris. Donc, nous sommes présentement à un degré à droite de Polaris. Alors, l'œil manasique de la Terre, l'œil qui voit l'esprit ou la conscience, ne voit pas présentement la conscience de Polaris. La conscience de Polaris est très élevée par rapport à celle ce la Terre. En 2012, l'axe de la Terre, c'est-à-dire l'œil manasique sera en plein sur Polaris. Cet alignement est scientifiquement calculé par l'astrophysique et l'astronomie. Vous pouvez consulter les encyclopédies en astronomie pour confirmer cet alignement.

Par ce phénomène d'alignement sur Polaris, la Terre sera imprégnée de la conscience de cette étoile, ou plutôt ce système d'étoiles, car Polaris est un système double. À travers le grand cycle de 25 920 ans, certaines périodes sont prévues par l'alignement d'étoiles repères dont s'imprègne notre conscience. Donc, en 2012, nous serons alignés avec l'étoile Polaris qui possède une conscience très élevée par rapport à la Terre.

Plus loin dans ce grand cycle, en l'an 7000, l'œil manasique (de conscience) de la Terre s'alignera avec l'étoile Alphée. Et, en l'an 14 000, la Terre s'alignera avec l'étoile Véga dans la constellation de la Lyre. Cette étoile est la plus évoluée avec laquelle l'œil manasique de la Terre peut s'aligner. Ce n'est pas l'étoile la plus évoluée de la galaxie, mais c'est celle qui présente le maximum d'évolution dont la planète Terre peut s'imprégner dans sa position (mission) physique actuelle.

Lorsque la Terre quittera l'alignement de Véga, elle recommencera un autre cycle de 25 920 ans. Nous serons alors tous des Maîtres et les nouveaux venus en incarnation sur Terre seront des aspirants à la spiritualité tout comme nous l'avons été à notre départ. Donc, les nouveaux arrivants commenceront l'âge de pierre, et nous assisterons ces êtres dans leur évolution. La plupart d'entre nous, auront des missions non seulement sur la Terre mais aussi sur d'autres planètes passablement évoluées, mais qui demandent, elles aussi, des instructeurs.

Le rôle de l'être humain est de quitter la matière pour embrasser le Divin. À l'intérieur de nous, vit un être parfait que l'on ne connaît pas ou très peu. Notre âme, contrairement aux philosophies occidentales, est un fragment de Dieu, donc omnisciente, omniprésente, omnipotente qui ne peut pas être détachée de Dieu dans son essence. Elle peut se sentir détachée de Dieu seulement dans son individualisation à travers l'humanité.

L'individualisation de l'humanité est comme un mirage. On est témoin d'une manifestation qui n'existe pas dans l'essence. C'est pourquoi on dit que ce monde est une illusion. La réalité de notre être nous révèle que nous sommes des soleils qui brillent de l'intérieur. C'est pourquoi le Maître Jésus a dit : « Enlevez le boisseau sur la Lumière ». La Lumière est notre âme et le boisseau est notre esprit. Notre personnalité et la totalité de nos expériences de vie sont emmagasinées par notre esprit.

Certaines gens disent que l'esprit est plus élevé que l'âme. L'esprit est plutôt le véhicule de l'âme. L'âme étant un fragment immuable de Dieu, elle est donc par essence parfaite. Sa séparation d'avec Dieu n'est qu'illusoire ; elle n'est réelle que pour faire une expérience d'un monde que nous créons dans notre esprit. Donc, lorsque Dieu était en unisson, en unité parfaite, avant notre naissance dans une forme séparée, ou illusoire. Des volontés à l'intérieur de Dieu demandaient de vivre autre chose que l'Unicité. Ces volontés voulaient connaître comment se faisait l'Unicité. Il a donc permis l'expérience de Sa fragmentation. Mais Il savait que personne allait se perdre à travers cette fragmentation parce qu'Il savait que c'était une partie de Lui qui lui reviendrait un jour. Cette fragmentation n'enlève rien à Dieu, et notre retour n'y ajoute rien non plus, tout comme lorsqu'on allume une bougie d'une autre flamme, on ne diminue en rien la flamme qui donne.

C'est ce que le Christ a voulu décrire dans l'histoire de l'enfant prodigue. Lorsqu'on quitte le Sein de Dieu, par la séparation de l'esprit, on fait des erreurs, on fait nos vies en oubliant complètement qui on est. On croit que l'on a des problèmes, mais au fond, on alimente l'illusion que notre esprit a créée. Donc, en nourrissant ces choses de l'esprit, c'est comme si nous étions des acteurs portant des masques. Hilarion aime beaucoup l'analogie qu'Il reprend souvent en disant que nous sommes des Êtres de Lumière dans un bal masqué. Mais souvent, on oubli l'Être de Lumière qu'on est en s'identifiant au personnage qu'on joue.

On s'identifie à notre personnalité, à notre esprit. C'est comme si je prenais mon auto pour aller travailler et que je me sentais être mon auto. C'est la même relation qu'on ressent entre notre corps et notre âme. L'âme a le pouvoir suprême sur notre vie. Lorsqu'une personne est impliquée dans un accident, ce n'est pas Dieu qui la punit. Dieu, étant infiniment bon, il est impossible qu'Il punisse ou même qu'Il juge l'humanité. Il est trop parfait pour cela.

Pour Dieu, rien n'est imparfait. Mais pour nous, qui sommes dans l'esprit, nous voyons l'imperfection à travers les expériences de notre vie, et à travers les jugements de valeurs qui ne sont pas rattachées à notre âme.

Donc, supposons que quelqu'un a un accident d'auto. Quelle en est la raison ? Son âme a fait appel au travail des élémentaux pour créer des occasions pour l'accident. L'âme, en quelque sorte, ne s'attache pas au corps. Elle garde le corps aussi longtemps qu'elle est dans son engagement. Lorsque la vie dévie de la destinée de l'âme, celle-ci dit : « Ce n'est pas dans la direction que je dois aller, donc je dois créer un accident pour lui faire prendre conscience que son esprit n'est pas dans la bonne direction. » Donc, un accident se produit et la personne se voit à l'hôpital pour trois mois afin de réfléchir.

Par cet accident, sa conscience est saisie, et cette personne passe à travers différentes étapes traumatisantes desquelles naît un abandon tellement grand qu'elle se reprend en main et devient de plus en plus attirée vers des valeurs spirituelles plutôt que matérielles. Elle commence alors sa vie de recherche.

Vous êtes tous et toutes dans cette vie de recherche, peut-être après des traumatismes dans cette vie ou dans une autre vie. Mais lorsque vous quittez une vie, vous reprenez exactement à la même place dans la vie suivante. L'esprit ne devient pas omniscient instantanément après la mort physique. Lorsqu'une personne meurt et qu'elle revient, elle doit reprendre là où elle a laissé. Si elle a manqué une épreuve dans sa dernière incarnation, elle la reprendra dans celle-ci.

Penons l'exemple d'un suicidé. Pourquoi s'est-il suicidé ? Était-ce par manque de courage ou a-t-il jugé qu'il s'était trompé dans cette incarnation ? Ces âmes ne sont pas jugées, mais elles sont assistées par leurs Guides et elles sont réhabilitées. La plupart des suicidés qui ont manifesté un manque de courage auront à reprendre toute la gamme des expériences reliées aux émotions et devront vivre peut-être cent vies avant d'être stabilisés pour poursuivre là où ils devaient être avant leur acte.

Ces suicidés ne sont pas punis pour autant, parce que c'est l'âme qui juge et corrige. Ce n'est pas Dieu qui punit. Il n'y a pas d'enfer comme étant un lieu physique. L'enfer serait plutôt un état d'être. J'en ai fait l'expérience lors des événements du 11 septembre, suite à mon interrogation sur la raison d'être de ces événements. Je me suis demandé : Qu'est-ce qui se passe pour un terroriste qui se suicide et tue par son acte des milliers de gens innocents ? Une réponse m'est venu de l'intérieur suite à mon interrogation. J'ai su comment se sentaient les terroristes qui sont morts dans les avions qui ont percuté les tours. L'esprit de l'un d'eux est entré dans mon champ de perception. Je ressentais que le gouffre entre la Lumière et son esprit était tellement grand que j'ai compris alors ce qu'était son enfer.

Lorsque ces esprits sont désincarnés, ils ne peuvent pas tricher sur leur état d'être. Ils ressentent tout le mal qu'ils ont fait à d'autres personnes comme un manque de Lumière. Donc, pour ne pas que ces esprits se détruisent psychiquement, il leur est permis de revenir rapidement sur Terre pour reprendre une autre vie afin de réparer le mal qu'ils ont fait subir.

Il est très difficile d'exprimer par des mots ce qu'ils ressentent à travers ce manque de Lumière. Dans leur état de désincarnation, ils ressentent les maladresses et les erreurs qu'ils ont créées, surtout pour blesser ou tuer un grand nombre de personnes. Ils ne savent plus où il en sont par rapport à eux-mêmes et à leurs actes.

Ils sont désespérés au-delà de l'entendement humain. Alors, la Source leur permet de se réincarner rapidement dans des situations de guerre ou dans des réalités semblables à celles qu'ils ont causées. Ils se réincarnent comme victimes de guerre, peut-être pendant douze ou quinze vies et subiront les mêmes conséquences qu'ils ont fait subir aux autres. C'est la loi du karma. Lorsqu'un être a payé ses dettes karmiques, il a le choix d'aller où il le désire, pas avant.

Donc, le soir même des événements du 11 septembre, nous avions la rencontre de l'Intégration Christique à Montréal. Un grand nombre de personnes sont venues spécifiquement pour poser des questions à « Lumière de l'Être », l'Énergie du Christ, en rapport avec les événements. Les gens voulaient connaître la raison de ces événements. Qu'est-ce que ces événements nous apprennent ? « Lumière de l'Être » a dit : « Ceux qui vivent dans la guerre mourront dans la guerre. Ceux qui vivent dans la fierté, seront attaqués dans leur fierté. »

En tant que peuple de l'Occident, nous ne partageons pas beaucoup. La leçon que nous devons apprendre est de reconnaître que, sur cette planète, un grand nombre d'êtres meurent de faim et d'autres enterrent des tonnes et des tonnes de nourriture pour éviter de faire baisser les prix du marché. Cette réalité est diffusée à la télévision assez fréquemment. Je crois que tous les pays d'Occident font cette pratique. S'il y avait un partage équitable sur la planète, ces phénomènes n'arriveraient pas.

Un pays qui se prend pour le plus puissant de la planète et qui n'apprend pas à partager ses richesses tombera de sa chaise. Alors, la paix sur Terre sera créée, non pas par ceux qui ont le pouvoir et la richesse, mais par la reconnaissance de ceux qui font appel à la justice, ceux qui sont dans le besoin et ceux qui ont aussi des droits à la vie.

Les événements du 11 septembre ont été planifiés par nous, par toutes les personnes qui regardent la violence à la télévision, par toutes les personnes qui achètent les jouets de guerre, par toutes les personnes qui laissent leurs enfants aux garderies dans le but de se soulager d'eux, et lorsqu'ils reprennent leurs enfants, ils les mettent au lit et regardent la télévision sans leur donner de leur temps.

Les enfants manquent d'amour. Plus tard, ces mêmes enfants attaqueront leurs parents. Ces événements sont possibles et prévus durant l'Âge de Kali qui n'est pas encore terminé. Il reste encore une cinquantaine d'années de travail acharné à faire sur soi pour éviter d'être saisis par la dualité. Toutefois, un autre phénomène arrivera aux alentours de 2007 où la réalité lourde de la troisième dimension se repliera sur elle-même. Ce qui sera perçu par la plupart sera un reflet, c'est-à-dire que notre corps, qui a déjà commencé à s'alléger, s'allègera encore davantage.

Les êtres qui ne seront pas en mesure de suivre le rythme du changement quitteront, selon leur propre désir, le vaisseau ou l'astronef qu'est la Terre. La Terre deviendra trop brillante pour eux. À l'heure actuelle, les instabilités sont causées par l'apport de Lumière qui est dirigée vers la Terre. Cette Lumière qui, premièrement nous éveille, mais qui aussi, fait en sorte que la noirceur se retrouve un peu coincée. Elle est coincée et elle se bat présentement contre la noirceur, et tous les éléments qui appartiennent à la lourdeur de la troisième dimension, associés à la noirceur, sont en voie de disparition, parfois par le feux ou inondés par l'eau. Tous les éléments de la nature prennent charge de ces changements.

Nous devons alors réfléchir sur les valeurs que nous voulons pour notre avenir. Est-ce que nous voulons continuer à acheter des vidéos d'horreur, de meurtre, de violence ou encouragerons-nous les compagnies qui font les grands reportages sur l'amour, le partage. Nous avons des choix à faire et je crois que ces événements sont là pour nous faire réfléchir. Il n'y a rien qui arrive pour rien. On reçoit toujours ce qu'on mérite. Le monde à l'extérieur de nous est le miroir de notre vie intérieure. Si je me lève un matin avec un ressenti morose, par mon attitude, je verrai le monde gris. Tous les gens que je rencontrerai ce jour-là sentiront ma vibration et s'éloigneront de ma présence ou deviendront comme moi, et ensemble, nous parlerons négativement pour s'entretenir dans la création de la négativité.

Par contre, si je me lève un matin avec la joie au cœur, je vois le monde qui danse autour de moi. Je vois le bonheur partout autour de moi. Je ne verrai pas le monde interlope parce qu'il n'existe pas à ce moment-là dans ma vie. Le monde interlope existe pour celui ou celle qui se drogue, ou pour celui ou celle qui veut tout simplement s'amuser d'une façon illicite. Mais pour celui ou celle qui cherche la Lumière, le monde interlope ne le touche pas. Alors, nous vivons sur des fréquences spécifiques. Ces vibrations sont toujours déterminées par notre cheminement spirituel.

Il est bien évident que personne ici n'aurait été dans l'expérience du World Trade Center. C'est impossible à cause de vos bonnes vibrations. Vos Guides ne vous auraient pas envoyés là-bas pour vous faire vivre ce que vous n'avez pas à vivre. Si, par « hasard », vous aviez été là, vous auriez eu l'intuition très forte de sortir avant l'événement, par protection. Cela va encore plus loin, si vous reconnaissez le Christ à l'intérieur de vous, il n'y aura aucune dualité qui aura une emprise sur vous. C'est un peu ce que l'Intégration Christique nous enseignait, que l'on doit regarder à l'intérieur de nous afin de changer ce qui ne va plus avec notre expérience.

Si je rencontre des amis qui me tournent le dos à tout moment, c'est qu'à l'intérieur de moi il y a quelque chose qui ne va pas. Ce n'est pas l'ami qui ne va pas. On accuse toujours les autres en disant que c'est lui qui a tort, que c'est lui qui est dans le brouillard, mais ce n'est pas la vérité, car la plupart du temps, c'est nous.

Les terroristes n'étaient que des instruments, des hommes qui étaient dans des basses vibrations et qui ont laissé la porte ouverte à l'égrégore du mal, de la négativité, que nous avons alimenté par notre insouciance. Alors, le Maître Hilarion dit que si l'on veut vraiment que des événements comme ceux-ci ne surviennent plus, il faut apprendre à connaître son frère, il faut apprendre à partager. Son frère n'est pas simplement le voisin, c'est chaque être vivant sur cette planète.

Habituellement, à Montréal, on ne se parle pas beaucoup entre voisins. Je vis dans la petite ville de Varennes, pas très loin de Montréal, et, entre voisins, on s'envoie la main, on se dit bonjour. C'est tout. Mais lorsqu'il y a une tempête de neige et que nous sommes tous et toutes obligés de déneiger, à ce moment-là on se parle, il y a une différence. Lorsqu'il y a eu la tempête de verglas, il y a quelques années au Québec, tout le monde s'est parlé. Après l'événement, on ne se reconnaît plus.

Quelquefois, j'allais en vacances à Wildwood aux États-Unis. Pour les citoyens du Québec, cet endroit est reconnu comme étant une plage recherchée par les vacanciers. J'y ai rencontré des gens qui ne me disaient jamais bonjour et qui ne souriaient jamais dans leur quotidien. Lorsque je les ai rencontrés sur les plages, ils étaient soudainement devenus de grands amis. Et par la suite, au retour, ils ont repris leur profil coutumier d'être refermés sur eux-mêmes. Pourquoi ?

Nous sommes vraiment axés sur notre égocentrisme. Nous vivons pour nous-même. Tant que nous vivrons pour nous-même, nous manquerons d'argent et de temps pour vivre heureux. Il nous manquera toujours quelque chose. Nous devrons payer des taxes extrêmement élevées. Nous aurons des problèmes de maison, des problèmes d'auto, des problèmes de toutes sortes. C'est un peu ce que nous vivons présentement, n'est-ce pas ? Les problèmes viennent parce que notre âme les appelle pour nous réveiller à ce que nous devons faire. Nous sommes comme un oignon dont le centre est un soleil, mais les pelures sont des couches qui représentent nos pires croyances, comme la petitesse, le manque d'estime de soi, l'indignité, la culpabilité, etc. Ces couches négatives nous rendent fatalistes. Nous n'avons pas l'idée d'enlever ces pelures afin d'aller voir à l'intérieur notre soleil. Un trésor inouï se cache à l'intérieur, mais on ne le reconnaît pas. En nous vit un « co-loc » que nous n'avons jamais vu ni ressenti, sauf lorsque nous avons de gros problèmes. Nous le reconnaissons par cette voix intuitive qui nous dit : retire-toi, il y a un danger. À ce moment, nous sommes prêts à l'écouter. Mais autrement, nous ne sommes pas là, nous vivons dans un mirage, une sorte de rêve.

Le mirage est intense, surtout lorsque nous croyons venir au monde pour avoir des enfants, une auto, une maison, et une foule d'autres choses. Mais que sont ces choses dans notre vie ? Plus on possède de choses, plus on a des filets d'attachement qui sont liés à notre esprit et qui se tissent vers ces choses pour les nourrir dans leur existence. Alors, notre énergie fuit. Nous avons des fuites énergétiques qui enlèvent notre vitalité, notre « prana » ou souffle de vie.

Pourquoi un chef d'entreprise est-il souvent cardiaque ? Ce sont ces fuites vers sa fortune qui le tue parce que le cœur est fermé. Comment le cœur est-il fermé ? Avec l'énergie de son cœur, il alimente ses possessions, sa fortune. Il est envahi par le stress, la peur de se faire voler, la peur du feu, de ses concurrents, et d'une foule d'autres conditions. Alors, il devient malade. C'est pourquoi les Maîtres disent : quand vous partez, amenez seulement votre trésor avec vous, c'est-à-dire votre créativité. Le reste viendra par besoin.

L'abondance dans la vie n'est pas d'avoir des greniers remplis de choses. Ceci tue. Mais l'avantage, c'est d'avoir la foi afin de reconnaître que même si vous n'avez rien, il ne vous manque jamais rien. C'est cela la vie. C'est ce que le Christ est venu enseigner. Ce n'est pas de donner aux pauvres de la façon que les religions nous demandent, tout donner pour aller enseigner. Ceci ne sert à rien. Chacun a sa propre vérité à l'intérieur de lui-même, et il doit se connecter avec lui-même pour son salut, pour trouver sa voie.

Il n'y a personne capable d'enseigner à une autre personne de la même façon qu'elle a été enseignée, parce que chaque personne a son identité, son empreinte digitale, sa vérité propre. Chaque personne a la cumulation de ses expériences de vie qui sont totalement différentes les unes des autres. Alors, lorsqu'on est ensemble, nous avons chacun notre monde à nous, et, pendant cette période de temps où nous sommes ensemble, nous vivons une réalité commune. Mais, lorsque nous nous quittons pour rentrer chez nous, nous oublions ce monde parce qu'il n'existe plus dans notre réalité. Nous vivons alors notre propre monde.

Chaque fois que nous rencontrons des gens, des échanges se font entre ces personnes et nous. Ces rencontres ne sont jamais dues au hasard. La plupart du temps, ce sont des personnes à qui on avait quelque chose à donner ou de qui nous avions quelque chose à recevoir. C'est la loi du karma.

Les Maîtres, que l'on appelait les Pères du Désert, allaient dans le désert pour retrouver leur propre intériorité. Ils y allaient surtout pour ne pas être soumis au dérangement du monde et pour porter leur attention sur leur divinité intérieure. Je crois que cela aurait pris peut-être dix ou vingt ans de leur vie pour devenir des saints, alors que ce temps aurait été insuffisant parmi le monde. Mais leur vie n'était pas orientée sur le fait qu'ils voulaient aller dans le désert pour ne rien faire ou fuir, mais ils voulaient être isolés du monde pour mieux se concentrer.

Pour eux, il n'y avait pas que la solitude dans le désert. Il y avait la plus grande dualité du monde : l'égrégore que l'on nomme Satan était dans le désert. Il se retire dans le désert et accomplit le mal toujours à travers des interlocuteurs ou des intermédiaires, mais lui-même (l'égrégore) vit dans le désert. Alors, les Pères du Désert étaient continuellement tentés. C'est pour cela que le Maître Jésus a dit avoir été tenté par le démon chaque fois qu'Il allait dans le désert. Tout cela est vrai, mais l'histoire ne dit pas que c'est dû à la présence de l'égrégore (Satan) dans le désert. Satan est un nom allégorique, si l'on veut, ce n'est pas une personne, mais un égrégore, une influence négative.

Un égrégore est un nuage ou un vortex d'énergie, très important. Chaque fois que nous faisons quelque chose de mal, nous alimentons l'égrégore en énergie. En nous rapprochant de cet égrégore, nous nous brûlons, et parfois, plus qu'on croit l'avoir mérité. Il y a toujours une résonance entre nous et cet égrégore. Cette résonance a aussi fait son effet le 11 septembre. Les Américains et nous, bien que cet événement ait eu lieu sur le sol américain parce que c'est apparemment la plus forte puissance du monde, du moins on le dit, avons été attaqués par le mal.

Le mal a attaqué cette puissance pour créer un dilemme, mais en même temps, ces manifestations sont autorisées par Dieu parce qu'il était prévu que le monde fasse un changement de paradigme. Il est prévu que le monde s'éveillera avant l'événement de 2012. Si, au moment où l'événement de 2012 se produit et que l'être humain ne soit pas prêt à devenir un être supra-humain, il manque alors l'expérience d'un cycle de vie. Ce serait comme la chrysalide du papillon qui n'aurait par été en mesure de fabriquer l'acide nécessaire à faire fondre les fibres de son cocon pour en sortir, l'éclosion du papillon serait un échec, car il reste prisonnier de sa propre carapace et meurt.

Cette naissance manquée est la même chose qui pourrait nous arriver si nous ne sommes pas prêts. On est au rendez-vous ou on le manque. Il y a un grand nombre de personnes sur cette Terre qui ne verront pas 2012 et d'autres verront l'année 2012, mais sans vivre le phénomène que cette année représente parce que ce n'est pas leur réalité. Alors, je pense que les événements que l'on a vécus se poursuivront, parce que, personnellement, je pense qu'il y a des peuples qui sont abaissés dans leurs croyances et voudront retrouver leur justice.

Nous pouvons faire quelque chose. Nous pouvons imaginer un Maître à côté des êtres qui sont maléfiques. Nous pouvons aussi imaginer un Maître près des êtres qui sont décédés, et près de ceux qui sont restés dans leur peine pour avoir perdu un être cher. Imaginez une Maître près des enfants qui se retrouvent seuls ou orphelins.

J'aimerais qu'on prenne une minute pour visualiser les êtres qui sont parties. Imaginez que vous vous approchez de l'un d'eux pour l'accompagner en lui prenant la main. Visualisez que chacun se tienne la main pour faire une chaîne autour de la Terre afin de diffuser l'Amour. Visualisez le Maître diffuser son Énergie afin que celui qui ne comprend pas ce qui lui est arrivé puisse voir la lumière sur le fait qu'il avait choisi cet engagement ou ce rendez-vous. Que ceux qui reste et qui ont de la peine trouvent la foi et une raison de vivre.

Les phénomènes qui se manifestent dans le monde sont pour nous amener à réfléchir. Qu'allons-nous apporter lorsque nous partirons ? Que prendrons-nous avec nous ? Ce ne sera pas des biens matériels, mais plutôt une compréhension qui nous amènera dans une élévation plus grande. Nous avons un être à l'intérieur de nous qui a été réveillé par la Résurrection de Jésus. Jésus n'est pas venu sur la croix pour souffrir. Il n'a pas souffert parce qu'Il était déjà divin. Jésus n'était plus dans son corps. Il était déjà Dieu lorsqu'Il était sur la croix. Mais, Il est venu nous démontrer que le corps humain n'avait plus de valeur humaine lorsqu'il était divinisé. Il nous a montré que la souffrance n'est plus.

Aujourd'hui, Jésus, par la Présence des Énergies de « Lumière de l'Être », revient pour nous dire que c'est dans la joie que nous ascensionnons, et non dans la souffrance. Bien sûr, il y en un grand nombre dans le passé qui ont fait l'ascension par la souffrance. Dieu ne renie jamais un chemin, en autant qu'il y ait une dévotion. Par exemple, Raspoutine, ce saint russe qui avait des relations avec les femmes en les soulageant dans leurs besoins parce que les hommes étaient dans les bois à boire et à chanter. Ils oubliaient leur femme. Sa mission était de soulager ces femmes déprimées par la grande pauvreté. Il les gardait en vie dans l'espoir, par le don de lui-même.

Bien que son action était principalement de nature sexuelle, pour lui cela n'avait rien à voir avec le mal. Il s'était donné une mission pure à ses yeux. Les croyances que l'on met autour de nos actions sont ce qui nous font souffrir.

Pendant la prochaine minute, j'aimerais que vous fermiez les yeux et que vous voyiez des êtres qui flottent au-dessus du désastre et qui ne savent pas qu'ils sont morts. Ils ont vécu un traumatisme. Ils se sont désincarnés dans la confusion. Ils ne savent pas où aller. Ils ne voient pas la Lumière parce qu'ils n'étaient pas préparés.

Par votre imagination, allez voir l'un de ces êtres. Prenez-lui la main. Imaginez que vous êtes accompagné d'un Maître de Lumière, peut-être Jésus, Marie,

Hilarion, Saint-Germain, peu importe. Invitez-Le à prendre l'autre main de l'être désincarné. Marchez ensemble tous les trois. Voyez l'Énergie du Maître couler à travers l'âme du défunt jusqu'à vous. Voyez votre Lumière s'agrandir. Voyez le Maître devenir de plus en plus lumineux. Voyez vous vous-même devenir de plus en plus lumineux. Vous bénissez l'âme en péril, en détresse. Conduisez-la vers sa propre Lumière. Voyez ce rayon qui est sa Lumière. Conduisez cette âme à l'intérieur de ce rayon et laissez-la partir vers le haut dans sa Lumière. Souhaitez-lui bon retour.

Maintenant, prenez la main du Maître et venez vous asseoir avec le Maître, sur un banc dans une oasis. Regardez dans ses yeux. Vous voyez le reflet de vous-même. Vous voyez votre âme, sans manteau, complètement pure, sans attributs humains, mais omnisciente, omniprésente. Voyez le Maître mettre Sa main sur votre tête. Ressentez Son Énergie Christique ouvrir le chakra couronne sur votre tête. Ressentez l'Énergie vous pénétrer comme une flamme dorée vers le cœur. Laissez-la se déposer dans le temple christique de votre cœur.

Regardez le Maître s'agenouiller devant vous. Il vous vénère comme étant le Père. Votre « JE » est le même « JE » que tous les « JE » de la planète. Votre « JE » est le Père. Votre « JE » est dans votre tête, dans votre conscience, et le Père est dans votre conscience. Vous êtes assis à la droite du Père, dans la glande pinéale, où le Père a toujours résidé depuis votre départ de Son Sein. Votre retour est de reconnaître votre siège, votre « JE » comme étant, non pas votre « JE » personnel séparé de tous, mais un « JE » universel. Un « JE » qui représente « nous ». JE SUIS.

Ressentez à l'intérieur de votre cœur cette flamme s'agrandir. Elle devient grande comme votre cœur. Elle s'agrandit davantage et englobe tout votre corps. Regardez cette Lumière pénétrer tous les pores de votre peau. Regardez cette Lumière pénétrer toutes les situations de votre vie, les choses que vous possédez, votre travail, vos collègues de travail. Regardez cette Lumière toucher tout ce qui vous entoure. Regardez cette Lumière s'étendre davantage pour qu'elle devienne aussi grande que cette pièce. Toutes vos Lumières se confondent. Vous devenez le « JE » universel. Voyez cette Lumière s'agrandir à la grosseur de la planète. La planète aussi possède un « JE » qui est la même vibration que votre « JE ». Connectez-vous à ce « JE ». Ressentez cette énergie tellurique monter à partir de vos pieds vers le cœur, et ressentez la Lumière du Père venant d'en haut rayonner vers le cœur.

Ressentez cette fusion, la rencontre de l'Énergie de la Mère et de l'Énergie du Père dans votre cœur, et qui donne naissance au fils ou à la fille de Dieu, votre Christ intérieur. Actualisez votre Christ. Le Maître vous regarde. Le Maître vous enseigne. Le Maître vous vénère. Il sait qui vous êtes. Il regarde le Christ qu'Il est. Il regarde Son miroir. Vous vivez avec la Trinité dans votre être. Tout ce qui est en haut est comme ce qui est en bas. Tout ce qui est en bas est comme ce qui est en haut. La Trinité n'est pas un mystère. La Trinité est Dieu dans l'homme sous les aspects féminin, masculin et enfant, fils ou fille de Dieu.

Reconnaissez qui vous êtes, car le Maître vous a reconnu. Seul un Maître peut reconnaître un autre Maître. Vous êtes ce Maître. Apprenez à le découvrir. Vous avez devant vous une vie. Pour chaque individu sur Terre, il y a plus d'un million d'âmes qui aurait pu incarner son corps. Il y a des milliards et des milliards d'âmes qui ne peuvent pas s'incarner parce que leur karma est trop différent des occasions qu'ils ont sur cette Terre présentement. Ils devront attendre peut-être mille ans terrestres, deux mille ans, trois mille ans et même peut-être vingt-six mille ans.

Vous avez gagné votre corps par vos mérites, par votre cheminement d'une autre vie. Vous n'êtes pas dans un cheminement par hasard. Vous êtes dans un cheminement parce que vous poursuivez ce que vous avez débuté avant cette vie. Le corps étant rare, utilisez-le avec beaucoup de réserve, car le temps où vous aurez votre corps est limité. Retrouvez ce Maître intérieur, c'est urgent. C'est très urgent. C'est la raison des événements. Retrouver soi-même. « Connais-toi toi même et tu connaîtras l'Univers. »

Le Maître est l'Univers. Vous êtes l'Univers, comme un hologramme. Une parcelle de l'hologramme renferme la même image que l'hologramme original. De même, une parcelle de Dieu renferme les mêmes attributs de Dieu. Ce Dieu vous attend à l'intérieur de vous depuis le début. Il sait qu'un jour vous regarderez dans Sa direction. Il sait qu'un jour vous vous réveillerez de votre rêve. Le rêve a duré très longtemps, des milliers et des milliers de vies. Les temps qui nous sont donnés sont des temps difficiles. Pourquoi ?

Pour réveiller la personnalité que l'on est et sortir de ce rêve, pour apprenne à connaître notre vrai nature. La cinquième dimension est une dimension très proche de nous. Il n'y a qu'un petit voile entre les Êtres de Lumière et nous. Il suffit, par imagination, d'aller les retrouver comme la méditation dans l'oasis. Imaginez cette rencontre et parlez-Lui de vos problèmes, de vos soucis, de vos aspirations à devenir cet idéal que vous vous êtes donné avant de quitter ce monde.

Confiez-Lui vos différends dans vos relations. Demandez-Lui de combler vos manques. Demandez-Lui Sa main, et faites votre chemin ensemble pour le reste de votre vie et vous apporterez quelque chose lorsque vous quitterez cette réalité.

Nous allons prendre une petite pause, et au retour, je vais répondre à quelques questions. Par la suite, je vais entrer en transe pour une heure qui sera suivie d'une demi-heure de questions et réponses avec le Maître Hilarion, si cela vous va. Merci.

Pause.

Nous allons maintenant continuer. Ceux et celles qui ont des questions sur la discussion que j'ai faite et qui sont restés sans réponse, je voudrais répondre à quelques-unes de ces questions avant d'entrer en transe pour canaliser le Maître Hilarion.

Assistante — Moi, j'aimerais savoir : Que vont devenir les âmes qui ne resteront pas sur la Terre après l'année 2012 ?

André — Plusieurs des âmes qui partent de la Terre avant 2012 reviendront très rapidement. Celles qui ont des karmas très lourds à payer peuvent revenir pour profiter de cette occasion qu'offre maintenant la Terre pour être propulsées rapidement comme une catapulte, si l'on peut dire, hors de cette réalité qui est la leur. Après 2012, les âmes qui vont partir vont assurément revenir beaucoup plus rapidement, mais elles peuvent aussi choisir une autre réalité. Il y a des planètes qui sont prêtes, dans notre système solaire, des planètes qui sont pour ainsi dire, dans d'autres dimensions que l'on ne voit pas maintenant parce que dans notre système solaire, il y a 22 planètes, mais on n'en connaît que 9, et peut-être une dixième qui aurait apparemment une orbite sidérale très grande, et qui vient très près du soleil ou près de la Terre nous visiter à tous les 3 600 ans.

Cette planète, qui est 3200 fois plus grosse que la Terre, est responsable, semble-t-il, de la destruction de nombreux corps célestes autour de notre soleil, entre autres, la planète disparue qui parcourait son orbite entre Jupiter et Mars. Cependant, toutes les autres planètes sont dans une autre dimension invisibles pour nous présentement. Jupiter est aussi un soleil, mais son rayonnement est dans la cinquième dimension, et ce qui reste d'elle dans la troisième dimension était trop lourd pour ascensionner. Tout comme les êtres humains, les planètes ascensionnent aussi.

Plusieurs planètes sont comme la Terre et possèdent douze dimensions. Donc, les Êtres de Lumière sont dans la sixième dimension et plus. Au début de notre réalisation en tant qu'humain, nous irons dans la cinquième dimension et nous progresserons vers de plus hautes dimensions. Le Christ-Jésus a intégré les douze dimensions de la Terre et Il est devenu le Logos[1] Solaire. Le nouveau prince planétaire de l'ère du Verseau sera Maitreya. Son travail est déjà commencé. Maitreya était le Maître terrestre de Jésus. Le service ne comporte aucune hiérarchie dans son essence. Donc, les Êtres de Lumière recherchent les occasions de servir sans égard.

Après 2012 donc, la Terre deviendra beaucoup plus lumineuse. Ceux et celles qui ne seront pas capables de rejoindre les dimensions de cette Lumière, ne seront plus en mesure de s'incarner sur la Terre. Toutefois, il y a d'autres mondes qui ressemblent à la Terre et qui sont déjà prêts à les accueillir. Chacun trouve lui-même sa voie par l'élévation de ses vibrations. Il n'y a personne qui dit : Toi, tu vas là, et toi, tu vas là-bas. Chaque âme voit à diriger sa réalité à travers l'esprit qui la supporte. Voici une analogie qui peut nous aider à mieux comprendre le rapport entre l'âme et l'esprit. L'âme est comparable à la goutte d'eau qui s'est évaporée de l'océan. La goutte d'eau tombe sur la terre et elle est captée à nouveau par le soleil, par l'évaporation, et elle retombe à nouveau par la condensation. Mais le jour où elle réalise qu'elle s'ennuie de la mer, elle prend un cours d'eau, un fleuve, et elle se dirige vers l'océan. Ce retour à la Source constitue la fin du karma.

Entre temps, la goutte d'eau va tomber sur une rose si son « dharma » ou son action juste est bonne, et elle tombera sur une bouse de vache si son action

---

[1] Logos – Verbe éternel incarné. (Évangile de saint Jean)

n'était pas juste. C'est un peu la même chose pour nous. On meurt, on revient, et, comme la goutte, on est capté par l'astral. Notre corps n'est pas capable de supporter le vieillissement, alors nous finissons par partir et nous revenons. Le jour où nous décidons de nous engager dans un cheminement, c'est comme si nous prenions la rivière qui nous conduit au fleuve et finalement à la mer qui représente la réalisation de l'être.

En tant qu'individualité, nous fusionnons avec la mer (de conscience), mais nous ne perdons jamais la conscience du « JE ». Votre « JE » va toujours percevoir votre réalité comme étant la Totalité. La grande expérience de l'éveil spirituel, lorsque nous avons une montée de la Kundalini, est le « JE » qui se perçoit être en TOUT. Par l'éveil, les Maîtres nous le font vivre pendant un moment, parfois une heure, deux heures. Nous devenons l'ultime réalité. Tout ce qui existe est en nous. On devient comme la peau du monde, la peau de l'Univers.

Alors, cette réalité-là est tangible. Pour la plupart des chercheurs qui sont sérieux et qui ont un premier éveil de la Kundalini par un Maître vivant, c'est ce phénomène qui s'installe. Le Maître leur montre leur objectif pendant un certain moment, parfois c'est une fraction de seconde et en d'autres moments cette expérience se prolonge sur des semaines. Cette expérience est différente pour chaque être. Lorsqu'une personne a vécu cette réalité pendant un instant, elle ne peut plus la renier de toute sa vie. Elle reconnaît cette réalité et elle la recherche pour le reste de sa vie.

Donc, lorsque nous fusionnons dans la mer (de conscience), c'est ce phénomène qui se manifeste.

Notre « JE » ne disparaît jamais. Nous ne sommes aucunement dilués et notre « JE » devient la TOTALITÉ. Votre « JE » ressentira ce que mon « JE » ressent, en ce sens que toute l'unification devient le « JE » universel. Votre perception à l'heure actuelle existe dans le Sein de Dieu comme vous vous voyez maintenant. C'est un peu difficile à comprendre, mais c'est qu'il n'y a jamais eu de séparation. La goutte d'eau est restée de l'eau, même si elle est devenue une goutte par la forme. La forme a changé, mais son essence est restée la même. Elle restera toujours la même, peu importe la forme qu'on lui donne. C'est la même chose pour notre âme, et le « JE » appartient à notre âme. Le « JE » n'est pas nécessairement personnel. On lui attache des valeurs personnelles mais il n'est pas personnel.

Nous créons l'illusion en mettant une valeur, une couleur sur notre âme, alors qu'elle a tous les attributs. Le but ultime de l'esprit consiste dans sa fusion avec l'âme. Ainsi, il n'y a plus d'intellect humain, ni de mémoire du passé humain. L'âme devient comme le saint actuel. Dans son état de réalisation, il vit l'éternité à chaque instant et sa réalité de l'être est celle de Dieu.

Assistante — Tout à l'heure, vous nous avez parlé d'envoyer de l'énergie à ceux qui en ont besoin, et nous avons fait un travail avec les êtres qui étaient décédés à New York. C'était un exercice extrêmement fort et puissant. Je voudrais savoir, maintenant que nous allons tous repartir chacun chez-nous, qu'est-ce que nous pouvons faire pour influencer le monde dans lequel on vit et augmenter les chances qu'il y ait plus d'harmonie, plus d'amour sur cette planète ? Comment arrive-t-on individuellement à effectuer un certain travail ? Pourriez-vous nous suggérer un moyen d'y parvenir seul ou faut-il inévitablement se réunir à plusieurs pour réussir ce travail ?

André — Bien sûr, vous pouvez le faire seul. Mais lorsque vous êtes réunis à plusieurs, un égrégore se crée et devient une multiplication des énergies. Je vais vous donner un exemple. Au cours des rencontres d'Intégration Christique, nous vivons un phénomène très puissant à cause de la présence d'un grand nombre de personnes. Nous formons un canal collectif et chaque être vit sa propre médiumnité à l'intérieur de cette expérience associée à son âme. Vous pouvez faire la même chose lorsque vous vous rassemblez, et l'union de vos flammes renforcera votre intention d'une façon telle que vous ne pourriez pas imaginer.

Ayez cette audace d'imaginer que vous avez le pouvoir d'apporter votre amour à tous les êtres qui en ont besoin. La force de votre intention, imprégnée d'une émotion de compassion, devient cette grande puissance qui manifeste les miracles.

Cependant, si vous vous percevez toujours comme une personne ayant des problèmes, vous vivez assurément le rôle de victime plutôt que celui de diffuseur d'amour et de compassion. Allez au-delà de vos limites humaines. Regardez votre nom et votre vibration accompagnés d'un autre nom, celui du « Christ ». Le mot « Christ » accompagnant votre nom émet une pulsion jusqu'à ce que vous l'ayez intégré. Lorsque vous accepterez cette réalité de « Christ », cette pulsion donnera place à votre divinité. Il n'y a personne ici qui ne soit pas pur. Ne vous confondez pas avec le manteau, car est imparfait. Enlevez ce manteau, c'est tout. Ce que nous avons appris dans la société est de s'identifier avec le manteau ou la personnalité.

Alors, lorsqu'on se sent bien en soi et qu'on n'a pas de peine, notre attention n'est plus portée sur le manteau ou la personnalité. Voici un exemple. Demandez à un prêtre de mettre un habit de travail pour faire de la peinture plutôt que sa soutane. Vous ne savez plus qui il est. Il est simplement comme un ouvrier, un peu taché de peinture. On le juge par son habit. Si vous le voyez dans son habit de prêtre, vous l'honorez. Il devient quelqu'un d'autre à votre perception. On est comme cela avec nous-même. Nous sommes des êtres réalisés, mais nous le renions car nous ne le savons pas. Nous marchons dans la noirceur et nous cherchons la Lumière. Nous prenons des formations pour retrouver l'essence christique alors qu'elle est à l'intérieur de nous.

Le Christ est notre frère, Il est venu nous le démontrer. Nous ne l'avons pas compris. Le dogmatisme religieux nous a plutôt montré un homme mort sur la croix pour effacer nos péchés. Il était Dieu et on L'a cloué. Ce n'est pas la vérité. Ce n'est pas notre réalité. Du moins, ce n'est pas ce que Satya Sai Baba a dit du Christ.

L'histoire portant sur l'image du Christ que nous avons utilisée dans le livre Mon retour le définit très bien. Lorsqu'une personne a apporté un crucifix à Sai Baba pour le bénir, Il n'a jamais voulu bénir le crucifix. Il a simplement regardé le crucifix et a dit : « Quand les chrétiens vont-ils apprendre à décrucifier leur Maître? » Alors, chez moi je n'ai pas de crucifix avec le Christ cloué. J'ai une croix mais il n'y a personne dessus. La croix est un symbole de l'ascension. Mais le crucifix est une invention des temps byzantins. Il est né de l'archevêque de Canterbury, Anselm, qui vécut entre 1093 et 1109.

Il a eu la folie d'adorer la souffrance du Christ alors que Lumière de l'Être nous dit que lorsqu'Il était Christ incarné dans Jésus, Il n'a pas souffert sur la croix, car Il était déjà Divin. Son corps physique n'avait plus les sens de l'humain. Il est venu nous démonter que le corps humain n'était plus rien une fois que l'on devenait divin. Il est venu nous enseigner qu'il ne fallait pas s'identifier au corps physique. C'est ce qu'Il est venu enseigner par la crucifixion, mais nous n'avons pas compris, parce que ceux qui l'ont vu sur la croix, dans leur corps, étaient capables de souffrir. Ainsi, ils ont cru que c'était la même chose pour le Maître.

Donc, les enseignements ont tous été changés à partir de ce moment-là. Si vous regardez dans les évangiles apocryphes, Pierre dit qu'il regardait le visage du Christ et Il semblait ne pas souffrir. Et même que Jésus a reconnu Lui-même, dans ces mêmes évangiles que Marie était l'Esprit Saint. Marie était christique avant Jésus et c'est Elle qui a donné naissance au Christ. Comme la Mère en nous, la Kundalini donne naissance à notre Christ intérieur, et elle nous amène vers le Père.

L'ascension dans l'énergie, ce n'est pas long physiquement, car l'Énergie doit parcourir simplement la longueur de notre colonne vertébrale. Cependant, ce processus nous a fallut des milliers de vies pour arriver à gagner un centimètre à la fois dans la compréhension de notre divinité, alors que nous pouvons comprendre maintenant que nous sommes des êtres réalisés dans des corps humains. Nous ne sommes pas des humains qui cherchent leur divinité. Nous sommes déjà là. Mais, notre focalisation est dans notre rêve plutôt que dans notre réalité. Lorsqu'on se réveille le matin après avoir fait un rêve dans la nuit, est-ce que nous restons dans la réalité du rêve ? Non. À peine si l'on se souvient du rêve.

Lorsque nous seront réalisés, nous ne nous rappellerons plus de nos incarnations passées, parce qu'elles n'existeront plus. Si on regarde dans les annales akashiques d'un saint, d'un être réalisé, on ne peut pas trouver ses vies antérieures. Elles n'existent plus parce qu'il est entré dans la perfection. Lorsqu'un être entre dans la perfection, nous ne pouvons plus trouver aucune trace d'imperfection. Parce que l'imperfection est une illusion. Le pouvoir de l'illusion est de nous apprendre à créer des mondes. Alors le monde dans lequel nous vivons maintenant a été créé par nous à travers des centaines et des centaines de vies de croyances.

Maintenant, il est temps de changer de paradigme. Changer pour enfin reconnaître que mon « JE » est beaucoup plus que mon corps. Mes erreurs ne sont pas moi. J'ai peut-être créé les erreurs par mon insouciance et mon ignorance, mais ce sont ces erreurs qui vont me montrer la direction de la réalité suprême. On dit que ça prend toujours un faux maître pour montrer la direction d'un vrai Maître. C'est ce que les erreurs font. Elles nous montrent où on doit aller. Et si nous n'apprenons pas de nos erreurs, nous souffrons. Plus on descend dans l'erreur au lieu de se soulever à cause d'elles, plus on souffre. Plus on descend, plus on est insouciants, et on devient comme ces êtres qui se sont fait imprégner par l'égrégore du mal et qui ont dévasté le World Trade Center.

Alors, si vous regardez ce qui s'est passé en Afrique il y a quelques années, ces populations tribales des « Hutus » et des « Tutsi », dont un grand nombre d'individus ont vécu une pénétration du mal à tel point qu'ils ne savaient même pas eux-mêmes où ils en étaient. Ils ne savaient même pas qu'ils tuaient leurs familles. Ils étaient imprégnés par la possession que l'on peut nommer les « walk-in ». Alors, c'est un peu cela notre réalité. Nous avons tout à l'intérieur et nous cherchons à l'extérieur. Nous ne voyons plus où nous en sommes. L'extérieur est un miroir, une illusion. C'est pourquoi nous vivons dans une époque où nous devons méditer et regarder à l'intérieur de nous-même.

Nous continuerons les questions à la fin et ce sera Hilarion qui répondra.

Alors, je vais entrer en transe, mais avant, j'aimerais vous inviter à vous intérioriser. J'aimerais aussi vous demander votre aide pour former un grand canal collectif. Ma médiumnité s'imprègnera de la vôtre pour cette expérience et le Maître Hilarion viendra à travers cette collectivité, cet égrégore. Plus l'égrégore sera fort, plus on se sent centrés dans cette réalité et plus nous vivons des expériences enrechissantes.

Alors, je vous invite à canaliser le Maître Hilarion avec moi. Je vais faire un pont de Lumière entre mon chakra couronne et le vôtre. J'ai simplement à l'imaginer et les Êtres de Lumière s'occupent de brancher chaque personne. Vous serez accompagné individuellement par un Être de Lumière et Il s'occupera de vous brancher sur le canal énergétique formé selon l'intention. Donc, supporté par ce pont de Lumière, je vais entrer en transe alors que vous serez dans une semi-transe. Le Maître Hilarion partagera mon canal avec le vôtre si vous l'invitez à l'intérieur de vous.

Il est bien certain que si vous avez des doutes et des peurs ou des résistances, Il ne viendra pas à l'intérieur de vous, parce qu'Il respecte ces émotions comme faisant partie du libre choix. Plus vous vous abandonnerez complètement, plus Il pénètrera à l'intérieur. Vous canaliserez de la même façon que je vais canaliser. Alors, c'est une expérience que vous pouvez vous offrir. Je vais laisser le Maître Hilarion faire le reste au niveau de l'enseignement qu'Il veut nous donner.

Je vais canaliser pendant quarante-cinq minutes et, tout en restant en transe, Le Maître Hilarion va répondre à vos questions par mon intermédiaire. Les questions peuvent être selon le sujet qui vous touche le plus. Alors, pour vous centrer, visualisez les couleurs de vos chakras. Si vous ne les connaissez pas, imaginez-les. Et visualisez aussi vos deux pieds bien enracinés dans le sol en imaginant des racines d'arbre. Pour canaliser d'une façon cohérente, il faut être connecté des deux bouts. Autrement, c'est comme pour l'électricité, ça ne passe pas.

Donc, pendant une minute environ, je vais faire mon rituel pour entrer en transe. Ce rituel est tout simplement de la visualisation, de l'imagination. J'imagine que je vais rencontrer le Maître Hilarion en ouvrant mon cœur pour recevoir son Amour inconditionnel, le chakra de la gorge s'ouvre pour recevoir la connaissance, le chakra du troisième œil s'ouvre pour avoir la vision juste et l'ouverture du chakra couronne me permet de me connecter sur les sphères de Lumière à l'Énergie du Maître Hilarion.

Alors, imaginez comme un entonnoir de Lumière qui part du cœur et qui s'agrandit et que vous recevez le Maître Hilarion à l'intérieur de votre réalité. Si vous Le recevez à l'intérieur de vous, les paroles que je vais prononcer résonneront en vous comme étant déjà connues ou entendues. Alors, le phénomène démontrant l'ouverture du canal est le béret énergétique ou une pression autour du de la tête, une pression ou un chatouillement dans la gorge, la chaleur au thymus et une présence dans la cage thoracique au niveau du cœur. Je vous souhaite une bonne rencontre.

Moment d'entrée dans la transcendance.

Hilarion — Bonjour. Nous sommes les Énergies que vous appelez Hilarion. Nous venons à cette rencontre pour vous apporter la paix, l'Amour et l'harmonie. Nous vous saluons, Êtres de Lumière. Aujourd'hui, nous voulons parler de ce que vous avez sur votre conscience au sujet des événements. Nous voulons apporter une quiétude dans votre esprit. Nous voulons mettre en perspective la valeur de votre âme face à vous-même et face à votre monde.

Qui êtes-vous dans ce monde ? Posez-vous cette question. Est-ce que vous êtes venus prendre de ce monde ou êtes-vous venus donner à ce monde ? La plupart d'entre vous sont des enseignants, d'une façon ou d'une autre, même si vous ne le considérez pas comme tel. Car, chaque chose que vous ferez sera un enseignement pour une autre personne, peut-être vos enfants, vos frères, vos sœurs et peut-être quelqu'un qui vous regarde de loin, mais ne vous connaît pas.

Il y a en vous une grande Lumière. Lorsque vous passez sur le chemin et que vous êtes conscients de cette Lumière, vous touchez ceux qui sont à proximité et que vous croisez sur la route. Vous touchez les êtres qui ont de la difficulté à voir leur propre Lumière. Vous faites une différence dans ce monde. Il est important de comprendre que, parce que vous êtes là, la Terre vit. S'il n'y avait pas d'humains sur la Terre, elle serait comme la lune, morte. Vous êtes les cellules vivantes de cette Terre, et plus vous vous élevez, plus elle s'élève. Plus elle s'élève, plus elle vous supporte pour vous élever davantage afin d'être dans la joie.

La Terre reconnaît ceux et celles qui ont de la gratitude pour elle. Elle connaît aussi ses agresseurs. Elle sait comment soulever un pays sens dessus-dessous, lorsqu'il a été imprégné par la guerre et par l'égoïsme depuis peut-être des centaines d'années. Elle sait récompenser les pays qui ont l'amour dans le cœur. Votre pays est privilégié parce qu'il ne connaît pas autant de tribulations que partout dans le monde. Pourquoi ?

Vous êtes concernés par ce que vous faites, par ce que vous apportez. Peut-être pas toujours d'une façon très consciente. Vous êtes des fils et des filles de Dieu en recherche de leur vraie nature, de leur vraie réalité. De plus en plus, il y aura, sur ce continent, l'Europe, une reconnaissance de l'unification. Vous l'avez démontré par l'unification de vos pays, de vos sociétés, de vos échanges. Dans cet aspect, vous êtes en avance sur le monde, car le monde, ailleurs, se déchire. Vous en avez les démonstrations.

Il y aura bientôt une renaissance dans votre pays. Non pas comme auparavant. La renaissance sera le sevrage des karmas anciens créés par la folie des hommes. Il est important que vous créiez cet égrégore, en ayant pour votre pays beaucoup d'amour. L'amour protège et soutient.

Bien sûr, vous avez de la difficulté peut-être, à trouver quelqu'un pour vous aider. Les médiums à l'intérieur ont de la difficulté à s'exprimer. Il y a une raison. Vous recherchez les rencontres, mais sachez que la renaissance vient de l'intérieur. Votre renaissance est un changement de direction, un changement de paradigme. Les événements qui sont à l'extérieur de vous ne sont là que pour vous faire réfléchir, pour vous faire regarder qui vous êtes, pour vous faire regarder au fond de vous le courage de vous exprimer, le courage de partager, le courage d'être vous-même. Ne restez pas cachés derrière une personnalité, mais vivez l'Énergie qui vous habite : l'Énergie Christique.

Faites rayonner cette Énergie dans votre travail, en exprimant la douceur : l'agneau si doux que fut le Maître. Il a transmis dans vos cœurs cette potentialité, car vous avez été initiés à sa Résurrection. Ainsi, peu à peu, apprenez à découvrir qui vous êtes : cet agneau si doux, ce Christ intérieur. Vivez dans la douceur pour votre prochain. Lorsque vous avez été attaqués, lésés, ne vous vengez pas. Éloignez-vous et bénissez celui qui vous a fait comprendre que rien de l'extérieur ne peut affecter votre paix intérieure. Ceci est le chemin de l'initié. Par ces qualités, vous atteignez la vérité.

Votre vérité se fusionne dans la Vérité par vos actions et par vos pensées. Analysez vos actions avant de les manifester. Écoutez vos pensées avant de les exprimer en paroles. Si vous louangez celui qui est près de vous, vous serez louangés. Si vous attaquez celui qui est près de vous, vous serez attaqués. Cela ressemble à la loi du talion, mais comprise d'une façon karmique.

Le Maître a dit : « Vous ne quitterez pas cette Terre pour le Paradis tant que vous devrez un iota à votre frère. » Pour ne pas devoir un iota à son frère, vous devez toujours donner. Non pas donner vos biens, mais donner l'amour, la compassion, la compréhension. Souhaiter du bien à quelqu'un, c'est donner. Donner un sourire à quelqu'un, c'est élever la vibration de sa journée. Aider quelqu'un qui a du mal à traverser la rue, c'est de lui permettre peut-être de vivre dans la joie pendant un jour ou plus.

Lorsque vous vous refermez sur vous-même, les volcans commencent à gronder. Ainsi, lorsque les volcans intérieurs grondent, par résonance, ils font appel aux volcans extérieurs. Et ainsi, la Terre vit ses tribulations et vous êtes soumis à la souffrance. Cela n'est pas nécessaire. C'est une incompréhension de votre vie. Vivez dans la droiture en ayant des pensées de compassion et non pas de la pitié.

Tous les êtres sont unifiés, donc, si votre frère vous fait souffrir, c'est qu'il vous remet ce que vous lui avez donné antérieurement. Pourquoi continuer le karma, comme le jeu de dominos. Arrêtez un domino en cours de route, vous arrêtez votre karma : le cycle de vie des naissances et des morts. Vous venez au monde, vous vivez et vous mourez. Et vous recommencez encore et encore.

Il est difficile d'atteindre un autre barreau de l'échelle, car il est très haut. Il faut beaucoup d'efforts pour s'élever. S'élever soi-même par ses propres moyens humains devient presque impossible. Mais servir votre frère est facile et vous élève davantage. Vous n'avez pas à vous oublier carrément. Vous avez simplement à donner votre amour, donner un peu de votre temps, surtout aux enfants.

Les enfants sont la génération qui vous suit. Si vous ne les élevez pas en les polissant comme la pierre précieuse dans le baril de sable, ils resteront rudes comme la pierre. Si vous les observez dans leur croissance sans intervenir dans les déviations et sans leur apprendre les règles morales qui invitent le respect de la vie et des autres, ils se moqueront autant des parents que des enseignants et deviendront une nuisance dans la société.

Aujourd'hui, vous voyez des enfants dégrader les murs des bâtiments dans les villes par les graffitis. Pourquoi ? Ils se cherchent. Ils cherchent des réponses. Ils manquent d'amour. Un jour, ils se réveilleront et vous apporteront la fin de votre monde, le début de leur monde. Pourquoi ? Parce qu'il n'y aura pas eu une continuité. Vous n'aurez pas pris leur main pour les guider. Ils seront des étrangers dans votre maison. Les phénomènes empireront. Ainsi, la Terre deviendra un lieu étranger, si vous ne réfléchissez pas aux événements.

Les événements ont eu pour but de faire regarder le monde dans son cœur. Pourquoi faut-il détruire pour naître ? La destruction semble venir de l'extérieur, mais elle vient toujours de l'intérieur, car elle a été émise par chacun de vous. La destruction a frappé le miroir du monde, et la réflexion est revenue toucher l'origine. Ce que vous rayonnez revient un jour. C'est la loi du karma. Si vous émettez le mal, vous recevez le mal en retour. Si vous émettez le bien, vous recevez le bien en retour. Il en est ainsi dans la Création. Tous les mondes sont identiques.

Tous les mondes sont soumis à la dualité, tant et aussi longtemps qu'il y aura des esprits qui regardent vers l'extérieur et qui ne reconnaissent pas les valeurs intérieures. Les mondes se multiplient. L'expansion de l'Univers se poursuit. Un jour, l'Univers reviendra sur ses pas et se réunira à nouveau dans l'énergie de l'œuf cosmique qui fut avant la grande explosion que les scientifiques ont nommée le « big-bang ». Celui-ci était l'expression de la Volonté de Dieu dans des manifestations individuelles qui ont été désirées par vous.

Maintenant, il est possible de retourner. Le retour est très proche, mais il dépend de vous. Il dépend de votre ascension. Il dépend de la reconnaissance de votre Christ intérieur. Le Christ est venu sur Terre pour élever son frère, et regardez la renommée qu'Il a aujourd'hui. Il a résisté à toutes les tempêtes de la Terre pendant deux mille ans et Il restera toujours. Il a imprégné cette Terre de l'Alliance. Vous avez été marqués par cette Alliance : le Christ intérieur.

Il est important de vous voir marcher sur la Terre comme Lui, comme Jésus marcha sur la Terre pour servir. Le plus grand deviendra le plus petit, et le plus petit deviendra le plus grand. Ceci est la loi de l'élévation. Celui qui est plus petit dans la chair sera plus grand dans l'énergie, et il verra Dieu face à face. Que veut dire : celui qui est le plus petit ? Celui qui est le plus petit est tout simplement venu servir, sans l'ego. Tout comme le rayon de soleil est venu servir.

Le rayon transporte l'énergie du soleil, mais il sait qu'il n'est pas le soleil. Le soleil crée, transfère ses énergies à travers les rayons pour supporter sa création, pour l'alimenter et la maintenir. Jésus fut le Rayon de Dieu pour l'humanité. Le rayon fut aussi d'autres avatars, car tous les avatars sont christiques. Tous les êtres sont christiques. Vous êtes christiques. Le diapason a sonné, reconnaissez la résonance de votre Christ intérieur. Ne cherchez pas le Graal à l'extérieur de vous-même. Le Graal n'est pas matériel. Il est la coupe, le creuset de l'alchimiste à l'intérieur de vous. Il est ce germe du Christ intérieur que la Résurrection a déposé dans votre cœur.

Imaginez une coupe dans votre cœur. Imaginez une Lumière dans cette coupe. Elle est votre Lumière. Imaginez la coupe rayonnante de votre Lumière. Elle déborde de la coupe qui est votre cœur. Cette Lumière est vous dans sa perfection. Accueillez-la. Identifiez-vous avec elle. Fusionnez avec elle. Agissez par elle. Cette Lumière est l'Amour inconditionnel, et lorsque vous reconnaîtrez cette Lumière, il n'y aura plus de dualité, car, au-delà de l'Amour inconditionnel, il est impossible de voir le karma. Le karma devient une irréalité. Mais, tant que l'imperfection réside dans ce monde, il y aura des tribulations. Il y aura des changements, des prises de conscience. Il y aura des efforts à fournir. Il y aura des joies et des peines qui vous éloigneront des choses que vous aimez, dont vous avez la possession.

Changez votre amour possessif en Amour divin, en Amour désintéressé. Guérissez votre esprit avec vos pensées. Nourrissez votre esprit avec des pensées d'élévation, des pensées de libération. Libérez ceux qui sont prisonniers de leurs propres méfaits, de leur propre mal. Ils sont des victimes et des bourreaux en même temps. Ils alternent les masques à tour de rôle et ne savent pas comment s'en sortir. Ainsi, accueillez en vous le bourreau et faites la paix avec la victime qui est aussi en vous.

Vos incarnations ont été alternativement des rôles de victimes et de bourreaux. L'harmonisation, la guérison est notre rôle, le Rayon Vert. Appelez le Rayon Vert dans vos vies pour apporter la paix et l'espoir. Faites de votre maison, un havre d'accueil aux Énergies de Lumière. Faites de votre vie un service d'offrande à l'humanité. Regardez dans votre passé toutes les actions qui vous ont gênés et pardonnez à vous-même de les avoir manifestées. Regardez dans votre cœur tout l'amour qui y réside. Pourquoi l'emprisonner ? Pourquoi le renfermer ?

Nous aimerions vous amener dans une petite contemplation. Imaginez que vous avez à l'intérieur de votre cœur ce Graal, ce calice. Et, imaginez la Lumière que vous avez perçue, il y a un moment, qui est vous dans toute sa splendeur et, comme une chandelle qui s'approche d'une autre chandelle, vous donnez la flamme. La chandelle qui vient d'être allumée a un gain. La chandelle qui a servi pour allumer n'a pas de perte. Votre vie est comme cela lorsque vous accueillez tous les êtres à partir de votre Graal, à partir de votre Divin. Plus vous donnez, moins vous diminuez et plus vous grandissez.

Unir les flammes ensemble augmente la Lumière. Plus vous vous unissez, plus vous voyez clair dans votre vie. Alors, lorsque vous voyez votre frère, voyez-y une autre Lumière qui vient s'ajouter à la vôtre pour augmenter votre connaissance, votre compréhension. Il est important que vous preniez conscience de cette réalité. Le Graal, c'est vous, c'est votre Lumière, c'est votre origine. Vous êtes parfaits comme le Père est parfait. Le Maître a dit : « Le Père et Moi ne font qu'un. » Et Il a aussi dit : « Mon disciple et Moi ne font qu'un. » Soyez ce disciple. Offrez votre Graal à l'humanité en le dévoilant, en le sortant du placard. Le placard étant votre personnalité refermée sur elle-même.

Il y aura beaucoup de guérison dans tous les aspects de votre réalité. Le changement de paradigme, le changement de conscience, le changement d'attention sur la focalisation des valeurs. Regardez à l'intérieur plutôt qu'à l'extérieur. Faites volte-face. Il n'est pas nécessaire de renier votre vie, mais simplement, ne mettez pas les sentiments dans la matière. Sachez que si vous perdez vos biens, ils seront remplacés. Lorsque vous perdez des biens, c'est votre âme qui veut vous faire vivre une épreuve afin d'apprendre l'abandon, le détachement.

Vivez ce détachement tous les jours en sachant que tout ce que vous possédez ne vous est que prêté, car vous ne partirez pas avec. Il est impossible de ramener les choses matérielles. Réfléchissez. Partez les mains pleines d'amour que vous aurez donné et que vous avez reçu en retour, les mains pleines de compassion que vous aurez rayonnée et qui vous est revenue, les mains pleines d'indulgence des bonnes actions que vous avez faites à votre frère, à votre sœur. Ils ont de la gratitude pour ce que vous faites pour eux. Cette gratitude est comme une fréquence qui fait le tour de l'Univers et ne meurt jamais, et vous supporte toujours.

Si vous amenez un ami dans son chemin spirituel, son but sera votre mérite pour l'éternité. Ceux que vous amenez à la compréhension par votre enseignement vous élèveront dans des réalités de plus en plus hautes. Donnez à votre frère et ascensionnez par son support, par sa gratitude.

Moi, Hilarion, Je veux être votre ami le plus intime. Je veux être canalisé par toutes vos énergies, tous les jours. Je vous prends par la main vers votre destinée. Je serai toujours là dans les moments de peine et dans les moments de gloire. Faites appel à Ma vibration. Je répondrai toujours. Jamais Je ne renierai votre destinée.

Maintenant, J'aimerais répondre à quelques-unes de vos questions.

Assistante — Je m'appelle Michèle, je voudrais savoir si je suis enfin sur mon chemin de vie.

Hilarion — Si vous êtes ici, c'est parce que vous avez reconnu l'appel. Votre âme vous a guidée. Acceptez l'Amour que Je porte pour vous. Accueillez-le dans votre cœur. Devenez mon amie. Je serai avec vous chaque seconde. Là où vous êtes est là où vous deviez être pour être bien dans votre destinée. Il n'y a pas d'erreur. Chacun reçoit ce qu'il a semé. Si vous êtes là, c'est que vous avez semé du bon grain et vous récoltez du bon grain. Ayez confiance en votre chemin. Aimez votre chemin. Il est la raison de votre destinée.

Lorsque vous avez une affliction, une situation difficile, pensez à ce chemin, et réfléchissez en ayant toujours votre but à la conscience. Ainsi, jamais vous ne perdrez le chemin.

Assistant — Bonjour Hilarion. C'était il y a près de dix-sept ans de ça. J'ai eu des pressions... pour l'instant les mots ne m'aident pas... Je m'appelle Philippe...

Hilarion — Philippe, nous entendons votre question. Nous répondons à votre cris du cœur. Vous avez vécu des drames lorsque vous étiez enfant. Il y eut une naissance difficile où vous avez manqué d'air par l'emprisonnement du cordon ombilical sur votre cou. Ceci a provoqué dans votre cerveau un manque d'oxygène, et il y a une partie de votre cerveau qui ne peut pas supporter votre mental. Mais, cela n'est pas nécessaire pour arriver à votre but. Il y a des facultés dans le corps humain qui se développent au fur et à mesure que l'âme saisit les opportunités de grandir. Il y a en vous des circuits qui ont été refaits, rétablis d'une autre façon.

Votre mental ne fonctionne plus comme avant, certes. Mais ceci est bien, car cela prend pour quelqu'un qui médite, environ dix ans de sa vie d'efforts pour calmer son mental. Vous avez un cadeau, car votre mental s'est calmé. Cela n'est pas une coïncidence. Vous avez travaillé dans une autre vie, dans la méditation zen, et vous avez appris à ajuster votre mental à la grosseur d'une seule cellule de votre cerveau. Votre cerveau a créé dans cette vie une réplique pour continuer. Alors, méditez. Vous avez de la chance que votre mental ne vous dérange pas. Profitez de ce cadeau. Soyez béni.

Assistante — Bonjour Maître Hilarion. Je m'appelle Jeannette Gonzalez et je viens du Chili. Dans mon pays, depuis le mois de septembre, la guerre civile s'est déclarée et, aujourd'hui, je suis en France encore, je demande tout simplement de savoir si je vais retourner dans mon pays, ou, tout simplement, si je dois continuer ici parce que ma mission est ici. Ici, je suis juste parce que chaque jour je demande d'être meilleure. Je demande aussi pour arriver à l'accomplissement de l'aura cosmique et mes prières sont très simples. Je me demande des fois si je suis écoutée, d'avoir prié dans ma souffrance. Mais, je sais aussi que vous le saviez, ce n'est pas maman qui m'avait donné ce programme de la souffrance, c'est moi.

J'accompagne la souffrance aujourd'hui à l'hôpital. Aidez-moi. Éclairez-moi. Inspirez-moi. J'aime mon prochain. Merci.

Hilarion — Votre cœur est bon. C'est la raison pour laquelle vous avez été protégée de la souffrance de votre pays, mais vos cellules se rappellent. Il faut que vous oubliiez, non pas vos familles, mais il faut que vous oubliiez la souffrance de vos vies antérieures, la souffrance des conditions que vous vous êtes données. Vous n'êtes coupable de rien. Acceptez votre vie comme une vie de service. Le bien que vous faites vous supportera. Ce que vous apportez à ceux qui ont besoin de votre service vous récompensera un jour.

Ayez la paix dans l'âme. Je vous donne ma paix. Soyez en paix et n'ayez aucun remord d'être venue dans ce pays, car vous l'aviez mérité. Pour ceux qui sont restés là-bas dans la souffrance, ayez de la compassion. Ce que vous ferez dans votre prière est beaucoup plus puissant que ce qu'eux peuvent faire dans leur état d'être. Quelqu'un qui est inquiet ne peut pas prier. Vous avez la quiétude intérieure, vous pouvez prier pour eux. Vous êtes comme une missionnaire pour eux. Ainsi, vous pouvez les aider sans même les côtoyer. Je vous demande de méditer sur votre paix intérieure et sur votre âme. Ce sera le plus grand cadeau que vous vous ferez. Je serai votre compagnon. Marchez avec Moi, main dans la main, dans les moments où vous aurez besoin d'un compagnon. Je vous bénis.

Assistante — Je m'appelle Régine et j'ai eu pas mal de difficultés dans ma vie de famille et, maintenant, malheureusement, mes enfants sont partis vivre loin où ils sont heureux, mais j'ai malgré tout beaucoup de mal à vivre moi-même. Je voudrais que vous m'aidiez.

Hilarion — Chaque matin, au lever du soleil, regardez la lumière. La lumière de ce soleil est un million de fois plus terne que la Lumière que vous avez dans votre cœur. Vous devez laisser de côté la culpabilité. Vous avez été une mère. Vous vous êtes donnée pour vos enfants. Maintenant, restez tranquille. Vous avez fait ce que vous deviez faire. N'ayez aucun remords. Chacun de ces enfants récolte ce qu'il a semé, même dans d'autres vies. Vous n'êtes aucunement responsable, qu'ils soient éloignés ou proches, cela n'a pas d'importance.

Chaque jour, bénissez vos enfants. Vous avez ce pouvoir. Ceci est une prière très puissante. Désirez les voir dans le bonheur. Ainsi, vous leur donnerez la bienveillance de la Mère, non pas seulement la mère terrestre que vous êtes, mais aussi la Mère céleste qui vit en vous et qui attend que vous la reconnaissiez. Ayez beaucoup de pensées pour Mère Marie. Vous avez été une grande dévote de Mère Marie dans votre enfance, dans votre innocence. Redevenez cette enfant. Redemandez à la Madone de visiter votre foyer. Je vous bénis.

Assistante — Bonjour, je m'appelle Claudine et ce que je vais partager avec vous est très difficile. Je vais avoir un petit-fils mais d'une maman porteuse du sida. J'aimerais savoir si vous avez quelque chose à me dire par rapport à ce petit être.

Hilarion — Le sida est une maladie qui a été artificiellement fabriquée. Ce fléau est un karma collectif. Vous avez parlé d'une mère porteuse du sida, cela ne veut pas dire que l'enfant sera atteint du sida. Même s'il est positif, il devra peut-être vivre d'une façon consciente et être en alerte, mais il pourra vivre toute sa vie en toute quiétude, et sans contracter cette maladie.

D'ici quelques années, il y aura un remède miracle pour ce virus cristal. Ainsi, les scientifiques décoderont l'excroissance cristalline du sida et comprendront le schéma de reproduction. Et cet enfant sera protégé par ce nouveau vaccin. Soyez en paix.

Assistante — Bonjour, je suis Charlotte. Il y a de plus en plus de cas de cancer et je voudrais savoir où en est la recherche. Merci.

Hilarion — Le cancer, comme vous dites, est une maladie mal comprise, car lorsque vous maîtrisez un cancer, un autre apparaît. Il y a des cancers de toutes sortes. Le cancer est une dégénérescence du corps physique et des organes qui sont affligés. Les causes sont multiples, bien sûr, mais la plus importante est le manque d'amour. Si l'amour devait disparaître entre la lune et la Terre, et entre le soleil et la Terre, dans soixante-trois jours, vous plongeriez dans le soleil. L'amour maintient l'équilibre : la santé de l'Univers.

De même, l'amour maintient les cellules intègres, les unes associées aux autres. Lorsqu'il y a un reniement de soi, un manque d'amour pour soi-même, il y a une dégradation de cet amour entre les cellules qui maintiennent la cohérence et la stabilité, et menace le bon fonctionnement d'un organe. La dégradation s'installe par l'excroissance des cellules, c'est-à-dire une croissance sans discipline et sans amour. Il est difficile pour un être humain de s'aimer. Vous en avez la preuve tous les jours lorsque vous vous regardez dans le miroir. Vous pouvez regarder un autre être dans les yeux assez longtemps sans flancher, mais vous ne pouvez pas vous regarder plus de deux minutes dans le miroir sans flancher.

Pourquoi êtes-vous si dure avec vous-même ? Pourquoi l'humain ne s'aime-t-il pas ? Pourtant, il a choisi son véhicule. Il a choisi sa destinée. Il a choisi son karma. Mais le karma peut être transformé. Le karma est transformé par l'Amour inconditionnel. L'Amour inconditionnel efface tout karma. Ainsi, le cancer n'existera plus lorsque tous les êtres sur cette Terre auront appris à partager dans l'amour et la confiance en soi-même. Vous pouvez régresser le cancer en ayant des thérapies mentales, en regardant d'une façon imaginaire vos cellules se transformer par l'amour. Amenez les distances entre l'amour et vous à se rapprocher. Amenez la fréquence de l'amour à se rajuster à la vôtre. Tout fonctionne par résonance. Si vous apprenez à vous aimer, les cellules aussi s'aimeront et il y aura de grandes transformations. Le corps humain est un laboratoire merveilleux qui peut se guérir lui-même, mais le sentiment est son maître.

Assistant — Oui, bonjour. À la suite d'événements familiaux assez douloureux, des phénomènes se sont manifestés en moi que j'appellerais médiumniques, et je voulais savoir si vraiment je l'ai développée personnellement ou si je ne me fais que des idées.

Hilarion — Vous avez été médium dans une autre vie. Vous étiez une femme brûlée sur un bûcher. Vous reniez maintenant cette médiumnité à cause des peurs. Mais, aujourd'hui, il y a une énergie sur cette Terre pour vous libérer et vous faire comprendre qu'il n'y a plus de danger comme à cette époque. Vous devez accueillir cette médiumnité et non la refouler. Autrement, vous la retournez dans l'oubli. De plus, en la reniant, vous reviendrez refaire une autre vie et recommencer à nouveau la reconnaissance de votre médiumnité. Acceptez ce qui vient vers vous et demandez de l'aide à vos Guides, aux Maîtres Ascensionnés afin d'avoir une guidance dans ce développement par cette acceptation. Soyez vous-même et redevenez ce que vous étiez avant cette peur, avant cette tragédie.

Assistant — Je m'appelle Serge, et je voudrais que vous puissiez nous répondre, concernant l'aspect médicalisé, c'est-à-dire ce que j'estime être la position entre la médecine officielle et celle dite non officielle.

Hilarion — Ce que vous appelez médecine dite non officielle, nous assumons que ce sont les médecines douces, telles le Reiki, la polarité, impositions des mains ou autres. Il y a plusieurs formes d'ouvertures qui se feront dans les établissements de médecine allopathique traditionnelle qui sont présentement fermés à ces médecines étranges dont elles sont caractérisées. Mais, les nouveaux médecins qui sortent des écoles ont un esprit beaucoup plus ouvert. Ils sont souvent dans les deux disciplines, les deux domaines. Ils comprennent la spiritualité et comprennent les médecines douces par l'énergie. Ils savent aussi que la médicine allopathique sera toujours nécessaire pour la mécanique, pour la compréhension et pour la foi dans la guérison.

Ces nouveaux médecins délogeront les anciens peu à peu, et un virage aura lieu assez rapidement, peut-être sur cinq ans. Il y aura aussi une révolution au niveau de la pharmacopée (codex). Les grandes sociétés auront des difficultés entre elles et les laboratoires clandestins fleuriront : ceux qui ont le vrai médicament.

Assistante — Bonjour, je m'appelle Claudine et il y a trois semaines, environ, j'ai trouvé sur ma route une inscription qui disait : « Ne crois pas que tu t'es trompée de chemin si tu n'es pas allée assez loin. » Or, j'étais à une période de ma vie où je devais faire un choix. Je voudrais savoir si j'ai fait le bon choix, et si vous pouvez m'éclairer un petit peu par rapport à ce message. Merci.

Hilarion — Nous allons répondre en deux volets. Premièrement, lorsque le cœur vous demande quelque chose que vous aimez accomplir, allez jusqu'au bout de votre passion. Lorsque vous êtes amenée à monter un escalier, tout va bien jusqu'aux dernières marches. Avant la dernière marche, un obstacle se présente et vous dites : « Ah! Ceci veut dire que ce n'est pas mon karma. Ce n'est pas pour moi. C'est trop difficile. » Mais votre âme veut que vous brisiez cette barrière. Elle veut que vous surmontiez cet obstacle. Quelques marches encore avant le succès. Ne renoncez pas. Ne renoncez jamais à vos aspirations profondes, peu importe la difficulté que ces aspirations vous amènent. Vous savez dans votre cœur lorsque vous n'êtes pas sur la bonne route. Le cœur ne trompe jamais.

Le deuxième volet que nous aimerions développer, est qu'il est impossible pour vous de vous tromper de chemin, car si vous prenez la première route, et que vous la trouvez difficile, vous désirez intérieurement changer de chemin pour en trouver un plus facile. Vous prenez la deuxième route. Vos Guides prendront alors le fardeau karmique de la première route pour le déposer sur la deuxième route. Et, si vous choisissez la troisième route, ils feront de même. Alors, vous ne pouvez pas vous évader de votre destinée, sauf pour vous élever plus haut. Vous ne pouvez pas reculer sur votre engagement, à moins de revenir et de recommencer à nouveau dans une autre vie.

Alors, vos Guides ont beaucoup de compassion pour vous, parce qu'ils évoluent en même temps que vous. Chaque pas que vous faites vers la Lumière les élève aussi d'un pas vers la Lumière dans une autre réalité. Le monde marche toujours main dans la main, même si vous ne le voyez pas. Vous avez toujours besoin de tenir la main d'un plus faible que vous, car vous avez toujours un plus fort que vous qui vous tient la main. La chaîne est infinie, et vous continuerez pour l'éternité. C'est cela, le Ciel sur Terre.

Lorsque vous aurez accepté d'être dans l'Amour inconditionnel, cette réalité sera le Ciel sur Terre pour vous. Alors, vous n'aurez plus de problème avec le karma. Vous n'aurez plus de problème avec les dualités. Si des événements viennent de votre côté, vous les regarderez passer comme des nuages sans être affectée. Ainsi, vous êtes sur la bonne route, car vos Guides vous le promettent.

Nous prendrons une dernière question.

Assistante — Je suis Florence et j'aime profondément la nature. Je voudrais savoir si enfin l'homme va se mettre en marche pour la préserver au maximum. Que ce soit la terre, l'air, l'eau. Merci.

Hilarion — Vous savez, la technologie existe déjà pour dépolluer la planète en une semaine s'il le faut. L'aide des extraterrestres, comme vous appelez, est disponible. Les grandes technologies sont disponibles. Mais, cela est très minime comme problème. Ce n'est pas la pollution de la Terre par les effets matériels qui est le plus grand problème. C'est la pollution psychique par les pensées négatives, par le manque d'amour. Cette forme de pollution, les extraterrestres ne peuvent pas réparer. Vous êtes les seuls qui puissiez le réparer par l'amour et le partage.

Rêvez... rêvez que la Terre est pure. Rêvez que la Terre partage. Rêvez que les pays sont unis. Rêvez... Imaginez... Le rêve est une prière très puissante. Ce que vous rêverez ou imaginerez se concrétisera sans aucune difficulté. Mais lorsqu'il y a un problème dans le monde, on vous montre le pire sur le petit écran. On vous montre la noirceur. On ne vous montre pas la Lumière. Ne focalisez pas sur cette noirceur. Croyez qu'il y a autre chose. Croyez qu'il y a beaucoup plus de Lumière. L'information... d'où vient-elle, sinon des réalités de l'Ombre ?

Avez-vous des nouvelles réjouissantes de temps à autres ? Pas tellement souvent, n'est-ce pas ? Ainsi, regardez les effets sur vos vies, ce qui se passe à l'étranger, vous n'avez pas à le connaître dans votre karma, sinon vous seriez là, sur place. Mais, on veut vous rendre coupable pour alimenter l'égrégore, l'inquiétude et la peur. Ceci est la nourriture pour l'Ombre. Réfléchissez. Il y a très peu de mal comparativement au bien. Il y a très peu d'ombre comparativement à la Lumière. Mais sachez que, tant que vous serez dans le chemin de la dualité, peu importe l'élévation que vous aurez, il y aura toujours l'Ombre un pas derrière pour vous faire avancer davantage.

L'Ombre ne peut pas vous faire disparaître, mais vous pouvez faire disparaître l'Ombre. Lorsque vous entrez dans une pièce sombre, demandez-vous d'abord à l'ombre de partir avant que vous puissiez allumer la lumière ? Non, vous allumez la lumière et l'ombre ne peut pas se battre contre la lumière. Seulement l'esprit est amené à croire que l'Ombre se bat contre la Lumière. Réfléchissez à ce que le monde de l'Ombre veut vous faire croire, car il veut vous amener là où il est par les astuces subliminales dont vous êtes entourés.

Nous sommes là, dans la Régence du Rayon Vert pour empêcher la destruction. Nous bloquons toutes les épaves qui viennent vers vous si le karma ne l'a pas autorisé. Si vous n'aviez pas la protection des Maîtres de Lumière, des Seigneurs du karma, vous seriez détruits depuis très longtemps, car il y a un grand nombre d'épaves de l'Ombre. Mais la Lumière est juste, elle laisse passer seulement ce qu'il faut pour vous faire comprendre. C'est la raison pour laquelle, celui qui vous apporte l'Ombre dans votre vie, c'est pour vous faire reconnaître la Lumière. Vous le croyez comme un ennemi. Il n'est qu'un intermédiaire qui ne comprend pas ce qu'il fait. Alors, Jésus a dit : « Aimez vos ennemis, même vos pires ennemis, et comprenez vos ennemis. » Personne ne peut vous donner de coup de pied, si vous n'en avez pas donné auparavant. Ceci est impossible. Personne ne peut vous faire de mal, si vous n'avez pas fait le même mal à quelqu'un d'autre. C'est la loi du karma.

Ainsi, Je vous inonde de ma Lumière vert émeraude pour que la nature que vous aviez dans cette saison estivale qui tire à sa fin, continue dans votre vie : toujours agrémentée de fleurs et de cours d'eau cristallins. Allez rêver dans ces royaumes que vous inventez et imaginez. Cela vous apportera la paix et de beaux messages. Les Êtres de Lumière ne manqueront aucune occasion pour vous supporter dans votre imagination. Alors, soyez productifs. Nous nous reverrons.

Je vous bénis et Je vous aime grandement.

Adonaï — Hilarion

CHAPITRE
3
VOTRE VISION DU MONDE

Hilarion — Si vous voyez la vie comme une expérience purement personnelle, il vous est peut-être difficile d'y discerner le jeu qui se révèle dans les situations qui vous sont imposées par le karma, c'est-à-dire les hauts et les bas qui se manifestent dans votre vie. Le karma est un système qui ne faillit jamais, peu importe la façon dont votre vie se déroule. Ce système est lié à la justice divine afin que toutes les dettes que vous contractez par les actions que vous manifestez dans la troisième dimension soit invariablement suivies d'une réaction avec une intensité égale. Cette réaction, étant une conséquence manifestée du retour des énergies vers sa source, ne peut pas s'annuler, car l'action est causale dans ce monde où se jouent toutes sortes d'interférences.

Ces interférences n'appartiennent pas à une réalité aléatoire comme vous seriez enclins à penser. Malheureusement, c'est ce que pense la grande majorité des êtres humains qui vivent sur cette planète. Elles sont des énergies conséquentes des actions qui ont été manifestées par l'individu qui les a créées. Ces conséquences ne sont souvent pas reconnues parce qu'elles sont, la plupart du temps, différées à un autre moment. Évaluées selon leur complexité et leur importance, elles peuvent même être différées de vie en vie pour rendre possible la remise de la dette. Et ce retour partiel modèlera la vie présente sans pour autant dépasser les limites acceptables de vos capacités dans cette incarnation.

Ce qui n'est pas résolu dans une vie, sera remis dans la réalité de la prochaine vie. Rien n'est perdu, ni oublié, même si le temps est très long, selon la perception de l'individu qui fait l'action. Certaines actions maléfiques par exemple, comme nous avons mentionné plus avant, sont d'envergure énorme, et si les conséquences des retours ou interférences dues au karma devaient être résolues dans une seule vie, elles empêcheraient l'expression même de la vie. Pour permettre à l'individu qui a causé les torts de remettre sa dette, il est parfois nécessaire de voir à ce que ce lourd fardeau soit partagé entre un certain nombre de vies subséquentes selon la force de cet individu à payer sa dette.

Le monde est un miroir pour toute personne en incarnation. Il réfléchit toujours les actions causées, mais, comme déjà mentionné, la réflexion est différée dans le temps. Le monde étant ce miroir temporel où se jouent les scénarios nécessaires au règlement des énergies en déséquilibre, il est difficile pour un être d'y voir clair dans le court laps de temps que représente son incarnation. Bien que chaque individu paie éventuellement sa note, personne ne peut vraiment comprendre comment et à combien ce paiement s'élève dans chaque incarnation. Les Guides de chaque individu et les Seigneurs du Karma se mettent d'accord avec vous avant votre incarnation pour le programme à suivre dans une seule vie à la fois.

Vous venez dans un monde virtuel où se présentent tous les apports nécessaires pour créer votre scénario. Lorsque vous comprendrez comment fonctionne ce monde, toujours en interaction avec votre esprit, vous serez émerveillés de la justice qui s'en découle, par rapport à vous, bien évidemment. Si vous croyez que Dieu a créé ce monde, pourquoi ne croyez-vous pas qu'Il l'a créé avec perfection puisqu'Il est Lui-même parfait. N'est-il pas dit dans les Écritures de l'Orient que rien ne peut sortir imparfait de ce qui est déjà parfait ?

Le monde existe parce que vous le percevez avec votre esprit qui est nourri par vos sens physiques et par votre perception psychique. Donc, pour chaque individu, le monde est différent parce que son esprit est différent. Votre esprit est une énergie qui représente la somme de toutes vos expériences humaines et extra-humaines. Il est dit dans la plupart de vos religions occidentales que l'homme n'a qu'une seule vie et que la réincarnation n'existe pas. En partie, c'est vrai, que l'homme n'a qu'une seule vie, parce qu'il a la vie éternelle. Je ne parle pas ici de la vie corporelle, mais de la vie de l'esprit et de l'âme. Le corps n'est qu'un véhicule que vous prenez à la naissance physique et que vous laissez à la mort physique. Mais, le corps physique n'est pas vous, il n'est qu'un véhicule.

Donc, à la mort du véhicule, c'est-à-dire votre corps, vous êtes toujours là. Votre esprit ne meurt pas, votre âme non plus. Dans ce sens, vous n'avez qu'une vie, mais elle est éternelle. Votre voyage sur la Terre n'est que l'une des millions d'expériences que vous avez choisies d'expérimenter, selon votre programme d'existence éternelle. Dans ce sens, vous avez aussi des millions de visages imprégnés dans votre esprit parce qu'il est marqué de tous les véhicules que vous avez habités et de toutes les réalités que vous avez expérimentées depuis que vous êtes éternels.

Plusieurs personnes croient qu'elles sont de jeunes âmes et d'autres de vieilles âmes. Cette valeur est relative seulement à votre perception de vous-même en tant qu'individu humain, mais votre existence n'a jamais été néant. Le seul commencement que vous ayez manifesté est de prendre une forme quelconque lorsque vous avez décidé de vous aventurer vers d'autres mondes en vous expulsant de l'Unicité, en vous éjectant de la mer de Conscience Universelle. La gouttelette d'eau qui s'évapore de l'océan n'a pas débuté son existence en prenant une forme. Elle existait avant même de prendre la forme de gouttelette. Son origine est l'océan et elle retournera éventuellement à l'océan après avoir parcouru ce qu'elle a décidé d'accomplir comme expérience.

De même, votre âme qui est une gouttelette de cette immense mer de Conscience ne vient pas à l'existence en prenant une forme. Elle était déjà et sera toujours. Elle a simplement pris une forme en quittant l'Informe ou la Conscience Universelle. Votre naissance dans la séparation de la Conscience Universelle n'est pas une fin pour la Conscience, ni un commencement pour votre existence. Elle est une continuité en transformation permanente.

Il n'y a rien de statique dans cet Univers. Tout bouge sous des influences diverses. Mêmes les étoiles sont soumises à des forces énormes pour maintenir leur stabilité et leur position dans l'espace. Ce que vous croyez vide dans le grand espace n'est pas ce que vous percevez. Il y a des myriades de mondes que vous ne voyez pas, car votre perception est limitée à ce que vous avez choisi comme expérience. Il y a des mondes qui ne durent qu'une fraction de seconde à votre perception humaine, mais pour ces mondes, le temps leur est suffisant pour exprimer leurs désirs et vivre leurs expériences. Tout est relatif à l'expérience de vie.

Vous croyez que le temps est linéaire et qu'il ne change pas parce que tous ces gens qui vous entourent vivent les mêmes scénarios chronométrés par une montre qui vous indique l'heure du moment qui vous intéresse. Ce n'est pas la réalité. Vous avez vécu des expériences qui contredisent cet énoncé. Vous avez déjà attendu quelqu'un pendant des heures qui vous semblaient des semaines. Vous avez aussi participé à des activités qui vous plaisaient grandement et qui se sont terminées, à votre surprise, beaucoup trop tôt, croyant que vous vous êtes fait voler du temps.

Le temps est une perception de votre esprit, et celui-ci est comme un sable mouvant, il n'est jamais stable. Si votre esprit était stable, vous n'auriez aucune perception du monde dans lequel vous vivez. Tout ce qui existe est relatif, sauf Dieu qui est absolu. Dès que vous ne parlez plus de relatif dans la troisième dimension, vous devenez unifié à l'Absolu et vous quittez le monde de dualité. C'est comme la goutte d'eau qui retourne à la mer de Conscience Universelle.

Vous vous demandez souvent pourquoi votre vie se déroule comme elle est. À certains moments, les événements vous font vivre l'angoisse, l'inquiétude et le manque d'harmonie. Regardez bien les situations qui vous mettent dans cet état. Ensuite, regardez en vous-même les attitudes qui sont touchées et qui vous excitent émotivement. Le monde que vous percevez est le miroir de votre existence intérieure, et ce miroir vous met franc dans les yeux ce que votre Moi supérieur veut que vous travailliez pour avancer sur votre chemin de vie.

Ces situations ne sont pas dues au hasard, elles ont été planifiées par vous, et pour vous, dans l'entre-vie. Il est nécessaire et même très important de regarder avec une grande attention toutes les situations qui viennent vers vous. Êtes-vous venu dans ce monde pour vous améliorer ou pour essayer de le sauver ? Sauver le monde est une grande illusion. Votre amour pour vous-même et pour les autres est la seule façon d'aider son prochain à s'élever. Dès que vous travaillez sur votre personne individuelle, vous travaillez aussi sur la collectivité parce que les deux aspects de la vie son inter-reliés.

Plusieurs personnes veulent connaître la raison de leur venue dans ce monde ainsi que leur mission spécifique. Si vous croyez que vous êtes venus pour réparer ce qui ne fonctionne pas dans ce monde, c'est que vous croyez que Dieu est imparfait et qu'Il a créé une faille dans Son Œuvre. Cette réflexion vous démontre qu'il manque des données pour que votre esprit comprenne la mécanique que la vie utilise pour assurer le retour de Ses énergies individuelles vers l'Unicité. Sauver le monde est une illusion parce que le monde est virtuel, c'est-à-dire qu'il est une construction ou une projection de votre esprit.

Personne ne perçoit ce monde de la même façon. Ce monde est un hologramme énergétique dans lequel votre esprit entre en interaction pour apprendre à vous connaître afin de changer ce qui n'est pas en harmonie avec votre Créateur. La souffrance dont vous êtes témoins dans ce monde n'est qu'un reflet de cette souffrance que vous avez vécue vous-même dans votre passé et dans vos autres vies. Par l'entremise du grand miroir qu'est ce monde, cette souffrance vient dans votre perception pour vous rappeler qu'il y a longtemps, dans d'autres réalités que vous avez vécues et oubliées, les mêmes scénarios se sont manifestés, et les émotions de haine que vous aviez en ces moments n'ont pas encore été résolues.

Dès que vous aurez compris cela et pardonné à vous-même et aux autres, qui étaient peut-être vos bourreaux de l'époque, vous ne serez plus témoin de la souffrance dans ce monde. Vous direz : « Ah ! Que le monde a changé en si peu de temps ! » Mais en réalité, ce sera vous qui aurez changé. Le monde n'aura été qu'un reflet, témoin de votre esprit, pour vous inciter à changer.

Alors, si vous voulez changer le monde, changez-vous vous-même et le monde prendra une toute autre image à votre perception. Lorsque vous entreprenez de faire quelque chose pour soulager la souffrance du monde, faites-le d'abord pour soulager votre propre souffrance avec toute la compassion que votre cœur peut contenir. Si vous aidez quelqu'un sur votre chemin, en le relevant, sachez que c'est un aspect de vous-même que vous relevez.

Un jour, Pierre a demandé au Seigneur : « Maître, qui est mon prochain ? » Le Seigneur lui répondit : « Pierre, celui qui est sur ta route et que tu ne connais pas, mais qui demande ton aide est ton prochain. » Celui qui est sur ton chemin est une réflexion d'une partie de toi-même. Le mot prochain désigne tout homme ou tout ensemble d'hommes par rapport à un autre. Donc, tous les hommes sont en rapport constant d'une façon psychique les uns avec les autres.

La perfection de ce monde est très difficile à saisir à cause de la limitation de perception de votre esprit. Mais, pour vous donner une image plus simple, faites une petite expérience lorsque vous en aurez l'occasion. S'il vous arrive de marcher près d'un lac ou d'une étendue d'eau calme, essayez de regarder le reflet de votre visage dans cette eau calme. L'eau représente le monde en tant que matière influençable. Lorsque l'eau est calme, sa surface est comme un vrai miroir. Vous voyez votre reflet avec une grande fidélité. Vous voyez tous les détails de votre visage.

Le temps, ou plutôt les conditions atmosphériques représentent l'état de votre esprit. Lorsqu'il fait beau et ensoleillé, sans la moindre brise, c'est comme si votre esprit était calme, et cela vous permet de voir votre reflet clairement dans l'eau. Toutefois, lorsque le temps devient orageux, le vent se lève et brouille la tranquillité de l'eau, et vous voyez le reflet de votre visage se dissoudre pour vous donner une réflexion brouillée. De même, lorsque votre esprit est perturbé par vos états contradictoires, le monde vous renvoie la même image de vous-même. Si vous faites un travail sur vos émotions pour calmer votre esprit, l'image du monde que vous percevrez à nouveau sera dans le même état.

C'est dans ce sens que le monde est parfait. Il est l'ami fidèle de votre perception propre à vous. Vous voyez le monde comme vous êtes vous-même. Chacun perçoit le monde comme lui-même. Si vous brouillez l'eau qui renvoie le reflet de votre visage, vous ne percevez plus cette réalité de réflexion, tout comme lorsque votre esprit est grandement perturbé, vous vous sentez totalement déconnectés du monde, et vous souffrez, croyant que le monde est contre vous. Mais, en réalité, vous vivez une guerre intérieure entre l'ego et la raison.

La plupart des moments de guerre dans votre esprit trouvent leur source dans l'entêtement. Si chaque être humain avait le courage de regarder en profondeur les raisons de ses confrontations avec le monde extérieur, il comprendrait que sa relation véritable est une question d'attitude. Dès lors, l'entêtement disparaîtrait de l'esprit de l'homme et les guerres n'auraient plus leurs assises dans ce monde.

Voici ce que J'entends par entêtement :

- Une prise de position ferme et unilatérale par rapport à un différend.

- Une colère incontrôlable suite à une contrariété.
- Une détermination irraisonnée d'aller dans une direction de résistance.
- Une fermeture de l'esprit face à la supplication.
- Une idée fixe à démontrer son point de vue.
- Une intention orageuse à faire les choses à sa manière.
- Ne pas accepter de perdre.
- Vouloir réussir une action déraisonnable même au risque de sa vie.

Et, ce n'est qu'une infime partie des points que l'on pourrait soulever. Vous en connaissez personnellement encore d'autres.

Parlons maintenant de l'attitude. Vous pouvez facilement discerner un idiot d'un sage par son attitude. Un être qui a vraiment compris le rôle de la vie dans ce monde ne peut pas faire autrement que de polir l'œuvre qu'il est en train de modeler : lui-même. Chaque personne arrive éventuellement à comprendre, en raison de ses expériences et sa relation avec le monde, que l'attitude intérieure est le passeport pour son bonheur ou pour ses difficultés dans la vie, parce que votre vision du monde est la vision fidèle et infaillible de vous-même.

Que vous l'acceptiez comme tel ou pas n'a aucune influence sur le résultat. Vous devez suivre consciemment ou inconsciemment toutes les lois universelles avec lesquelles Dieu a construit cet Univers. Les lois sont comme des blocs de béton pour briser vos résistances ou comme une brise ascendante pour vous propulser vers les réalités de rêve. Vous avez le choix de vous démolir ou de vous élever. Le monde est le terrain d'expérimentation, le champ de bataille entre vous maintenant et vous dans ce que vous pouvez devenir. L'attitude est l'huile ou le sable dans l'engrenage de la vie. Vous êtes le seul être au monde à devoir reconnaître si vous êtes pour ou contre vous. Votre monde n'est qu'un témoin.

Il y a un autre aspect très important de votre monde que J'aimerais développer avec vous. J'en ai parlé un peu antérieurement, mais pas suffisamment pour en démontrer l'importance. Cet aspect est l'influence de votre environnement sur vous. Vous n'êtes pas sans savoir que l'enfant qui vient au monde dans un milieu défavorisé sera comme ceux qui l'entourent. Il ne risque pas de devenir un génie, du moins, ce phénomène est très rare. Mais l'enfant qui vient au monde dans une famille de scientifiques a de grandes chances de devenir lui-même scientifique. Ce phénomène n'est pas un hasard, c'est la force de l'influence qui incite à faire ce choix.

L'environnement dans lequel vous avez vécu votre enfance a été très influent sur ce que vous êtes devenus aujourd'hui. Et maintenant, la façon dont vous réagissez à votre environnement est l'influence qui se joue pour poursuivre de la même façon dans votre futur. Si vous n'êtes pas heureux ou heureuse du déroulement de votre vie présentement, vous avez le pouvoir de tout changer, même ce que vous croyez impossible actuellement. L'esprit est une force insoupçonnée qui peut être utilisée comme un levier pour changer le cours des événements de votre expérience. Il suffit de l'influencer selon ce que vous désirez devenir.

Celui qui a voulu devenir pilote de ligne devait, dans son enfance, s'intéresser à tout ce qui lui rappelait son but, comme faire une collection de photos des avions de ligne de tous les modèles et de tous les fabricants d'avions. Il devait avoir un intérêt pour apprendre à connaître toutes les caractéristiques de ces avions. Cet intérêt l'a assurément conduit à visiter les aéroports et les tours de contrôle de divers endroits. Il a sûrement eu des occasions pour visiter le tableau de bord du poste de pilotage de plusieurs modèles d'avions. Il a peut-être même fait l'essai d'un simulateur de vol.

C'est comme cela que chacun construit sa vie. Le désir, nourri par la pensée, conduit vers les opportunités et, pas à pas, l'influence s'installe et grandit. L'intérêt que vous portez sur une l'influence et l'effort vous conduit invariablement vers la destinée que vous choisissez. Mais, il faut toujours persévérer dans votre rêve et le manifester au mieux de vos possibilités.

Tous les enfants de Dieu ont, dans leur esprit, les pouvoirs nécessaires pour créer ce qu'ils désirent. Il faut cependant réveiller ces pouvoirs par l'intérêt personnel et laisser agir l'influence environnementale. Si vous n'avez pas de bonnes influences environnementales, votre premier projet est de les transformer, d'abord par vos pensées, et, par de petites actions soutenues, pour éventuellement devenir des actions vraiment concrètes qui feront une différence.

Prenez l'exemple d'un barrage de pierre et de terre qui retient des milliers de tonnes d'eau. La moindre fissure qui permet à quelques gouttes d'eau de s'infiltrer finit par s'élargir par l'action incessante de l'érosion de l'eau et en peu de temps, le barrage n'est plus. La puissance dormante de l'eau sans mouvement était cachée par l'inaction. Dès que l'eau a eu l'occasion de changer son inertie en action, le pouvoir s'est réveillé et l'eau est devenue une force incontournable. Votre esprit possède cette force de changement de l'inertie en un mouvement le plus formidable.

J'aimerais vous raconter une petite histoire qui vous fera peut-être comprendre le pouvoir de votre esprit sur votre vie actuelle.

Un jour, un clochard grogneur dormait sur le banc d'un parc du centre-ville. Les oiseaux et les pigeons s'affairaient autour de lui sans même lui porter attention. Il était seul et méprisait sa condition de pauvreté. Une petite fillette d'environ six ans s'est approchée de lui. Elle le regardait en se demandant pourquoi il dormait à cette heure de la journée. Elle tenta de le réveiller en mettant sa main pour remuer son bras gentiment et elle dit : « Monsieur, réveille-toi, il fait jour. Pourquoi dors-tu maintenant ? »

Le clochard se réveilla en grognant et la fillette, un peu effarouchée, fit un pas en arrière. Elle était incertaine, croyant que le clochard dérangé dans son sommeil la réprimanderait. Le clochard lui demande : « Que fais-tu ici, où est ta mère ? » La fillette répond : « Elle est là-bas, elle me surveille. Je lui ai demandé si je pouvais venir te parler et elle a accepté mais m'a dit d'être prudente. » Le clochard lui demande : « Que me veux-tu ? » Et la fillette répondit : « Pourquoi dors-tu à cette heure de la journée ? » Le clochard lui répondit : « Je n'ai rien d'autre à faire, les gens ne m'aiment pas et je suis seul, et puis, qu'est-ce que ça peut te faire ? »

Fillette : « Tu peux faire comme mon papa, travailler et gagner des sous. »

Clochard : « Je ne sais rien faire et personne ne veut de moi. Regarde-moi ! Crois-tu que quelqu'un s'intéresse à moi comme je suis ? »

Fillette : « Tu pourrais au moins soigner les oiseaux qui sont tout autour. Ils viennent te voir mais tu ne les vois même pas. »

Clochard : « Et, dis-moi, qu'est-ce que les oiseaux peuvent faire pour moi ? »

Fillette : « Peut-être rien, mais toi tu peux faire quelque chose pour eux. C'est important, non ? »

Clochard : « Je n'ai rien à donner. »

La fillette lui présente quelques bouchées de pain qu'elle avait apportées pour nourrir les oiseaux, un petit rituel qu'elle aimait bien faire avec sa mère. Le clochard prit les bouchées de pain, en mangea un morceau et distribua le reste aux oiseaux. La fillette était enjouée de le voir commencer à s'éveiller et à sourire. Peut-être était-ce son premier sourire depuis des années. La mère de la fillette, voyant le scénario, s'est approchée lentement pour accompagner sa fille et le clochard à jeter du pain aux oiseaux.

La mère dit bonjour au clochard qui s'arrêta, un peu confus. Il lui dit timidement : « Bonjour madame. » La mère dit : « Je voyais que vous aviez du plaisir et je voulais participer à votre fête. » Le clochard baissa la tête et dit : « Fête ? » Et il continua : « Madame, je n'ai pas parlé aux gens depuis des années. Vous êtes la deuxième qui m'adresse la parole après votre fille. Les gens ne s'intéressent pas à moi parce que je suis clochard. Les gens veulent toujours quelque chose et je n'ai rien à donner. »

La mère dit : « Je vous regardais de là-bas et lorsque vous avez commencé à jeter des miettes de pain aux oiseaux, j'ai vu votre visage s'illuminer de bonté. J'ai vu un être qui s'éveillait. Pourquoi ne pas offrir aux autres cette bonté que vous cachez sous cette apparence ? » Le clochard répondit : « Je n'ai rien d'autre à me mettre. » La mère dit : « Venez ! Je vais vous conduire où on peut trouver des vêtements qui vous conviendront. »

Ils partirent tous les trois, d'un pas lent, ils bavardaient de tout et de rien. Ils arrivèrent dans un endroit où il y avait d'autres personnes qui venaient chercher des vêtements donnés par les citoyens du village. Chacun y trouvait ce qu'il avait besoin et partait. La mère présenta une vieille dame au clochard en lui disant : « Voici Irma, elle est bénévole pour accueillir les gens et trier le linge qui rentre en ce lieu. Elle voit à tout placer et répond à tous ceux qui viennent chercher du linge. » D'un ton timide, le clochard dit : « Bonjour Madame. »

D'une voix douce et calme, la dame lui dit : « Appelez-moi Irma. Quel est votre nom ? » Le clochard répondit : « Pierre ».

Irma : « Pierre, prenez ce que vous avez besoin. Si vous ne trouvez pas, j'ai d'autres boîtes qui ne sont pas encore ouvertes parce qu'il me manque du temps pour les placer. »

Pierre : « Bien madame ».

Pierre s'affaira à trouver ce qui pouvait lui convenir et, tout en cherchant, il risqua une question : « Depuis combien de temps faites-vous ce genre de travail ? »

Irma : « Depuis que mon mari est mort, il y a trois ans. »

Pierre : « Désolé, je ne voulais pas m'imposer dans vos affaires. »

Irma : « Ne soyez pas triste, chacun doit faire son possible et la vie continue. »

Irma et Pierre continuèrent à parler de choses et d'autres pendant que la mère et la fillette se préparèrent à quitter le dépôt de linge. Dans une sonorité mélodieuse, la mère dit : « Nous devons partir maintenant, j'espère que nous nous reverrons Pierre. » Pierre dit : « Merci madame, je ne sais même pas votre nom et celui de la fillette non plus. »

La mère dit : « Je m'appelle Grâce et ma fille c'est Lucia. À bientôt. »

Pierre est resté là debout un peu perdu dans ses pensées. Que de choses ont changé depuis cette après-midi. Son silence et ses réflexions se sont abruptement évanouis par la voix d'Irma : « Pierre, avez-vous un endroit pour dormir ? »

Pierre : « Oui, je dors dans le parc. »

Irma : « J'ai un ami qui se sent seul et peut-être pourrait-il vous accueillir pour dormir chez lui. »

Pierre : « Irma, pourquoi feriez-vous cela pour moi ? »

Irma : « Nous avons tous besoin de quelqu'un dans la vie, et pour s'assurer que nous ne soyons jamais seuls, nous devons aussi offrir quelque chose à quelqu'un. C'est la loi de l'existence. C'est la voie du partage et de l'amour. »

Pierre : « Irma, je suis un peu timide de vous demander... est-ce que je peux offrir mon aide pour vous soulager de ces choses qui ne sont pas déballées ? »

Irma : « Pierre, c'est gentil d'offrir votre aide. Je l'accepte volontiers. »

Irma montra à Pierre ce qu'elle faisait pour classer les vêtements. Ils parlèrent de leur vie respective et apprirent à se connaître. À chaque jour, Grâce et la petite Lucie vinrent les visiter et ils devinrent témoins d'une grande métamorphose, autant pour Irma que pour Pierre. Grâce avait une fierté intérieure pour la perception profonde de sa petite Lucie qui, par son amour d'enfant innocent de tout préjugé, a su reconnaître la bonté dans un clochard. Lucie a su lire le cœur de Pierre, même dans son sommeil.

Lucie a créé une influence pour Pierre qui a vu épanouir son cœur parce qu'il a accepté de s'ouvrir à une enfant. L'histoire raconte que Pierre s'est vu accepté dans le cercle d'amis d'Irma et qu'il était aimé pour sa grande générosité. Il est devenu un confident pour les plus démunis parce qu'il en avait l'expérience. Fin de l'histoire.

Comme vous voyez dans l'histoire de Pierre, il est nécessaire de donner avant de recevoir. Comme Pierre, vous ne pouvez pas dire que vous n'avez rien à donner. Qui pourrait être plus démuni que Pierre ? Et pourtant, la fillette lui a montré ce qu'il pouvait donner. Le Seigneur a dit : « Lorsque vous donnez au plus petit d'entre les miens, c'est à Moi que vous donnez. »

Pour donner, il n'est pas toujours nécessaire de donner des biens matériels. Parfois, il suffit de sourire à quelqu'un et d'être amical. En d'autres moments, vous pouvez offrir une aide à une vieille dame pour traverser la rue, ou mettre ses paquets dans l'auto. Il y a une foule d'occasions qui se présentent à vous constamment. Voulez-vous sauver ce monde ? Alors, faites de petites actions comme Lucie qui se terminent en de grands événements.

Comme la fuite d'eau dans le barrage, l'inertie se change en mouvement de puissance. Sachez utiliser le pouvoir qui sommeille dans votre esprit. Tout est là pour vous. Votre vision du monde, c'est vous qui la concrétisez par votre implication à vouloir améliorer ce qui vous entoure, en vous améliorant et en partageant ce qui est bon pour vous.

S'il y a quelque chose qui ne va plus dans votre vie, changez-le. Si vous êtes dans une situation qui vous dépasse, comme vivre avec quelqu'un qui vous méprise, changez ce que vous pouvez, petit à petit, et demandez Notre aide, l'aide de vos Guides spirituels. Le Maître a dit : « Aide-toi, et le Ciel t'aidera. » Ce ne sont pas des paroles vides de sens. Ces paroles sont une promesse. La promesse du Maître à vous aider, à vous supporter dans les moments difficiles. Osez demander. « Demandez, et vous recevrez. »

J'aimerais conclure cette réflexion en vous invitant à réfléchir sur ce que vous voulez faire de votre vie. Plus de quatre-vingt pour cent ne le savent pas. Pourquoi être aussi indifférents du pouvoir créateur que Dieu vous a donné ? La vie vous est donnée pour parachever une oeuvre de Dieu, celle de votre maîtrise sur la vie et sur vous même. Dieu attend beaucoup de vous parce qu'Il vous a donné beaucoup. Le Maître a dit : « Je donnerai à celui qui a beaucoup reçu, et à celui qui n'a rien, Je lui enlèverai même ce qu'il pourrait avoir. »

Que veulent dire ces paroles ? Celui qui a beaucoup reçu a fait des efforts pour obtenir ce qu'il a. Celui qui n'a pas est comme celui qui dort dans le parc, le manque d'engagement devient un potentiel qui sommeille. Tant qu'il ne se réveillera pas, l'individu ne peut pas avoir d'espoir pour son futur. « À celui qui n'a rien, J'enlèverai même ce qu'il pourrait avoir. » La foi n'est pas aveugle, elle fonctionne en étroite collaboration avec l'action.

Donnez à ce monde, il deviendra votre salut. Je vous apporte la paix. Je vous donne Ma paix.

Adonaï. Hilarion

CHAPITRE

4

VOTRE VISION DE VOUS-MÊME

Hilarion — La première chose que vous devez apprivoiser dans votre réalité est la façon de vous percevoir vous-même. La plupart des gens ont une résistance face à leur façon de se percevoir. Chacun a peur de rester seul avec soi-même. Puisque votre incarnation présente est la somme de toutes les expériences que vous avez vécues depuis votre accessibilité à l'expression humaine de la création, de fait, vous êtes un être qui a beaucoup accompli à travers ces expériences de vie. Pourtant, vous ne regardez qu'une petite partie de ce que vous êtes dans votre être intégral.

Votre perception de vous-même est différente de celle d'un confrère, d'une consœur, des amis et même des étrangers qui apprennent à vous connaître. Afin de leur donner une bonne image de vous, vous êtes prêts à y mettre des efforts pour attirer à vous le meilleur de ce qu'il vous faut pour bien paraître. Bien souvent, vous n'hésitez pas à en mettre un peu plus pour impressionner, même si ces qualités sont inexistantes dans votre vrai profil de vie. Mais, tôt ou tard, ces êtres que vous cherchez à convaincre de votre image retouchée seront témoins de certaines scènes où vous aurez totalement oublié de mettre votre masque. Ils vous verront sous votre vrai visage. Ils découvriront que vous les avez trompés. Ce genre de jeu est celui de l'ego, cette partie de vous, qui se prend pour vous, mais qui n'est, en fait, qu'une parcelle de votre existence.

Votre ego est un aspect de votre personnalité qui vous cache de votre vraie nature et qui vous fait croire que vous êtes votre corps. Il cherche aussi à s'identifier à vos actions. Il réclame constamment des faveurs, des récompenses et des gratifications, mais il oublie trop souvent de laisser parler votre cœur. Votre cœur est une partie de vous, qui est reliée à toute la Création. Ici, bien sûr, Je ne parle pas du cœur physique, mais de ce chakra ou centre d'énergie qui renferme votre âme, cette perle précieuse dont les philosophes ont multiplié avec tant de zèle les définitions, sans pour autant être en mesure de saisir sa nature.

Beaucoup d'attributs spéculatifs ont été donnés à l'âme par les dogmes religieux, les philosophies et les théologies. Mais, la nature de l'âme est insaisissable par l'intelligence humaine. Elle est trop vaste pour la contenir tout simplement dans un corps physique. Elle anime le corps physique, mais elle est beaucoup plus que lui.

Pour vous donner une petite allégorie, imaginez que votre poste de télé est une âme et qu'elle peut vous présenter toutes les émissions disponibles à sa réception. Mais, étant de ce côté du voile comme spectateur, vous pouvez syntoniser sur une seule émission à la fois, tout comme votre esprit ne vit qu'une seule réalité en un temps et un lieu définis.

Mais votre âme est beaucoup plus vaste que votre esprit, elle représente Dieu qui se permet de jouer un rôle que vous avez défini par votre volonté. La nature de votre âme, étant divine, peut se permettre de jouer plusieurs rôles à la fois. Mais votre esprit vous permet de n'en saisir qu'un seul à la fois. Tout comme votre téléviseur vous permet de regarder un seul poste à la fois. Plus votre esprit se libère des croyances limitées de ce monde, plus vous pouvez saisir ces autres réalités qui vous sont inconnues présentement.

Pour comprendre la vision que vous avez de vous-même, il est nécessaire de faire une analyse intime de ce que vous aimez et de ce que vous n'aimez pas dans votre vie. Il est bien évident que vous chercherez à attirer vers vous les expériences et les choses que vous aimez et vous refuserez, autant que vous êtes en mesure de le faire, d'accepter les expériences et les choses qui ne vous plaisent pas. Cette façon de gérer votre vie est tout à fait normale et logique. Mais d'où viennent les critères de sélection des choses que vous aimez et de celles que vous n'aimez pas ?

Ces critères sont la somme des résultats cumulatifs qui découlent des expériences de vos vies passées et de votre passé dans cette vie. Ils sont imprégnés dans votre mémoire psychique et influencent votre vie présente par résonance et association. Les expériences et les choses que vous aimez dans cette vie sont le résultat des expériences favorables que vous avez vécues auparavant. De même, les expériences et les choses que vous n'aimez pas sont aussi le résultat des expériences qui vous ont déplu dans les temps passés.

Le corps humain est un système énergétique très complexe, et il représente aussi la somme de toutes les impressions de votre passé et de celles de toutes vos vies passées. Par exemple, si vous avez été un menuisier dans l'une de ces vies passées, il est fort possible que vous ayez une dextérité manuelle accrue dans cette vie pour ce genre de créativité. Si vous étiez un pianiste dans une vie passée, il est fort probable que vous aimiez la musique dans cette vie, et peut-être même que vous repreniez ce rôle de musicien à nouveau pour vous perfectionner davantage.

Il y a un autre aspect très important relatif au choix que vous faites de votre corps avant de l'incarner. Le corps est une machine qui a aussi ses propres mémoires génétiques. Il est construit d'une façon à se rappeler, non seulement de ce qu'il est, mais aussi de perfectionner ce qu'il est, par le travail qui lui est soumis par l'habitant de ce corps. C'est-à-dire que si votre père était un pianiste, il est fort possible que vous le deveniez aussi par résonance des mêmes informations dans vos cellules. Votre père vous a légué, génétiquement, les mémoires de ce que son corps avait accumulées comme informations relativement à son amour pour le piano et pour la musique.

Ayant dans votre corps ces mémoires, par votre goût personnel de la musique, vous pouvez les réveiller et en prendre partie pour vous-même. Lorsque le grand compositeur allemand, que vous connaissez sous le nom de Beethoven, est venu dans votre monde, il a pris un corps spécifique pour répondre aux critères qu'il avait besoin pour jouer ce rôle de grand compositeur. Il en est de même pour vous lorsque vous venez jouer votre rôle dans ce monde, vous cherchez les parents qui sont aptes à répondre à vos exigences génétiques afin de prendre un corps construit sur le profil de vos besoins.

Donc, ce que vous êtes maintenant, fait aussi partie du patrimoine génétique qui vous a été légué par vos parents. Parfois, vous êtes imprégnés de l'influence génétique de la mère, et parfois sous celle du père. Mais, en général, vous êtes le mélange des informations génétiques des deux parents. En réalité, ces influences génétiques vont beaucoup plus loin que les parents immédiats. Elles se retrouvent aussi dans la lignée ancestrale en passant, bien sûr, par les grands-parents et les arrière-grands-parents.

Votre vision de vous-même se développe dans cet aspect génétique corporel, mais aussi dans un aspect génétique psychique qui touche votre esprit. Un bon exemple est l'influence que vos parents vous ont imprégnée psychiquement, à partir de votre naissance jusqu'au moment où vous quittez leur environnement. Entre autres, et non la moindre, l'expérience de votre naissance même qui s'est imprégnée des peurs de votre mère, la peur de la douleur, de mourir en vous mettant au monde, et toute une gamme de peurs qui sont le résultat des mauvaises expériences des vies antérieures de votre mère.

Toutefois, pour ne pas blâmer votre mère inutilement, sachez que vous avez accepté à l'avance ces parties douloureuses de son expérience pour les ressentir à un moment ou l'autre de votre propre expérience. Rien ne peut vous arriver sans que vous ne soyez d'accord avant votre incarnation. Toutes les expériences que vous vivez avec vos parents ont été pré-visionnées avant votre naissance et acceptées par votre esprit comme faisant partie de votre incarnation à venir. Donc, il est tout à fait injustifiable de juger et de condamner vos parents pour leur héritage génétique et psychique qui fait maintenant partie de votre vie. Vous l'avez choisi, même si vous en êtes consciemment étrangers. Votre subconscient le sait et s'en souvient, car c'est lui qui développe, à travers votre corps et l'information qu'il contient, le processus alchimique qui se joue dans vos facultés.

Un autre aspect de vous-même est construit par l'influence des habitudes que vos parents manifestaient ou manifestent encore à vos yeux. L'enfant est extrêmement sensible à l'exemple qu'il perçoit de ses parents. Si l'un des parents a une habitude qui se répète régulièrement, l'enfant imitera cette habitude, non pas nécessairement par sa volonté d'imiter, mais par la reconnaissance subliminale de sa perception. La reconnaissance subliminale est l'enregistrement du phénomène dont vous êtes témoins par la perception subconsciente de votre esprit.

Je vous donne un exemple. Vous regardez un programme à la télévision et, pendant les annonces commerciales, on vous présente une bière qui n'est pas votre préférée, mais qui vous fait penser à une bière tout simplement. Vous vous levez inconsciemment pour allez chercher une bière.

Sans que vous ayez pris conscience que l'annonce vous a incités à prendre une bière, vous continuez à regarder le programme comme si rien d'anormal ne s'était passé. Mais, cette reconnaissance subliminale ne s'arrête pas là. Plus tard, dans votre rôle familial, vous allez au marché et vous voulez vous approvisionner de bière. Vous ne voyez pas celle que vous aimez, étant très populaire, elle est écoulée. Vous regardez pour un substitut. Quelles sont les chances que vous preniez celle qui avait marqué votre subconscient dans l'annonce où il y eut une reconnaissance subliminale ? Presque 100%. Vous prendrez conscience de ce fait seulement à la maison, alors que vous aurez le goût d'une bière. Vous direz alors : pourquoi aie-je pris cette marque alors que je ne l'aime pas ?

Le pouvoir de l'influence est immense. De vos parents, ces influences deviennent le patrimoine de votre vie. De votre entourage, que ce soit à l'école, de vos amis, de votre milieu de travail ou, peu importe l'origine de l'influence, ces influences deviennent les expériences et les choses que vous aimez ou que vous n'aimez pas. Donc, votre expérience de vie est faite autant des influences extérieures que des goûts et des désirs propres à vous-même. Mais, comment discerner ce qui est vous de ce qui ne l'est pas vraiment ? Votre choix. C'est cela qui modèle la vision de vous-même. Vous avez le pouvoir de discerner ce qui vous appartient et de le manifester.

Vous vivez dans une mer d'énergies de toutes sortes. Cette mer d'énergies est comme vos marchés, c'est le jeu de l'offre et de la demande. Ce sont des vibrations qui vous excitent ou ne vous disent rien. Lorsque vous allez au marché, vous avez le choix d'acheter ce qui vous plaît. Ce qui ne vous plaît pas, vous le laissez. C'est votre choix. Le monde est aussi un marché constitué de vibrations diverses soumises à l'offre et la demande. Mais, où se situent vos propres vibrations parmi toute cette multitude de vibrations diverses ? Votre résonance avec elles détermine ce qui vous convient ou non, mais vous avez toujours le choix de prendre ce qui vous convient ou même de prendre ce qui vous ne convient pas.

Plusieurs personnes souffrent de ce manque de discernement à choisir ce qui leur convient. Elles se rendent compte que trop souvent, elles attirent à elles ce qui ne leur convient pas. Pourtant, le choix est toujours là, à prendre ou à laisser. Si vous manquez d'attention pour vous-même, vous aurez des évasions d'esprit qui vous rendront inconscients lorsque ces choix se présenteront. Vous vivrez alors dans un monde virtuel où les influences subliminales de toutes sortes se manifestent et prennent possession de votre volonté.

Mais, comment arriver à choisir ce que vous devez choisir pour votre expérience ? Vous êtes le créateur, la créatrice de votre vie. Tout ce qui vous est offert dans cette expérience est comme au marché, sous l'énergie de l'offre et de la demande. Vous avez le choix au marché, et vous avez le choix dans votre expérience de vie. Si vous avez assez de discernement pour choisir ce que vous voulez au marché, pourquoi ne pas en avoir pour vos choix de vie ?

Si, à chaque jour, vous avez le goût de vous élever à des vibrations supérieures, vous adopterez des moyens pour vous élever mentalement d'abord et, éventuellement, d'une façon vibratoire à cette réalité. Vos pensées seront alors comme une échelle qui vous élèvera aux plus hautes vibrations que vous désirez atteindre. Si rien ne se passe dans ce sens pour vous, il est bien clair que vous ne faites rien pour y parvenir. Tout comme l'oiseau qui construit son nid, brin d'herbe par brin d'herbe, vous devez aussi construire votre réalité, petit à petit par des moyens qui vous conviennent. Votre réalité, c'est vous-même qui la modèle de la même façon qu'un potier modèle son vase de glaise pour en faire une œuvre. S'il perd un tant soit peu, sa concentration sur ce qu'il fait, il verra s'éjecter de sa table tournante, dans un temps éclair, l'œuvre sur laquelle il avait mis tant d'efforts.

Votre vie est aussi une œuvre, celle de vous modeler vous-même par votre esprit comme un être divin en résonance avec votre âme qui est une parcelle parfaite de Dieu. Vous avez négocié avec les Seigneurs du Karma votre séjour sur la Terre pour réparer les torts que vous avez causés aux autres, mais aussi pour vous rapprocher de ce que votre âme veut exprimer à travers vous. Votre vie n'est pas une vacance, ni un lieu de repos. Si vous n'avancez pas, vous régressez.

En ce moment même, où cette planète reçoit une quantité impressionnante d'énergie venant du centre de la galaxie, vous vivez un temps privilégié pour régler les karmas qui n'ont pas été résolus depuis des millénaires. Cette énergie est une dispense du Créateur pour vous faire avancer, peut-être malgré vous, d'une façon consciente, mais vous le saviez avant de venir que les temps seraient difficiles et qu'il fallait faire un effort ultime pour passer. L'heure est arrivée pour vous de choisir votre destinée cosmique pour le cycle à venir.

La moisson dont le Maître Jésus a parlé lors de sa venue sur Terre est arrivée. Est-ce que vous vous choisissez en tant qu'élus ou si vous désirez continuer à traîner la patte, c'est-à-dire revenir encore et encore dans cette même école d'ignorance, d'indifférence et d'incompréhension que représentent vos sociétés actuelles ? Encore là, le choix vous appartient. Personne ne peut vous aider à faire ce choix. Il est le plan de votre existence éternelle.

Pour avoir une bonne vision de vous-même, il est essentiel que vous vous appliquiez à apprendre à connaître tout ce qui vous touche. La connaissance sur vous-même et sur ce qui vous entoure est nécessaire pour vous faire comprendre votre chemin évolutif.

Si vous suivez les autres d'une façon aveugle et indifférente, vous continuerez à rencontrer des surprises et des déceptions. Une vie non planifiée vous rend vulnérables à tout ce qui se joue comme influences, bonnes ou nuisibles. Pour devenir les créateurs que Dieu avait espérés de vous, il est primordial de vous faire une idée du rôle que vous voulez jouer pour Le supporter dans Sa Création.

Dieu vous a mis sur cette Terre-école pour être formés à devenir de vrais Chevaliers du Ciel. Il n'a pas planifié que vous resteriez oppressés par ces lourdes vibrations, mais que vous les vaincriez, et ainsi, vous libérer de tout ce qui n'est pas Lumière.

Le nombre des mondes en développement est infini. L'Oeuvre de Dieu n'est pas achevée parce que tout est continuellement en mouvement. La Création se poursuit et se développe à une vitesse croissante. Dieu a besoin d'intermédiaires pour Le seconder dans cet Oeuvre. Le Maître Jésus est venu sur la Terre pour recruter des volontaires afin de les former à devenir ces vrais Chevaliers du Ciel. Mais, il y en a très peu qui répondent à l'appel. Il a dit : « La moisson est abondante, mais les ouvriers sont peu nombreux. »

Dans votre vision de vous-même, plutôt que de vous sentir et vous croire petit, ayez de l'audace et ressentez votre cœur répondre à l'appel de devenir un co-créateur oeuvrant sur le projet de Dieu à l'expansion de l'Univers. Qu'est-ce cela peut vous coûter, sinon un peu de courage et une aspiration à devenir ce que Dieu avait prévu pour vous ? À mesure que vous entrerez dans ce rôle, vous verrez que toutes les situations désobligeantes que vous vivez actuellement s'aplaniront pour être enfin imprégnées dans ces vibrations d'abondance universelle et de bien-être pour vous.

Comment arriver à devenir ce Chevalier du Ciel ? Simplement en étant attentif ou attentive à votre propre vie et faire de votre mieux dans toutes les situations. Cependant, gardez toujours à l'esprit pour Qui vous travaillez. Vous travaillez sur vous-même pour répondre à l'appel de Dieu. C'est cela votre mission la plus importante et la plus élevée de votre infinie existence. Dieu veut que vous créiez Ses Univers, car Ses bras sont vos bras ; Ses pensées sont vos pensées. Mais pour cela, vous devez reconnaître en vous-même les transformations nécessaires pour vous élever à ce poste. Faites appel à Nos Énergies pour vous aider à voir clair dans votre transformation.

Nous serons toujours vos grands Frères et grandes Sœurs pour vous accompagner sur votre chemin. Ne soyez pas timides au point de vouloir tout faire vous-mêmes. Vous ne pouvez pas y arriver seuls. Personne ne peut s'initier lui-même à quelque chose de plus grand qu'elle ou que lui. Ayez l'humilité nécessaire pour accueillir l'Énergie qui peut vous propulser hors de votre petitesse et de votre situation de victime. Vous êtes à l'école, et un élève sans enseignant ne va nulle part. Ceci est très clair.

J'aimerais développer une autre perception que vous avez de vous-même. C'est celle de vous sentir obligés de supporter ce qui ne vous plaît pas dans votre expérience par pitié pour quelqu'un d'autre. Peu importe la relation que vous avez avec une autre personne, si vous ne prenez pas de décision par pitié pour l'autre ou par peur de blesser, vous ne faites pas ce qui vous est demandé par votre âme. Chacun paie ses dettes, mais après, lorsque le cœur vous dit de vous libérer, ne regardez pas en arrière. Chacun doit trouver son chemin et faire face à son destin.

Si vous êtes en couple et que vous vous damnez à vivre des différends d'une façon répétitive, il est inutile de continuer à vous raconter des histoires. Réglez vos comptes et prenez une décision en commun et mettez toutes les cartes sur la table. Faites valoir vos aspirations dans la vie. L'autre ne possède pas votre vie. Il la partage tant et aussi longtemps que cela vous convient. Si la vie avec une personne qui vous méprise devient insupportable, de grâce, libérez-vous de votre souffrance et rêvez d'une vie meilleure. Demandez de l'aide à ceux qui vous aiment inconditionnellement, c'est-à-dire, Nous, de l'autre côté du voile.

Nous sommes, pour ainsi dire, presque toujours en chômage. Très peu d'humains font appel à Nos guidances et Nos conseils sur une base journalière. Nous sommes là pour vous servir, mais vous avez peur de Nous. Vous Nous voyez immensément GRAND, alors que Nous sommes tous égaux devant Dieu, parce qu'Il ne voit que Son reflet en chacun de nous. Je souhaite un jour arriver à changer votre perception de vous-même et vous donner une vision de ce que Je vois lorsque Je vous regarde. Quelle merveille IL a fait !

Mais comment vous le communiquer ? C'est aussi difficile de vous expliquer votre beauté intérieure que d'expliquer une couleur à un aveugle de naissance. Quel travail ! Mais, Je sais que J'y arriverai. Parce que nous sommes liés par quelque chose de spécial et relativement nouveau : la dispense du Père. Il a décrété que dans l'Âge du Verseau, Il ferait mille pas vers celui ou celle qui en fait un seul vers Lui.

Mes enfants, Moi Hilarion, Je vous dis : Je n'ai jamais vu cela sur d'autres planètes. Il y a quelque chose d'important qui se dessine sur votre planète que Je ne sais pas encore. Le Père a des rêves pour vous, et c'est pour très bientôt. Gardez l'œil ouvert parce qu'Il enverra des instructeurs angéliques qui vous étonneront. Bien sûr, ne cherchez pas leurs ailes, ils seront dans la plus grande humilité, mais vous verserez des larmes lorsque vous les approcherez. Ils incarneront l'Amour pur du Père. Vous les reconnaîtrez par le cœur.

Chère âme, J'ai le goût de te voir heureuse et consciente de ta perfection. Comment te dire que Je t'aime ? Comment te faire comprendre que tu es MOI et que JE SUIS toi. Ta perception actuelle de toi-même est irréelle ; elle est un rêve. Tu n'es pas un être humain qui s'efforce à retrouver sa divinité. Tu es un être divin qui a oublié son origine en prenant cette forme humaine qui, la plupart du temps, te trahit par des sentiments futiles et éphémères. Regarde ce qu'on a fait de toi. Reconnais que tu t'es laissé hypnotiser par de petites lueurs qui t'ont détourné de ta propre Lumière.

Réveille-toi ! Je t'attends les bras ouverts et le cœur en flamme dans la hâte de la réjouissance du retour au visage de l'Amour. Toi qui lis Mes paroles en ce moment, rassure-toi, Je viendrai dans tes rêves pour te rappeler ce que tu es vraiment. Tu ne pourras plus jamais oublier qui tu es : une grande Lumière dans un bal masqué. Enlève le masque, la pièce de théâtre est terminée. Rappelle-toi qui jouait le personnage, mais ne reste pas hypnotisé par ce personnage. Il n'est pas toi. Il n'est qu'un joueur de rôle... pour l'amour de l'expérience.

Hummm... tu as oublié ton engagement. Tu t'es perdu dans la chambre aux miroirs, qui te reflète toutes sortes de formes illusoires et qui te déjoue. Cette réalité te fait oublier ta vraie nature. Retire-toi un peu de ce jeu sans issues. Viens dans ton cœur pour y reconnaître ce que tu es vraiment. Le Maître M'envoie, Hilarion, pour te réveiller à cette nature divine qui sommeille au fond de ton être. Il veut retrouver Sa place dans ton cœur pour te faire vivre les plus beaux moments de ton existence. Ouvre-Lui ta porte. Il frappe à cette porte depuis assez longtemps. Fais-Le entrer. Tu seras émerveillé de Sa douceur, de Sa gentillesse. Il t'inondera de Son Amour sans limites.

Fais-le pour toi, pour retrouver la vraie vision de toi-même. Oublie les règles strictes que l'on t'a imposées depuis ton enfance. Oublie les concepts qui te conditionnent à aimer ou brûler. Ces conceptions reflètent la méchanceté de l'esprit des hommes de pouvoir et non l'Amour que le Ciel a pour toi. Quoi que tu fasses et que tu penses, tu ne peux pas offenser Dieu puisqu'Il t'aime inconditionnellement. Pourquoi reviendrait-Il sur Sa parole ?

Regarde ce que les hommes ont fait des enseignements du Maître. Ils disent que Dieu est infiniment bon, infiniment aimable et qu'Il n'est qu'Amour. Ils disent aussi que, si tu fais une faute grave, tu brûleras pour l'éternité sous le jugement sévère de Dieu. Vois-tu l'incohérence de cette vision nocturne ? Relaxe, tu ne brûleras pas éternellement tant que Dieu restera Dieu. Et Je crois que rien ni personne ne peut Le remplacer, surtout pas les hommes qui te guident hors de ta propre divinité.

Bientôt il y aura des découvertes d'anciens registres qui changeront la vision de votre monde et de vous-même. Personne ne pourra garder en secret ces informations parce qu'elles seront partagées globalement avant même que les autorités officielles n'aient le temps d'intervenir pour filtrer tout ce qui est libérateur pour la collectivité. Il y a des groupes actuellement qui font de sérieuses recherches sur des pistes fragmentaires mais fiables qui déboucheront vers ces lieux anciens où les Sages ont déposé leur héritage à l'abri des forces manipulatrices de l'humanité.

Ces informations permettront de connaître les secrets de tous les temps sur la potentialité de l'homme et sur les moyens de restauration à son état d'origine. Le corps humain est un laboratoire vivant de l'alchimie de Dieu. Il renferme des fonctions qui ne sont pas encore activées présentement, mais qui peuvent ramener la division cellulaire dans un code original, comme il avait été créé au départ. Lorsque l'être humain aura accepté qu'il est un enfant de Dieu, le réveil de ces fonctions cellulaires renversera la vapeur de la décadence génétique causée par les manipulations irréfléchies des hommes.

D'ici à ce que ce phénomène se manifeste pour l'ensemble de l'humanité, vous pouvez influencer grandement les apparences de votre corps. Il suffit de porter votre attention sur la partie de votre corps que vous désirez modifier ou guérir et, par une concentration constante, manifestez votre intention afin d'amplifier votre pouvoir psychique à transformer les cellules nécessaires pour changer l'aspect de la matière. La matière est aussi une énergie soumise aux influences extérieures ou intérieures. Ces énergies étant plus lourdes, prennent un certain temps avant de montrer des signes de changement. Il faut persévérer pour obtenir les résultats désirés.

Par exemple, si vous avez une tendinite dans un coude, prenez un moment à chaque jour pour essayer de saisir la nature de la douleur que vous ressentez. Portez votre attention sur cette douleur et essayez d'imaginer le stress que les muscles de votre coude ressentent pour créer cette douleur. Essayez de comprendre que vos muscles endoloris vous envoient un signal. La douleur est la seule façon pour vos muscles d'attirer votre attention. Ils veulent de l'aide de votre part. Ils ne veulent pas vous faire souffrir, ils veulent simplement que vous leur apportiez ce qu'il leur manque.

Les muscles sont une énergie condensée qui fait partie de vous, et la douleur est une énergie d'information qui vous signale que le muscle n'est pas bien. Il a été abusé et sur-travaillé, et a besoin de votre attention. Ces deux énergies sont des reflets de votre état d'être. Tant et aussi longtemps que vous les ignorez, vous vivrez une guérison très lente. Si vous vous plaignez sans rien faire de constructif pour votre coude, vous risquez de souffrir assez longtemps.

Mais, votre esprit est habilité à modifier ces énergies qui composent votre corps. Lorsque votre corps vous fait souffrir, ne pensez pas qu'il essaie tout simplement de vous faire payer un karma ou encore qu'il est en train de s'épurer. Ce n'est pas votre corps qui doit s'épurer, c'est votre esprit qui doit comprendre la raison de l'inconfort. Vous devez regarder en arrière et voir où il y a eu une surcharge du membre affligé. Il y a toujours une raison mécanique lorsqu'une machine fonctionne mal. Votre corps est une machine mécanique et biologique. Vous devez connaître la cause pour avoir la réponse afin de le soulager. Soulager votre corps, c'est vous soulager.

Avec cette compréhension, portez votre attention sur vos muscles et la douleur. Avec votre concentration, entrez dans la douleur pour la comprendre et lui signifier que vous avez compris. Imaginez la douleur diminuer lentement pour finalement disparaître. Maintenant, portez votre attention sur vos muscles. Imaginez les envelopper d'une énergie de guérison et de paix. Imprégnez-les d'amour par vos pensées, en ayant pour eux une attention toute particulière. Imaginez l'énergie dont vous les imprégnez, faire un travail de réparation et de guérison.

Si vous avez du mal à imaginer l'énergie de guérison, utilisez un support, comme la crème absorbante et pénétrante pour le soulagement des douleurs musculaires. Appliquez cette crème avec un état d'esprit concentré sur l'amour que vous appliquez et faites les mouvements de friction avec beaucoup de délicatesse et de compassion. Aimez cette partie de votre corps qui se sent délaissée et abusée. Psychiquement, visualisez que les muscles se détendent et s'imprègnent de l'amour que vous leur manifestez en leur apportant ces soins plus personnalisés et plus intimes. Faites cette pratique à chaque jour pour harmoniser les manques d'attention que vous avez eus pour votre corps.

Lorsque votre corps ne fonctionne pas bien, la plupart du temps il a simplement besoin de détente. Il n'est pas nécessairement fatigué, mais stressé. Prenez des moments pour lui permettre de se régénérer dans des ambiances autres que le sommeil. Permettez-lui de relaxer sous l'harmonie d'une musique douce et énergisante. Visualisez toutes les parties de votre corps s'imprégner de cette musique et concentrez-vous sur le bien-être de votre état. Si le bien-être n'y est pas, imaginez-le afin qu'il puisse s'installer dans votre ressenti. Être bien ou mal est aussi une question de choix.

Les émotions sont très souvent responsables de votre mal-être. Elles peuvent vous apporter une grande souffrance ou une grande joie, dépendant de votre attitude face à vous-même et face aux autres. Rester trop longtemps dans un mal-être émotif crée des sécrétions d'hormones incontrôlées dans votre corps et le conduit souvent dans la vulnérabilité face à des agressions extérieures comme la maladie virale. Lorsque vos émotions monopolisent les énergies de gestion de votre corps, votre système immunitaire ne peut plus répondre adéquatement aux agressions de l'extérieur dont il est sollicité. Le résultat entraîne le mal-être.

Votre vision de vous-même est incontestablement ce qui crée votre réalité. Si les milliers d'enfants super-doués qui naissent dans votre monde actuellement peuvent reproduire des manifestations physiques que vous considérez comme surnaturelles, pourquoi ne croyez-vous pas que vous pouvez en faire autant. La seule différence qu'ils ont sur vous est qu'ils n'ont pas de préjugés et d'idées préconçues. Ils n'ont pas les frontières que vous avez érigées dans votre expérience de vie. Ils sont innocents de toutes ces manigances politiques et sociales dont vous avez été victimes.

Éliminez les croyances et les préjugés qui vous empêchent de connaître les expériences que vous voulez vivre à votre façon et avec les moyens dont vous avez besoin. Vous aurez recours aux mêmes forces psychiques que ces enfants super-doués démontrent avec tant d'humilité.

Le corps humain est la machine la plus formidable dans cette création matérielle et votre esprit est un aspect de Dieu qui représente la Conscience, mais que vous modelez par votre propre volonté. Orientez vos pensées dans une direction précise qui reflète votre désir d'être celui ou celle qui marche dans ce monde et votre vision de vous-même s'ajustera en conséquence.

Enrichis de ces nouvelles connaissances, vous pouvez rajuster la direction de votre route pour qu'elle vous présente de meilleurs choix. Dans cet esprit, J'aimerais que vous rehaussiez votre perception de vous-même. Devenez en esprit d'abord ces Chevaliers du Ciel et, peu à peu, vous vous verrez graduellement dans ce nouveau rôle avec dignité.

L'abeille médite sur la morphogenèse de la reine-abeille et elle se métamorphose pour devenir elle-même la reine. Tel est le pouvoir de la concentration et de la consécration par la pensée.

Je vous bénis et vous souhaite bonne métamorphose.

Adonaï

Hilarion

CHAPITRE

5

LA NATURE DES ENSEIGNEMENTS

Ce chapitre est le compte rendu d'une conférence-canalisation du Maître Hilarion reçue à Strasbourg, France, le 18 octobre 2001 par André. La première partie est en parole libre et la deuxième partie est une canalisation en transe profonde consciente.

André — Le Maître Hilarion était St-Paul dans le temps de Jésus, dans le temps biblique, et il eut quand même une grande autorité, parce que c'est lui qui a presque monopolisé le nouveau testament par les nombreuses lettres qu'il écrivait aux Corinthiens et aux Éphésiens. Il a été celui qui a empêché l'Église du début des temps à s'intégrer au judaïsme. La raison pour laquelle je canalise le Maître Hilarion, est qu'Il était présent dans mes énergies depuis environ dix ans avant que je ne commence à canaliser Ses Énergies.

J'allais voir des médiums, un peu comme tout le monde, pour me rassurer quant à mon futur, et ceux-ci me disaient voir Hilarion derrière moi. Je leur demandai alors ce qu'Il faisait là. Ces contacts avec le Maître

Hilarion furent les tout premiers. Je ne me trouvais pas assez pur pour mériter cette possibilité de le canaliser parce que je n'étais pas médium à ce moment-là. J'ai appris la médiumnité par des techniques avec Francine, et je l'ai développée depuis avec le Maître Hilarion, dont je canalise les Énergies depuis plus de cinq ans.

Le thème de ce soir est : La nature des enseignements. Que veux dire la nature des enseignements ? Nous connaissons l'existence des écrits sacrés traditionnels dont très peu de gens ont conscience. Ces écrits manquent de vie pour notre époque actuelle. Nous ne pouvons plus nous identifier avec la majeure partie de ces enseignements à l'intérieur de notre cheminement. En fin de compte, les Maîtres viennent nous réconforter en nous transmettant des enseignements corrigés et repris de façon intelligible à notre compréhension ce qui a été oublié ou écarté ou encore ce que la société nous a incités à écarter par manque de connaissance dans ce domaine.

Le domaine spirituel, indépendamment des différentes religions, n'a pas vraiment été développé depuis le début des temps, car la véritable spiritualité a été diluée par les religions populaires. Selon les enseignements livrés aujourd'hui par les Maîtres, il nous est demandé de ressentir consciemment la façon de les intégrer, non seulement intellectuellement, mais en les vivant à travers la voie du cœur.

La manière la plus spontanée de vivre les enseignements à travers le cœur, c'est de canaliser un Maître de Lumière. Il est facile de canaliser les Énergies d'un Maître de Lumière selon notre propension à pouvoir s'abandonner aisément. Tout être humain possède en lui cette faculté de médiumnité, mais il est cependant nécessaire de la réveiller et de la pratiquer. C'est comme apprendre une autre langue. Toute personne capable d'apprendre une autre langue est en principe apte à canaliser les Énergies des Êtres de Lumière.

La médiumnité s'apprend assez rapidement selon des techniques spécifiques qui sont maintenant disponibles. J'ai suivi l'une de ces techniques avec Francine[1].

Je canalise Hilarion, un Maître de Lumière plein d'Amour, et Son désir est que tous puissent canaliser ses Énergies. Mon rôle est de faire prendre conscience que tout être humain désireux d'entrer en contact avec le Maître Hilarion est capable de canaliser Ses Énergies. Avec Lui tout est facile. Le Maître prend alors la direction spirituelle de la personne et lui indique par les transes successives les apprentissages à effectuer. Lors de la canalisation des Énergies, le médium n'a aucun contrôle sur ce qui est dit.

À chaque canalisation, le doute m'envahit, même après six ans de canalisation. Je fais cependant confiance au Maître Hilarion pour ce qui est révélé. Si le Maître Hilarion voit que je commence à intervenir, de quelque façon que ce soit, Il se retire. Et ça fait tout drôle de se voir privé d'un Maître de Lumière lorsqu'on est en transe. C'est comme si l'esprit et le raisonne-

---

[1] Francine Ouellet, co-auteur du livre « La médiumnité, réalité intime et personnelle.

ment ne fonctionne plus, et tout ce que je peux faire, c'est de Lui demander de revenir, parce que personnellement, je n'ai pas la réponse.

C'est de cette façon que je me suis rendu compte que l'on ne peut vraiment pas tricher. La personne qui pose une question doit recevoir la réponse d'une façon spontanée parce que le Maître de Lumière est spontané. S'il y a une longue hésitation de la part du médium à livrer la réponse, c'est qu'il doit contacter d'autres réalités pour l'obtenir. Autrement, la réponse est instantanée. S'il y a une période d'attente extrêmement longue, c'est que la personne est dans son raisonnement et le Maître est parti.

Le Maître Hilarion est le Régent du Cinquième Rayon Christique, le Rayon Vert émeraude de Guérison. Il est aussi le Maître responsable de la Connaissance et de la science que nous connaissons sur Terre. Autrement dit, c'est Lui qui sait à quel moment les chercheurs scientifiques sont prêts à être éveillés intuitivement dans un domaine donné pour recevoir plus de connaissances. Les enseignements scientifiques ne sont pas donnés de façon aléatoire sur la Terre. Il faut qu'il y ait des chercheurs qui soient prêts à recevoir les informations.

Maintenant, comment se transfère l'information du Ciel à la Terre ? Chaque personne dans cette salle peut être un communicateur durant son sommeil pour recevoir l'information des Maîtres et l'imprégner dans la conscience collective. Cette forme de transfert de connaissance est très rapide. La personne qui sommeille a très rarement conscience de ce phénomène parce qu'il est très rapide et l'information qu'elle reçoit est encodée. Elle ne peut être saisie parce que l'esprit n'est pas assez rapide. Lorsque la personne se rend compte qu'elle est en train de canaliser une information, le processus s'arrête. Lorsqu'elle se remet dans l'abandon du sommeil en oubliant ce qu'elle a perçu, la communication reprend.

J'ai rencontré plusieurs personnes effectuant ce genre de travail à leur insu. Celles-ci avaient conscience de recevoir des informations sans les comprendre en croyant qu'elles leur étaient destinées. Je pense que la plupart des gens sont capables de faire ce travail lorsque leur cheminement est dans le service. Après que cette information est installée dans la conscience collective, plusieurs personnes sur Terre peuvent la recevoir lorsqu'elles sont prêtes. C'est la raison pour laquelle des personnes sur chaque continent ont fait des découvertes en même temps. La seule différence qui caractérise ces inventions d'un pays à l'autre est la façon de reproduire l'idée qui aura été captée par les ingénieurs ou les chercheurs.

Ce phénomène est une forme élémentaire de transmission de pensées assez inconnue de la médiumnité. Dans le processus d'apprentissage de la médiumnité, il peut arriver que l'on soit conscient d'être impliqué dans cette forme de communication, même avant d'arriver à faire des transes conscientes comme ce que je vais faire ce soir. On est amené à cette réalité-là pour en être conscient et en faire l'expérience.

Le Maître Hilarion aime partager Ses Énergies lorsque je Le canalise dans les foules ou en privé. Alors je vous demande de l'accueillir et de désirer Ses

Énergies à l'intérieur de vous. Je vais faire un pont de Lumière entre mon chakra couronne et votre chakra couronne. Personne ne sera oublié parce que les Maîtres de Lumière sont ici et feront en sorte que le canal soit établi. Lorsque le Maître Hilarion vient, Il est donc accompagné de plusieurs Êtres ascensionnés afin d'assister chaque personne. Si vous vous laissez imprégner par l'Énergie du Maître, vous vivrez une belle expérience.

L'expérience essentielle pour connaître la médiumnité est de s'abandonner et de laisser tomber les résistances. Il faut d'abord et avant tout avoir le désir de vivre cette expérience pour en avoir le ressenti. L'imagination constitue la meilleure porte d'accès à la cinquième dimension. Imaginez par exemple prendre un ascenseur, monter au cinquième étage et, lorsque la porte s'ouvre, attendez-vous à voir un Être de Lumière. Il vous prend par la main et vous amène sur un banc, dans une oasis, pour échanger avec vous. Tant et aussi longtemps que vous maintenez cette imagination ou cette créativité, l'Être de Lumière va syntoniser sur cette fréquence, et à un moment, cette imagination se réalise pour vous d'une façon bien réelle et devient votre expérience.

Au début, votre imagination devient le support pour syntoniser sur la vibration du Maître et, avec votre travail d'esprit que le Maître reconnaît, Il s'engage dans l'échange. Donc, par le pont de Lumière, vous avez la possibilité de canaliser. Par conséquent, il se peut que vous ayez des symptômes comme le rythme cardiaque plus rapide, des engourdissements dans les jambes, être gelé sur votre chaise, non pas avoir froid mais être incapable de bouger, peut-être même avoir les épaules lourdes, la tête entourée d'un gros béret énergétique. Ceci veut dire que le chakra couronne s'ouvre. Vous aurez peut-être des chatouillements dans la gorge. Cela m'arrive souvent.

Tous ces phénomènes ne sont pas dangereux et sont normaux. Ils s'atténueront avec la respiration consciente. Si vous avez une augmentation du rythme cardiaque, respirez profondément. Laissez entrer le « prana ». Respirez encore profondément. Stabilisez votre plexus solaire avec la respiration[2]. Augmentez la respiration et relâchez. Abandonnez votre angoisse et accueillez la paix.

Premièrement, je vais travailler avec le Maître Hilarion sur le thème « La nature des enseignements » pendant quarante-cinq minutes et ensuite il y aura une période de questions et réponses avec Lui.

Le Maître Hilarion est ici présent. Je vais maintenant prendre un petit moment pour entrer en transe. Je vous souhaite une belle rencontre.

Hilarion — Bonsoir. Je suis les Énergies que vous appelez Hilarion. Je viens vous entretenir sur un thème précis et très cher à mon cœur : l'essence des enseignements. L'importance des enseignements que vous recevez par l'entremise des intermédiaires humains, les canaux qui se sont formés et qui ont prêté

---

[2] Pendant que je parlais, une personne dans la salle vivait cette expérience d'ouverture du cœur. C'est la raison pour laquelle j'insistais sur la respiration.

leurs attributs pour apporter les messages à leurs frères et sœurs est bien réelle. La nature des enseignements est très importante pour cette période de temps que vous vivez, car vous devez oublier les traditions qui ne vous servent plus, les traditions qui ont été formées il y a des milliers et des milliers d'années et qui ont été changées en cours de route perdant l'essence et l'Énergie divine qui était propre à ces enseignements, la nourriture de l'âme.

La plupart de ces écritures ont été enregistrées par des êtres qui ont reçu, d'une façon inspirée, des vérités propres à leur époque. Si vous lisez ces écritures aujourd'hui, dans votre langage moderne, et de la façon de penser dont l'esprit s'est développé ces dernières générations, vous ne comprenez pas toujours l'essence du message. Quelque chose manque : l'âme du message, l'essence même de sa signification.

En Occident, la plupart des messages qui ont été lus et transcrits à partir des enseignements venus du Moyen-Orient, ont été réadaptés pour les gens afin que ceux-ci comprennent seulement le côté matériel de leur signification. En Orient, il y eut des Maîtres qui se sont incarnés, plus spécialement en Inde, l'un après l'autre, et souvent plusieurs en même temps, dans le but de garder ces vérités vivantes. Personne ne pouvait changer ces écritures à cause du bien-fondé de l'enseignement et de l'approche des enseignants qui participaient à sa sauvegarde.

Plusieurs de ces enseignements viennent dans le pays que vous habitez maintenant et ils sont transcrits dans votre langue pour être diffusés à la collectivité. Mais, plusieurs personnes préféreraient garder les enseignements qui ont été donnés par les Maîtres aux moines du désert, appelés les Pères du Désert, avant que l'Église ne prenne forme, pour finalement les reformuler à leur façon. Les Pères du Désert ont gardé ces enseignements d'une façon jalouse afin qu'ils ne soient pas transformés. Mais, avec le temps, les changements sont arrivés. La noirceur s'est emparée des vérités et, aujourd'hui, elles sont méconnaissables.

Nous venons, à travers une multitude de voix, pour donner à nouveau, mais dans votre langage, des vérités toutes simples qui amènent la nourriture de l'âme. Le Maître Jésus a écrit, à travers ses apôtres et les disciples des apôtres, de grandes vérités qui ont été transformées de façon à être inintelligibles à l'intérieur des traductions. Très peu de paraboles sont comprises dans ce langage présentement. Mais, nous reprenons chacun de ces symboles pour les divulguer dans votre langage, avec explications, ainsi qu'avec la connaissance qu'ils contiennent.

Nous venons pour vous donner ces messages afin que vous puissiez parcourir la route de votre destinée à travers ce que vous avez choisi, ce que vous désirez faire, et ce que vous aimez. Il y a plusieurs formes d'apprentissage : la forme intellectuelle, la forme subtile et la forme du cœur. Lorsque vous vivez des enseignements à travers le cœur, vous vivez aussi l'expérience, et vous êtes imprégnés de l'Énergie du Maître qui les parraine.

Chaque fois que vous vous imprégnez dans ces écrits, vous réactivez en vous l'essence du Maître qui vous l'a amenée. Chaque aspirant à la spiritualité est guidé par ses propres Guides ou par des Avatars vers ces écoles de pensée. Nous disons école de pensée, car ces idéologies reçues par un médium peuvent être vérifiables à l'autre bout de la planète, par un autre médium qui les a reçues d'une façon presque spontanée. Les Énergies canalisées ici ce soir vous toucheront peut-être, mais les mêmes Énergies toucheront aussi d'autres membres de votre humanité, rassemblés dans d'autres parties de ce monde à travers un autre interlocuteur.

Lorsque nous amenons les enseignements, nous les amenons d'une façon globale. Ces enseignements seront décodés par chacun de vous, selon votre affinité au thème qui sera développé. Peut-être que chaque parole ne sera pas comprise, mais, au fur et à mesure que le temps avance, vous prenez plus conscience de ces enseignements pour les intégrer à l'intérieur de vous. Le lendemain, après avoir médité toute la nuit dans votre sommeil, sur ces enseignements, vous les connaissez, vous les ressentez, vous êtes imprégnés de leur essence.

Maintenant, nous aimerions vous amener dans une méditation afin de retrouver en vous cet être christique qui connaît tout et qui sait tout. Nous espérons que ces enseignements amèneront en vous un éveil.

Prenez une position confortable. Élevez votre conscience au niveau de votre esprit où se situe votre « JE » dans le milieu de votre tête, sur votre chakra couronne, supporté par votre glande pinéale. Lorsque vous êtes conscients de la localisation de votre « JE », descendez tranquillement un escalier spirale fait de cristal vers votre cœur. Descendez les marches une à une en essayant d'imaginer que vous allez vers votre temple intérieur, votre cœur. Descendez les marches qui tournent.

Au bas de l'escalier, vous trouvez deux grandes portes. Ouvrez ces portes et pénétrez dans votre temple à pas lents, très doucement, en vous dirigeant vers le centre du temple, où vous trouverez sur un autel le Graal, un calice. Déposez votre « JE » dans ce calice. Regardez une Lumière sortir de votre « JE » et remplir le calice. La Lumière s'agrandit et devient de la grandeur de votre tête. La Lumière s'agrandit davantage et devient de la grandeur de cette pièce. Elle s'agrandit davantage et devient de la grandeur de votre pays. Rappelez-vous, vous êtes cette Lumière. Vous ressentez tout ce qui est à l'extérieur de cette Lumière comme faisant partie de vous.

Ressentez l'énergie de tout ce qui est à l'intérieur de cette aura lumineuse qui est vous. Maintenant, visualisez votre Lumière s'agrandir au-delà de vos frontières et couvrir la Terre. Vous êtes comme un soleil et vous nourrissez la Terre, vous nourrissez tout ce qui est. Maintenant, cette Lumière s'agrandit davantage pour englober tout l'Univers. Les étoiles font partie de vous. Les soleils font partie de vous, de votre « JE ».

Votre « JE » est assis dans la glande pinéale, à la droite du Père. Ressentez le Père en unisson avec votre « JE ». Rien n'a été séparé dans l'essence. Seule la forme connaît la hiérarchie. Ressentez tout ce qui est autour de vous, car vous êtes tout ce qui est autour de vous. Vous avez une perception agrandie de vous-même. Maintenant, à l'intérieur de cette Lumière, plus près de vous, incluez vos familles, vos possessions, vos aspirations, vos problèmes, vos conflits. Faites pénétrer cette Lumière à travers chaque élément.

Rappelez-vous que cette Lumière est votre « JE », assis à la droite du Père. Regardez tout ce que vous avez mis dans cette Lumière se transformer. Votre vie devient plus brillante, plus intéressante, plus intelligente, plus satisfaisante. Votre auto devient plus adéquate, plus importante. Votre maison, si vous en avez une, devient beaucoup plus grosse et attractive. Sinon, activez le désir d'obtenir une maison et regardez-la grandir à partir de l'idée jusqu'à sa concrétisation.

Voyez-la grandir, se réaliser, s'implanter, s'incarner. Regardez cette maison comme une réalité déjà ancienne. Il y a maintenant longtemps que vous avez cette maison. Convainquez votre subconscient. Dites-lui que vous avez une maison. Regardez chaque pièce en détail, l'entrée, le garage, les étages, la toiture, les portes, les fenêtres. Maintenant, marchez sur le trottoir, montez l'escalier, ouvrez la porte avant et imprégnez le seuil de cette porte de votre énergie, de votre signature. Cette maison est la vôtre. Votre subconscient commence à en prendre conscience. Il commence à constituer sa réalisation.

Maintenant que vous êtes sur le seuil, entrez dans la maison et visitez les pièces que vous avez imaginées. Pour ceux qui ne veulent pas de maison, imaginez un appartement très luxueux, à votre goût, selon votre désir. Vous visitez la cuisine, la chambre, le salon, toutes les pièces que vous avez imaginées. Maintenant, sortez de la maison et revenez dans l'entrée pour rencontrer un agent. Vous discutez avec lui. Vous échangez des idées. Vous négociez le prix et vous vous mettez d'accord.

L'agent vient vers son auto, il prend un calepin, un cahier d'où il sort un contrat. Il écrit votre nom, la nouvelle adresse, votre numéro de téléphone. Il inscrit le nombre de chambres, décrit les pièces, inscrit le montant des taxes, le montant de l'hypothèque et le montant du paiement initial. Il vous fait signer au bas du contrat. Vous avez conclu le marché. Vous serrez la main, il s'en retourne et vous partez. Visualisez bien la maison, car celle-ci se réalisera dans votre vie. Imprégnez vos énergies dans cette vision. Devenez propriétaire sentimental. Mettez vos émotions de joie pour précipiter la réalité de cette transaction. Notez la date sur le contrat de l'aménagement.

Maintenant, vous quittez les lieux pour aller vers la banque où vous négociez ce qu'il vous faut, selon vos propres conditions actuelles ou fictives. Ne mettez pas de restrictions, car, si vous n'avez pas l'argent et que vous preniez conscience de ce manque, vous devrez recommencer la visualisation. Vous ne devez pas inclure de manque. L'abondance est dans l'Univers. L'abondance est dans la fleur. L'abondance est dans le sable de la mer. L'abondance est partout.

Croyez à cette abondance. Vivez cette abondance. Imaginez cette abondance. Projetez cette abondance partout dans votre vie. Vous négociez une entente favorable avec votre agent. La banque vous fait signer un autre contrat d'acceptation et vous promet de déverser le paiement dans les quelques jours qui suivent. Vous revenez vers votre auto, car vous avez une auto, maintenant. Dans cette vision, vous voyez tout ce que vous désirez. Vous retournez chez vous dans votre ancien local, dans votre ancienne demeure et vous tressaillez de joie. Vous concrétisez par l'émotion l'activation du rêve. Soyez précis. Ressentez très fort cette réalité.

Nous vous avons donné cette vision pour vous montrer la nature des enseignements que vous devez poursuivre votre vie durant pour acquérir, non seulement le matériel, mais aussi tout ce que vous voulez dans votre cheminement spirituel. Pour ceux qui ont eu cette vision, poursuivez-la chaque jour pendant vingt et un jours, en revisitant et en révisant les contrats. Ne recommencez pas les mêmes étapes, car elles ont été réalisées. Mais, poursuivez avec le déménagement, la décoration nouvelle. Impressionnez votre esprit subconscient d'une façon réelle. Faites comme si vous décriviez un film et que vous ressentiez avec vos émotions les plus profondes, chaque étape qui se joue dans ce scénario.

Ceci est un enseignement qui n'est pas diffusé, car la société est basée sur la compétition. Lorsqu'il y a liberté d'expression, vous vivez autre chose. Ce scénario vous a démontré la clé principale de la création. La création, non seulement des événements de votre vie, mais aussi des réalités que vous voulez manifester et expérimenter. Lorsque vous avez parcouru un long chemin et que vous découvrez la réalité spirituelle, vous voulez avancer, évoluer, mais vous devez prendre toutes sortes de cours, car vous ne savez pas comment créer cette nouvelle réalité, ce nouveau paradigme.

Il est important de créer un autre scénario de la même façon que pour votre maison, pour votre auto. Les lois sont les mêmes. Créer dans votre vie une maison est une fonction spirituelle, car elle découle de l'esprit. La spiritualité n'est pas mettre le nez dans les livres et aller chercher de l'enseignement que vous ne comprenez pas et qu'il vous est impossible de mettre en pratique. La spiritualité est de développer votre intelligence par les efforts en résolvant tous les problèmes de votre vie. Les défis sont ce qui amène l'esprit à grandir. Les problèmes sont ce qui vous amène à contrôler et à maîtriser vos émotions.

Les émotions sont nécessaires pour actualiser tous vos désirs. Les émotions sont ce qui marque le subconscient pour qu'il aille provoquer les événements. Le subconscient est une parcelle de Dieu qui vous maintient en survie. Il ne raisonne pas. Il ne pense pas. Il ne juge pas, mais agit sur commande. Chaque fois que vous impressionnez votre subconscient, il agit. Si vous dites : « Ah! Cette personne me casse les pieds. » Vous programmez un accident pour vous casser les pieds, car le subconscient ne comprend pas les subtilités de votre langage. Il vous prend au mot. Si vous dites : « J'ai le feu quelque part. » Il est sûr que vous aurez des problèmes d'élimination.

Les enseignements ont différentes natures. Il y en a qui sont sclérosés et relus et relus comme des litanies depuis des siècles et des siècles. Ils n'agissent pas. Ils n'ont plus de pouvoir, car ils n'ont plus cette force de ressenti que l'émotion a imprégné. Chaque jour que vous vivez, vivez-le dans le moment présent afin que votre émotion soit consciente. Si vous coupez une tranche de pain, ne pensez pas à la visite qui rentre chez vous. Ne pensez pas à la bouilloire qui fait du bruit. Pensez à couper la tranche de pain en pleine conscience. Cela vous évitera premièrement des accidents possibles et deuxièmement vous permettra de vivre une expérience dans l'expansion de la conscience.

Lorsque vous êtes conscients que vous faites une action physique et que vous portez votre attention sur cette action physique, la prolongation de cette attention est l'intuition. L'intuition est connectée à votre cœur qui est la résidence de votre âme. Votre âme est omnisciente, omniprésente. Elle est une parcelle de Dieu avec tous ses attributs. Les émotions vont chercher, par une canalisation consciente et présente, les pouvoirs qui sont latents dans cette réserve, dans cette source. Apprenez à les canaliser.

Chaque fois que vous déviez votre pensée, soit dans le futur ou dans le passé, vous vous volez du temps, et c'est pourquoi le temps passe si rapidement. Vous êtes en train de faire une action dont vous n'avez pas conscience, vous pensez au passé ou au futur et, entre ces moments, vous n'existez plus. Vous ne créez plus. Vous ne participez plus à votre état d'être intérieur pour votre propre survie. C'est pourquoi vous contractez des maladies. Votre vitalité est en survie et l'énergie vous manque, car votre subconscient ne peut pas faire ce que vous devez faire consciemment pour être dans le moment présent.

En étant dans un mode minimum d'énergie, votre subconscient ne peut pas puiser sur votre production de vitalité. Vous devenez des êtres fatigués et déprimés lorsqu'il y a du trafic, lorsqu'il y a une grande ligne à la banque, lorsqu'il y a trop de monde au marché. Vous vivez comme des robots, car vous n'êtes pas présents. Vous conduisez votre auto et vous n'êtes pas présents. Vous êtes dans le passé pour vous rappeler ce que vous avez vécu. C'est tout comme si vous revoyiez un film maintes et maintes fois. Vous ne voyez pas le nouveau film que votre imagination aurait créé.

Votre imagination est le créateur de votre futur. L'imagination vous amène dans une autre réalité où les manques du passé sont comblés par ce qui est possible et probable. L'assurance intérieure est ce qu'il vous faut pour arriver à garder votre attention sur votre présent. Bien sûr, la pratique est un peu difficile. Mais il faut persévérer. Et vous verrez que dans quelques mois, un an, deux ans, vous aurez gravi une montagne qui était infranchissable pour vous auparavant.

La nature des enseignements est que vous viviez votre vie comme un grand livre. Chaque action crée votre réalité. Chaque pensée de manque démolit votre réalité et vous mène dans la pauvreté. Chaque pensée de créativité vous rend positifs et vous amène dans l'abondance.

Nous avons été très heureux de vous enseigner cette technique de création pour changer votre paradigme. Vous pouvez appliquer cette technique sur votre chemin spirituel et obtenir les mêmes résultats en osant être le frère d'Hilarion, le frère ou la sœur de Jésus. Par votre imagination, marchez dans les sentiers, main dans la main et vous serez bientôt des Maîtres.

Nous vous attendons de l'autre côté du voile.

Nous aimerions pour une période de temps répondre à vos questions. Les questions peuvent être des questions personnelles ou des questions d'autres sujets qui vous intéressent.

Assistant — Oui, bonjour. J'aimerais poser une question personnelle et un peu générale. Mon fils sera opéré prochainement pour une infection du cœur. J'aimerais savoir déjà si ça va bien se passer et ce que les Maîtres Ascensionnés et le Maître Hilarion en pensent.

Hilarion — Vous avez là une occasion de projeter une réalité avec votre assurance que tout se passera bien, avec la grâce des Maîtres, mais aussi avec votre grâce. L'amour que vous avez pour cet être peut faire des miracles. Cependant, vous devez véhiculer cet amour sur un média, c'est-à-dire une pensée maîtresse. Cette pensée maîtresse est supportée par l'imagination. Imaginez cet être entrer à l'intérieur du bloc opératoire et en sortir avec succès. Voyez-le retourner dans sa chambre et prendre conscience que tout a été terminé avec succès et sans problème.

Soyez assuré que tout cela se passera. Lorsque vous demandez la présence des Maîtres et la présence des Guides de cette personne, vous pouvez être assuré que ces Guides et ces Maîtres répondront. Ayez confiance au processus de la créativité et vous vivrez des miracles dans votre vie. La confiance que vous mettez dans cet événement doit être nourrie par votre âme, étant la génératrice de l'abondance. Créez ces conditions favorables et vous serez exaucé. Est-ce que ceci répond à votre question ?

Assistant — Oui, tout à fait. Merci.

Assistante — Bonsoir, j'aimerais savoir si je vais bientôt partager ma vie avec quelqu'un ?

Hilarion — Vous avez un travail à faire auparavant, qui s'appelle la planification. Si vous ne planifiez pas, vous pouvez rencontrer un être quelconque qui n'est pas normalement sur votre route, mais qui ne désire qu'une expérience. Si vous planifiez, vous pouvez rêver d'un être ayant un caractère spécifique. Vous imaginez l'homme avec qui vous voulez partager votre vie possédant des qualités que vous souhaitez et les mêmes désirs que vous.

Voyez-le entrer chez vous et voyez-vous l'accueillir. Rendez cette visualisation vivante comme si elle était une réalité depuis très longtemps. À son arrivée, vous l'embrassez et vous échangez avec lui. Plus vous mettrez de la véracité et de l'actualisation dans ces actions, plus elles s'imprègneront dans votre subconscient. Votre subconscient deviendra alors un émetteur. Il enverra cette fréquence, cet appel. Cette transmission véhiculera l'idée de votre homme idéal. Puis, quelque part dans une autre ville, peut-être dans la même ville ou dans la même rue, il y a un être qui cherche aussi une personne comme vous, dans son idéogramme.

Il capte votre transmission d'une façon télépathique. Vous captez la sienne. Vous rêvez à une image. Nous vous disons : rêvez d'une façon consciente, éveillée. Les occasions sont créées par votre subconscient et le subconscient de l'autre personne qui communique d'une façon instantanée et qui sait comment établir un contact. Les occasions se créent. Vous rencontrez un être qui vous accroche dans l'ascenseur. Vous le regardez. Non, ce n'est pas lui. Vous allez dans un bureau. Quelqu'un attend, et vous reconnaissez un visage. Il vous semble que vous l'avez vu quelque part, mais vous cherchez et vous ne trouvez pas. Dans votre esprit, il est comme un mirage, mais le mirage n'est là que parce que l'expérience n'est pas commencée. Il y a un croisement des yeux et vous êtes remarquée. Et la suite, vous pouvez l'inventer.

Faites ceci comme quelque chose d'acquis, une programmation de votre esprit. Vous vivez sur l'énergie d'une batterie alors que vous avez en vous une puissante génératrice qui ne fonctionne pas parce que vous ne savez pas comment la démarrer. Votre subconscient possède les neuf dixièmes de votre cerveau qui sont non fonctionnels parce qu'ils n'ont pas été entraînés à imaginer. Les êtres comme Tesla, Einstein, ont utilisé les deux dixièmes de leur cerveau comparativement au un dixième que vous utilisez présentement. Et ces êtes ont été reconnus comme les plus grands savants qui ont marché sur cette Terre. Personne actuellement ne peut être comparés.

Votre imagination possède quatre-vingt-dix pour cent de cette surface de matière grise. Elle peut créer. Cette surface grise peut déplacer des montagnes. Elle est opérée par l'imagination qui est une forme de foi, une forme de croyance, de confiance. Rêvez... rêvez des rêves éveillés pour votre avenir et vous aurez les résultats que vous désirez dans votre vie et qui ne sont pas comparatifs au passé.

Lorsque vous êtes dans le passé avec vos pensées, vous garantissez le même scénario dans votre futur. Lorsque vous imaginez, vous changez de paradigme. Vous changez votre réalité. Cela vaut autant pour la matière que pour les rencontres, et autant pour l'élévation spirituelle que pour la connaissance. Lorsque vous voulez avoir de la connaissance, vous imaginez trouver un trésor dans une vieille grotte. Vous ouvrez le coffre et vous découvrez un vieux livre. Vous ouvrez le livre et vous lisez la sagesse qui y est inscrite. Dans votre imagination, prenez un crayon, du papier, et copiez le livre. Tout ce qui vous passera par l'esprit, écrivez-le. Vous aurez des surprises, car votre imagination créera cette réalité et cherchera les connaissances dans ce livre, peu importe où il est. Tout est une question de vibration, de résonance. Vous attirez à vous ce que vous créez par le mental, par votre pensée.

Assistant — J'ai une autre question à poser. Il m'est donné de soigner les gens et, à travers le vécu que j'ai, il y a des blocages. Donc, par l'espèce d'abandon que je fais pour recevoir la Force et la donner, elle n'a rien à faire avec mon « je ». Or, ma question est : « Est-ce que ça va se réaliser, s'accomplir ? ».

Hilarion — Vous êtes le conducteur d'une charrette tirée par un cheval. Si vous n'avez pas les rênes dans vos mains, le cheval va n'importe où. Il ne peut pas lire votre esprit et il peut s'amuser à gambader. La charrette est le subconscient. Le subconscient suit partout où le cheval le tire. Vous êtes le conducteur, mais vous avez donné les pouvoirs au hasard, à la chance. Vous attendez que le cheval marche sur ses rênes pour tourner. Quand arrivera cet événement ? Vous ne le savez pas. Vous l'attendez très longtemps. Peut-être une vie entière.

Vous prenez les rênes et vous conduisez votre cheval, qui conduit votre subconscient, étant la charrette, où votre pensée, étant le cheval, conduit votre réalité qui est vous : le conducteur. Lorsque vous prenez conscience du pouvoir de votre esprit, vous pouvez guérir de toutes les façons possibles. Pour les guérisons avec l'application des mains, imaginez un feu brûlant comme une boule dans vos chakras des mains. Imaginez votre esprit contrôler la Force de la Mère dans votre chakra de la base, la Kundalini, fournir l'énergie nécessaire qui passe par votre cœur et qui sort par vos mains comme des rayons lasers.

La Mère Kundalini est l'Esprit Saint, la Shakti, la Puissance universelle, l'actualisation, le mouvement. Elle a cette Force de pénétrer tout ce qui est en existence parce qu'Elle a tout créé. Elle peut réparer tout ce qui est. Imaginez ces rayons lasers sortir de vos mains, appuyez sur l'affliction de votre patient et, imaginez l'Énergie rentrer. Imaginez l'Énergie comme de petites lumières suivre les méridiens et aller vers le centre nerveux et entrer dans la colonne de lumière qui s'appelle le « sushumna nadi » et fournir l'énergie nécessaire aux glandes endocrines qui régularisent les hormones et émettent des vibrations de bien-être et d'amour.

Visualisez l'amour pénétrer à travers les méridiens, à travers vos mains qui continuent à alimenter, et visualisez la perfection s'installer dans l'affliction. Plus vous aurez la conviction que c'est votre réalité, plus votre maintenant est connecté à la divinité de votre être qui a tous les pouvoirs. Vous serez capables de guérir toutes les maladies. Ceci, bien sûr, prend beaucoup d'entraînement pour l'abandon et la pratique. La pratique pour se convaincre, pour amener une régularité dans votre expérience, pour enlever les peurs et les doutes.

Lorsque vous utilisez votre imagination pour canaliser les énergies, peu importe l'élément trinitaire que vous choisissez, le Père, la Mère, le Fils ou la Fille de Dieu, qui sont une Trinité dans votre être, vous pouvez accomplir toutes choses. Votre « JE » est le Père. Votre cœur est la conscience que vous utilisez avec vos limites. Si vous utilisez la Conscience Christique dans ce cœur, vous allez vers le Père. La Mère vous invite vers le Père pour vous unifier dans votre corps et réaliser votre libération spirituelle, par la guérison de vos croyances et des conceptions limitatives de votre créativité.

Assistante — Bonsoir, j'ai conscience que l'on doit créer par soi-même, co-créer. Tout de même, j'aimerais savoir ce qui est le mieux pour mon enfant et moi, de rester à Strasbourg ou bien de m'établir en Belgique, de retourner à Bruxelles ou peut-être même d'aller ailleurs.

Hilarion — Ceci, malheureusement, n'appartient pas à notre décision. Vous avez un libre choix. Nous n'avons pas le droit d'interférer dans votre choix ou de juger votre chemin, mais sachez que nous éclairerons votre décision par intuition et nous vous ferons connaître le meilleur chemin de cette façon afin que vous puissiez être en mesure de reconnaître ce qui est mieux pour vous. Si nous disions que vous devez aller en Belgique et qu'il y ait un accident de parcours, vous diriez, qu'Hilarion est futé. Mais nous respectons vos choix pour votre bien.

Vous êtes des êtres en incarnation qui choisissez des chemins, mais nous vous conseillons simplement de lire votre cœur, la vérité y est inscrite. Vous ne pouvez pas vous tromper, car si vous croyez vous tromper de chemin, peut-être que l'autre chemin que vous pensiez meilleur mais que vous n'avez pas emprunté était fatal. Vos Guides sont là pour vous guider dans vos choix et pour votre protection.

Nous sommes venus ici ce soir avec une équipe qui a été déçue de voir la petite salle. Mais nous vous témoignons que vous avez eu un enseignement privilégié à cause de la limitation des personnes. Le thème de ce soir n'était pas prévu être dans le matériel, mais nous avons senti que vous aviez besoin de ce matériel pour comprendre votre chemin. S'il y avait eu cent personnes, tout ce qui a été donné aurait été différent. Est-ce que vous comprenez le hasard qui n'en est pas un ? Le choix vous appartient. Bénissez votre route. Sachez qu'au détour, il y a l'abondance qui vous tient sur le chemin et qui vous tient dans la vie. Ayez confiance qu'il y a quelqu'un quelque part qui vous doit quelque chose, une dette karmique d'une autre vie. Tout cela viendra à temps pour votre projet.

Nous sommes heureux d'avoir donné ces notions de créativité pour vous permettre de surmonter les encadrements de petitesse que la société vous propose.

Vous devez être très vigilants pour survivre dans la société qui est conditionnée pour vous enlever tous les surplus. Ils savent ce que vous avez de surplus. Et ils savent comment créer une dette dans votre vie pour dépenser ce surplus, non pas dans vos désirs, mais dans les leurs. Prenez votre conscience en main. Changez de paradigme.

Nous vous bénissons et nous vous souhaitons toute la chance que la Terre peut vous donner et que nous, des Royaumes, puissions vous supporter.

Adonaï

André — Alors, c'est une surprise pour moi. Ce n'était pas prévu. C'était la surprise du Maître Hilarion. Il a lu dans vos cœurs ce dont vous aviez besoin. Hilarion est un Maître terre-à-terre, un Maître qui sait aimer de toutes les façons et qui sait aussi apporter le confort dans tous les domaines et dans tous les cœurs. Je pense que connaître cet Être, c'est le cadeau le plus précieux que l'on puisse s'offrir.

Ma réalité est d'amener chacun avec qui je vais entrer en contact, à entrer en contact avec Hilarion pour faire connaître sa réalité. Hilarion veut que tous les êtres sur Terre apprennent à travailler avec Lui et puissent être capables de travailler avec leur médiumnité. Les êtres sur Terre vont bientôt être capables de lire le cœur de l'autre, et ceci va empêcher la dualité, les tromperies et les tricheries.

Ce que nous avons comme privilège, c'est que le Maître Hilarion commence sa mission sur Terre comme Maître du Nouvel Âge, Maître de l'Ère du Verseau. Il est un Être qui a comme mission de nous supporter dans la consécration, dans la concentration, dans l'actualisation de la Mère, parce que Hilarion travaille avec Marie qui représente le pouvoir de l'Esprit Saint dans la Création. Marie n'est pas une figure de style catholique ou protestante ou quoi que ce soit. Marie était celle qui a donné naissance au Christ Cosmique. Marie était la première à être dans l'Énergie Christique. Elle a mis au monde l'enfant christique que nous sommes, en mettant au monde le prototype, le modèle qui était Jésus.

La création de la Mère et du prototype a eu lieu dans l'ère des Poissons pour une raison, c'est que notre galaxie quitte à l'heure actuelle l'ère de la Vierge dans la cosmologie cosmique et non pas dans l'astrologie de la Terre. Il y a deux astrologies, l'astrologie cosmique et celle de la Terre. Dans l'astrologie cosmique, on quitte l'ère de la Vierge. Chaque ère dure 2160 ans. Notre système solaire entre dans l'ère du Lion qui correspond à l'ère du Verseau, astrologiquement. Et nous devons devenir identiques au prototype, c'est-à-dire que nous devons, dans ces 2160 ans réaliser notre Christ, notre ascension.

On peut le faire d'une façon individuelle ou collective. Si nous nous laissons aller avec la vague de vie, cela va nous prendre plus de 2000 ans. Mais, avec les enseignements que le Christ nous donne à l'heure actuelle, nous ascensionnerons beaucoup plus rapidement parce que l'ascension qui nous est proposée par le Christ, par son retour, c'est aussi la reconnexion de nos filaments dans les cellules de l'ADN. C'est aussi la façon de retrouver les neuf dixièmes de notre cerveau que nous n'avons pas été capables d'utiliser par manque de connaissances.

Les écoles des mystères ont quitté la Terre il y a un peu moins de 2000 ans, après la venue de Jésus, lorsque des changements dans les vérités ont commencé à avoir lieu. Autrement, il y aurait eu des bouées énergétiques pour garder la vérité intacte, peu importe ce qui aurait pu l'attaquer. Mais, nous devions vivre cette expérience comme un abandon, comme nous avons à vivre dans notre ascension une expérience de nuit noire de l'âme, là où on se sent abandonné dans notre humanité pour reconnaître notre autorité divine.

La nuit noire de l'âme, Jésus l'a vécue sur la croix au moment où Il a dit : « Père, pourquoi m'as-tu abandonné ? » Il y eut beaucoup de spéculations sur cela, mais, lorsqu'Il était sur la croix, son humain était parti et son divin avait intégré sa réalité. Alors, il a manifesté cette nuit noire en acceptant sa propre divinité, sa propre ascension. Lorsqu'Il est revenu à lui, Il n'était plus humain, Il était divin, donc, il ne souffrait pas sur la croix. Un être divin ne souffre pas. Il n'y a aucune dualité qui le touche.

Jésus a été sur la croix pour ascensionner. Mais les Romains lui ont procuré une expérience encore plus grande. Ils lui ont permis de nous montrer que le corps humain est un véhicule qui est dispensé avec facilité après la divinisation. Lorsque la divinisation a eu lieu, le corps humain est tout simplement un véhicule inutile. Alors, Il est venu nous montrer que nous n'étions pas ce corps humain, que nous n'étions pas nos émotions, nos défauts, nos qualités, mais que nous étions beaucoup plus que cela. Notre vraie nature est pure, un être réalisé. Nous sommes des Christs qui marchent sur la Terre avec un sac sur la tête.

Alors, nous enlevons le sac en apprenant que ces vérités sont à l'intérieur de nous et que nous devons travailler pour enlever les couches de croyances, entre autres se détacher du corps humain. Nous croyons que les émotions négatives, les sentiments, les habits, les défauts, les qualités, les croyances qui appartiennent à notre corps sont nous. Lorsque nous commençons à nous détacher de nos défauts, de nos qualités, de nos manques, de tout ce qui nous ramène à l'état humain, nous entrons dans l'Amour inconditionnel.

L'Amour inconditionnel est au-delà de la loi karmique. Lorsque nous sommes dans l'Amour inconditionnel par le service, nous ne sommes plus épris de la loi de cause à effet ou karma qui est un système conditionnel. Alors, ce sont les enseignements que le Maître Hilarion nous a donnés au cours du temps, et que « Lumière de l'Être », à travers les rencontres d'Intégration Christique, nous livre dans « Mon retour », disponible dans vos librairies. Jj'ai été invité de travailler avec Francine Ouellet pour créer cette Intégration Christique sur la demande de « Lumière de l'Être », qui est l'Énergie Christique du Maître Jésus, c'est-à-dire que Jésus était en partie « Lumière de l'Être » qui était, et est toujours l'essence de tous les Avatars et de nous-mêmes.

Alors, nous devons enlever notre manteau d'indignité et reconnaître notre propre grandeur. Donc, l'autre partie de nous qui est au-delà de notre corps nous attend en-haut les bras ouverts, nous laissant le temps de terminer notre rêve.

Je vous souhaite un bon retour. Je vois quelqu'un qui veut parler.

Assistante — Ce n'est pas une question, c'est une constatation. J'aimerais savoir si d'autres personnes ont ressenti Hilarion, parce que lorsqu'on a fait le pont, Il m'a fait un genre de massage sur la tête, et je sais que c'était Lui. Je voudrais savoir si d'autres personnes ont ressenti la même chose ?

(Confirmation de plusieurs personnes dans la salle)

Vous aussi ? C'est bon alors. C'était une très belle expérience.

André — Ceux qui ne l'on pas senti, vous pouvez continuer à travailler avec Lui par la pensée.

Merci beaucoup d'avoir été là et bonne soirée.

CHAPITRE 6

FAITES LE MÉNAGE DANS VOTRE MAISON

Ce chapitre est le compte rendu d'une conférence-canalisation du Maître Hilarion reçue à Metz, France, en novembre 2001 par André. La première partie est en parole libre et la deuxième partie est une canalisation en transe profonde consciente.

André — Bonsoir, je m'appelle André DeLadurantaye, plusieurs me connaissent à travers mes écrits, entre autres par le livre « Reiki – un pont entre deux mondes. » Je suis venu ici en France quelques fois. Je m'y sens bien à l'aise parce que j'ai un peu de la France dans mes gènes ; mes ancêtres viennent de Bretagne, de Saint-Malo plus exactement. Lorsque je suis venu en France pour la première fois, c'était pour moi une reconnaissance. J'ai voyagé beaucoup et la France est le seul pays où je me suis senti comme chez moi. Merci de votre accueil.

Comme vous le savez, je canalise le Maître Hilarion. Il est un Maître d'Amour. Il est le Maître du Cinquième Rayon Christique de Guérison. Il est aussi un

Maître de Connaissance. C'est Lui et Saint-Germain qui vont parrainer l'Âge du Verseau. Nous sommes actuellement au milieu de la transition vers l'Âge du Verseau. Ils seront les parrains de l'éveil et de l'ascension planétaire qui arrivera dans l'Âge du Verseau. Cet Âge commence officiellement en 2050, mais il a commencé partiellement, c'est-à-dire un petit peu chaque année depuis 1950. La plage de transition est due à la précession des équinoxes. Mais ceci ne fait pas partie du sujet que nous voulons développer ici.

De l'an 2050 à l'an 4210, nous reviendrons plusieurs fois pour faire l'ascension planétaire, mais nous développerons aussi durant ce temps, le huitième Rayon christique qui est celui de l'Accomplissement. Présentement, nous connaissons sur Terre sept Rayons Christiques. C'est durant cette période que la race humaine, en général, c'est-à-dire toute la collectivité humaine dont chaque individu fait partie, connaîtra sa propre divinité intérieure.

Pour l'instant, seulement les chercheurs, comme vous, commencent à reconnaître leur divinité intérieure. Alors, le rôle du Maître Hilarion est d'amener chaque personne à reconnaître sa propre perfection intérieure. Donc, contrairement à la croyance populaire qui stipule que l'âme est entachée de péchés, chaque personne possède une parcelle divine en elle qui est l'âme, une présence pure de Dieu. Elle est un fragment de Dieu, immuable, impérissable et il est impossible de l'entacher. Autrement, ceci viendrait à dire que Dieu est imparfait. Alors, nous avons cette perfection en nous.

Ce qui imparfait en nous, c'est l'esprit. L'esprit est composé de vortex en couches comme des pelures d'oignon, l'une sur l'autre. Chaque pelure renferme une multitude de croyances. Entre autres, la croyance d'être un être humain limité, coupable et indigne. Elles sont toutes des couches qui empêchent de voir notre propre Lumière et la faire irradier dans notre monde.

Ce que nous vivons, c'est nous qui le fabriquons par nos pensées et nos croyances. Ce que nous avons pensé, il y a peut-être dix ou vingt ans, nous le vivons aujourd'hui. Ce que nous pensons aujourd'hui, nous le vivrons dans notre futur. Si nous faisons un modèle de pensées qui est identique à notre passé, nous vivrons notre futur identique à notre passé. C'est le paradigme de la plupart des gens. Mais si nous utilisons une autre formule pour aller au-delà de l'esprit, nous créons un futur différent.

Certaines personnes qui passent leur vie entière en thérapie pour essayer de comprendre leur passé. Elles perdent leur temps et devront revenir parce qu'elles n'auront pas avancé. Elles ont plutôt reculé. Ce qui est important de comprendre, et que les Maîtres de Lumière nous disent, c'est que le passé est corrigé dans le moment présent. Nos vies sont pour notre âme comme un vase communiquant. Nos vies passées sont dans des époques différentes pour notre esprit parce que seul l'esprit décode ou perçoit le temps. Notre âme ne perçoit pas le temps, elle est dans l'éternel présent.

Alors, pour l'âme, ma vie passée se vit en même temps que ma vie présente, et ma vie future se vit aussi aujourd'hui pour elle. C'est un peu difficile à comprendre, mais c'est un système qui fait que l'esprit est seul à créer le monde. Le monde que je perçois est toujours un monde qui est une réflexion de moi vers l'extérieur. Le fait que nous soyons ici ensemble ce soir, est une entente ou une actualisation par notre esprit que nous avons créé une réalité commune. Lorsque nous partirons chacun chez soi, cette réalité disparaîtra. Notre monde redeviendra individuel à nouveau.

Alors, il y a des rencontres qui se font pour évoluer et pour apprendre à vivre une inter-relation. Toutes les personnes que nous rencontrons dans notre vie ont quelques choses à recevoir de nous ou nous avons quelques choses à leur donner. Donc, la raison d'être du monde consiste à nous réfléchir ou à nous refléter ce que nous vivons à l'intérieur de nous par nos croyances.

Donc, j'ai eu le thème de la conférence hier suite à une canalisation privée. Hilarion a voulu nous amener dans une compréhension de la raison pour laquelle nous vivons les problèmes familiaux, les drames et les maladies. Le thème qu'Il a choisi est : « Faites le ménage dans votre maison. » La maison comprend tout aussi bien notre environnement, notre cœur, nos croyances que notre foyer. Alors, les maladies sont des projections de croyances qui ont été données suite à des concepts, soit dans une vie antérieure ou au début de notre vie actuelle. D'autres concepts sont des incompréhensions viennent d'autres vies.

Par exemple, lorsque les enfants viennent au monde malades, c'est qu'ils avaient une maladie dans l'autre vie et en sont morts alors que le problème n'était pas réglé, même par la mort. Donc, ils reviennent avec les mêmes maladies pour terminer le karma. Ils continuent dans ces maladies jusqu'à ce qu'ils trouvent la cause. La cause est toujours un problème psychique. La cause n'est jamais d'origine mécanique à part un accident de voiture ou un bris des membres. Mais toutes les causes sont d'origine psychosomatique.

Alors, je vais laisser le Maître Hilarion développer le thème et nous aurons par la suite une période de questions et réponses avec Lui.

Toutefois, avant la période de questions, le Maître Hilarion vous guidera dans une méditation afin de rencontrer votre Christ intérieur, votre propre Lumière. Alors, si des personnes vivent ce phénomène pour la première fois, il se peut que vous ayez des palpitations cardiaques. Les palpitations cardiaques sont dues à l'ouverture du cœur. Ce n'est pas dangereux. Faites simplement respirer pour amener en vous beaucoup de prana. Le prana est le souffle de vie, alors il augmente les vibrations. Lorsque je me connecte avec Hilarion, je fais des respirations qui font que j'élève le taux vibratoire de mon esprit vers la cinquième dimension. Hilarion descend de la huitième dimension à la cinquième pour me rejoindre.

Mon corps sera tout engourdi parce que l'énergie que je vais utiliser pour monter mon esprit me privera de ma motricité. Mon rythme cardiaque et ma respiration seront quatre fois plus lents. J'aurai alors une sensation agrandie de la perception, mais je n'aurai plus de motricité. Je vais donc prendre une minute pour entrer dans l'état de transe et j'aimerais que vous m'accompagniez dans l'expérience. Je vais faire un pont de Lumière entre mon chakra couronne et le vôtre, et lorsque le Maître Hilarion viendra, si vous le voulez, vous pourrez l'accueillir dans votre canal.

Vous pouvez tous canaliser les Énergies des Êtres de Lumière. Mon rôle est de vous convaincre que vous êtes en mesure de le faire. Hilarion est un Maître qui veut être canalisé par tout le monde pour que chacun puisse entendre la voix de son âme. Hilarion est celui qui ouvre la voie. Il est celui qui tire sur la corde pour donner le ton. Si vous voulez faire l'expérience, vous pouvez le demander intérieurement afin d'accueillir ses Énergies.

L'effet que vous pouvez sentir est un serrement au niveau de la tête, comme si vous portiez un béret ou un sombrero énergétique de différente grandeur selon l'expérience. Un autre effet peut être des picotements dans le visage, un chatouillement au niveau de la gorge. Peut-être certains seront portés à tousser, c'est normal. Lorsque le Maître Hilarion entre dans votre canal, Il le fait progressivement sur une durée d'environ 10 à 15 minutes. Accueillez-Le avec beaucoup d'amour. Plus vous Le laisserez entrer, plus vous sentirez l'état de la transe.

Étant donné que vous n'avez pas à poser de questions maintenant, vous pouvez vous abandonner à Ses Énergies. C'est une expérience extraordinaire. Lorsque Son Énergie est au niveau du thymus, vous ressentirez beaucoup de chaleur et si vous sentez une pression au niveau de la cage thoracique, c'est qu'Il est complètement présent dans votre cœur. Il est bien évident qu'Il n'est pas entré pleinement parce que le

Maître Hilarion est un Christ lumineux dans l'Univers, sa grandeur est infinie. Alors, s'Il entrait en moi de tout son Être, il resterait de moi un tout petit tas de poussière.

Donc, Il entre en nous selon ce que nous pouvons supporter. S'Il nous donne l'éveil spirituel, Il ira un peu plus loin et fera vibrer le cœur. À ce moment-là, c'est l'éveil de la Kundalini, étant la descente de l'Esprit Saint en nous, c'est la Mère divine qui réside normalement endormie dans le chakra racine. Alors, il y a plusieurs personnes ici qui ont vécu l'éveil et avec le travail spirituel qu'elles font, elles continuent à cultiver cet éveil.

Lorsque l'éveil a eu lieu, le travail spirituel active l'Énergie qui monte dans le canal de Lumière entre le chakra de la base et le chakra couronne. Ce canal de Lumière est comme un fil doré et, à l'intérieur de ce canal, toutes nos impressions de vies passées y sont présentes, qu'elles soient de bonnes impressions ou mauvaises. Tout est marqué dans ce fil doré. Lorsque la Mère ou l'Esprit Saint monte dans ce fil doré, Elle déloge ces impressions des autres vies et Elle brûle les karmas avant qu'ils se manifestent.

On peut vivre des parcelles de ce karma, mais Elle brûle plus de 90% de ce karma. C'est ce que l'on appelle l'ascension. Nous avons, à l'intérieur de notre être, la Trinité qui est représentée par la Mère divine dans notre chakra racine, le Fils ou la Fille de Dieu que nous sommes et que le Christ est venu nous montrer, la deuxième personne de la Trinité, qui réside dans notre cœur. On a appelé Jésus le seul et unique Fils de Dieu, alors que cette appellation désigne la race humaine. Tous les hommes sont Fils de Dieu, et toutes les femmes sont Filles de Dieu.

Dieu n'a créé aucun phénomène plus élevé que la race humaine. C'est pourquoi l'on dit que c'est le seul et unique Fils de Dieu. Toutes les autres créations inférieures à l'être humain sont les animaux, les plantes, les minéraux et les roches qui sont soumis au commandement de l'homme et à sa volonté. La première personne, bien sûr, c'est le Père qui est dans le chakra couronne et qui est notre « JE ». Lorsqu'on parle à la première personne, on dit « JE », « JE SUIS ». Si nous regardons le point focal où se situe notre conscience, nous le trouvons en plein milieu de notre tête, qui est l'emplacement de notre glande pinéale qui est aussi appelée le « cristal biologique » humain.

La glande pinéale est alimentée en énergie par le chakra couronne qui est aussi le siège de Dieu. Les orientaux l'appellent le siège de Shiva. Donc, selon eux, Shiva est le Soi supérieur de chacun d'entre nous. Mon « JE » à moi est le même que le « JE » à vous. Il n'y a pas de séparation sauf dans la forme. Moi, je me perçois, vous vous percevez, mais si nous rejoignons les deux perceptions, elles sont exactement la même perception du « JE ». Alors, lorsque je vis la réalisation, et que la Mère vient chercher l'enfant au niveau du cœur et le fait monter dans le chakra couronne, c'est la fusion de la Trinité dans l'Unicité ou le mariage cosmique. C'est ce qu'on appelle la réalisation.

Lorsque je vis la réalisation, je perçois le monde comme une boule d'énergie. Je deviens l'enveloppe de cette boule. Tout devient renfermé en moi. Lorsque vous avez la réalisation, votre « JE » devient la perception unique. Tout est renfermé dans votre « JE ». Alors, lorsque je suis réalisé et que vous êtes réalisés, on ne peut pas se regarder comme unique et personnel. Nous devenons un « JE » universel qui n'a pas de second. Alors, cette perception, je peux vous en parler parce que je l'ai vécue un court moment par la grâce d'un Maître vivant. C'est pour cela que j'ai le goût de travailler avec le Maître Hilarion parce qu'Il peut le faire vivre aux autres par l'éveil spirituel.

Lorsque nous vivons une expérience comme celle-là, nous ne pouvons pas retourner en arrière. Nous donnons notre vie complètement pour cette réalisation. Et, la seule façon de la réaliser est de reconnaître qu'il faut aider les autres à le faire. Je ne peux pas m'élever seul, c'est impossible. Il faut que j'aide mes frères et mes sœurs à s'élever parce que l'ascension, c'est un phénomène de groupe, de l'ensemble.

Donc, je vais prendre un petit moment pour entrer en transe. Je vais laisser le Maître Hilarion faire la conférence et nous allons nous retrouver par la suite.

Bonne rencontre.

Hilarion — Bonsoir, Je suis l'Énergie que vous appelez Hilarion. Je vous apporte la paix. Je vous donne ma paix. Je vois de grandes Lumières habillées dans des manteaux différents, de belles Lumières, des êtres éternels et infinis. Je vois mon miroir dans cette pièce. Je vous salue. Plusieurs parmi vous vivent des difficultés, pour ainsi dire, des drames. Aujourd'hui, J'ai choisi de vous parler de l'ordre de votre maison, votre cœur, votre environnement, vos croyances, ce qui habille votre perfection.

Il y a des milliers et des milliers de vies, vous avez commencé un voyage. Vous avez fait des expériences, de vie en vie, de monde en monde. Vous avez accumulé des connaissances, des croyances, des préjugés, et cela a fait de vous un être de Lumière habillé dans un manteau de croyances, et ces croyances font votre différence. De ma perception de vous, Je sais que ces croyances sont comme des mirages, instables, mais qui vous font mal, car elles vous limitent dans un encadrement qui vous fait souffrir, qui vous fait pleurer.

Il est dit que Dieu est infiniment bon, infiniment aimable, et dans vos moments difficiles vous dites : « Pourquoi ne règle-t-il pas mes problèmes ? Pourquoi je n'entends pas parler de Lui quand j'ai besoin ? Pourquoi n'est-il pas là pour empêcher ces meurtres ? Pourquoi n'arrête-t-il pas la guerre ? » C'est parce que la justice de Dieu est partout. Ceux qui font la guerre, la font parce qu'ils ont fait la guerre dans d'autres vies. Celui qui est un bourreau dans une vie devient la victime dans l'autre vie. Celui qui a tué dans la guerre dans une vie, se fait tuer dans la guerre dans l'autre vie. C'est cela la loi du talion qui a été mal comprise.

Pourquoi dis-Je que la justice divine est sur cette Terre ? C'est parce que la Terre est une école où chacun vient chercher ou donner. Celui qui a fait le mal à son frère dans une autre vie vient recevoir le même mal dans cette vie par un autre intermédiaire. Lorsque le Maître Jésus a dit : « Aimez même vos ennemis », c'est qu'Il ne voit pas de différence entre un ami et un ennemi. Pourquoi ? Parce que votre ennemi est celui qui vous ramène la dette que vous devez payer. Il n'est qu'un livreur. Il n'est pas impliqué dans cette dette, sauf s'il est celui qui a reçu le coup de vous dans l'autre vie. C'est la loi du karma : la loi de cause à effet.

Lorsque le soleil rayonne son énergie, il ne retient rien en retour parce que son énergie est pure. Mais, vous êtes comme un soleil, sauf que l'énergie que vous rayonnez filtre à travers des actions qui ne sont pas pures, et ces actions reviennent vers vous. Ce que vous rayonnez, vous recevez en retour. Si vous rayonnez et faites le bien, vous ne recevez que le bien. Si vous rayonnez et faites le mal, vous ne recevez que le mal.

Le monde est ce miroir qui vous renvoie vos propres énergies. Lorsque vous dormez, vous ne voyez pas le monde parce que l'esprit est en veilleuse, l'esprit est en état alpha. Lorsque vous êtes éveillés, l'esprit reprend son rôle de créer votre monde. Il crée par la réflexion. Si un jour vous êtes maladroits et que vous courez partout, votre esprit est surchauffé et commence à maugréer. Il commence à se déstabiliser. Vous êtes pressés et tout arrive mal. Vous faites un accrochage, vous arrivez en retard au boulot. Vous revenez à la maison, exténués, perdus et confus. Pourquoi ? Votre esprit était déstabilisé, donc il a créé un monde déstabilisé.

Le jour de votre fête, vous recevez un appel téléphonique d'une personne qui vous est chère pour vous souhaiter bonne fête. Et ceci devient comme un soleil nouveau sur votre vie, avec la joie dans le cœur et vous regardez tous les visages, vous les voyez tous sourire. Le monde est beau et il danse autour de vous. Pourtant, les deux scènes sont les mêmes. Le monde n'a pas changé si vite que cela de par votre humeur. C'est que votre projection de l'esprit a modifié cette image.

Pour Dieu, le monde est un mirage, une illusion. Il ne voit pas le monde parce qu'Il n'a pas besoin d'un reflet de Sa perfection. Il voit en nous et en vous cette perfection. Il ne peut pas voir l'imperfection. Votre esprit crée cette imperfection, mais elle est irréelle. Lorsque vous avez une émotion de rage, vos muscles se tendent, vos nerfs deviennent des nœuds, votre angoisse augmente et vous développez des maladies, vous développez des phobies. Tout cela parce que l'émotion est une réaction face au monde extérieur.

Vous tirez une balle de caoutchouc sur un mur, elle revient. Si vous êtes maladroit, vous lancez la balle avec force et elle vous frappe au retour. Si vous êtes adroits, vous lancez la balle et la placez où vous voulez. C'est le travail de discipline de l'esprit. Lorsque vous agissez d'une façon adroite dans le monde, vous placez vos actions de façon à ce que le retour vous apporte gloire et élévation. Si vous lancez la balle d'une façon enragée, la balle revient et vous blesse, vous pince ou vous fait mal. C'est tout comme créer une action qui fait le mal à quelqu'un d'autre, cette action ne reste pas inactive ou sans retour. Cette action revient avec une réaction et provoque la souffrance.

Si vous faites mal à un être humain, un jour l'être humain se vengera et vous fera le même mal et peut-être plus encore. Faire le ménage dans sa maison, c'est de nettoyer ces émotions qui sont la colère, la jalousie, l'envie, la convoitise. Ce sont des ennemis intérieurs. Le diable n'existe pas sauf sous la forme de ces ennemis, car eux créent vos mondes, vos réflexions. Lorsque vous êtes enragés face à quelqu'un, cette personne vous renvoie des émotions identiques, car il y a une escalade. Cela peut devenir de la violence. Pourquoi ?

Lorsque vous avez une résistance et que vous appliquez une force, plus vous appliquez de force, plus la résistance augmente pour équilibrer. Ainsi est la vie. La guerre est un entêtement. Plus l'entêtement s'escalade, plus la force augmente. Et, lorsqu'il y a un crescendo des forces, des armes fatales sont utilisées. Il n'y a plus de fin. L'être humain joue un rôle dans la vie, mais, ce n'est pas ce qu'il devait faire. Il devait venir assister la Création, mais il a choisi de dormir, de manger, d'avoir des enfants, d'aimer humainement, de travailler. Ce que vous faites comme travail vous rend fatigués. Pourquoi ? Parce que vous vous fiez au mirage, à votre personnalité.

Vous êtes un être lumineux avec une personnalité qui représente un manteau éphémère. Ce manteau appartient à votre corps. L'être lumineux est véhiculé par ce corps. Mais vous n'êtes pas ce corps. Vous n'êtes pas les actions que vous causez. Vous n'êtes pas le mal que vous faites. Vous êtes des créateurs parfaits. Ce que vous causez aux autres comme mal est une illusion certes, mais une illusion avec une loi de retour. Lorsque les manteaux seront nettoyés, lorsque chaque personne aura appris à clarifier ses situations, il y aura un rayonnement tellement intense de son âme que le monde en sera ébloui. Le monde redeviendra un soleil.

Si tous les êtres humains sur Terre, plus de six milliards d'humains, devenaient des êtres revêtus d'un manteau ou d'un esprit transparent, ils pourrait faire briller la Terre comme une supernova, tellement l'énergie serait grande, car votre âme est équivalent à vingt mille soleils. Soleil comme vous voyez dans votre ciel. Vous êtes à peine capable de le regarder en face, mais si vous voyiez la brillance de votre âme, le soleil serait très terne à côté d'elle. Cette brillance est votre rayonnement en tant qu'enfant de Dieu, deuxième personne de la Trinité, seul et unique Fils de Dieu, la seule création suprême du Seigneur.

Il y a en vous un temple, et ce qui entoure le temple le rend inaccessible. Alors, lorsque Je vous demande de faire un peu de nettoyage, de ménage dans votre maison, c'est pour être en mesure d'entrer dans ce temple. Ce temple est vous. Tout le reste n'est que temporaire et conséquences de vos actions. Lorsque vous faites des actions à partir de votre conscience humaine, vous créez un karma positif ou négatif. Par contre, lorsque vous agissez dans l'Amour inconditionnel, vous êtes au-dessus de la loi karmique. Et la façon de vivre dans l'Amour inconditionnel est de faire votre action avec l'intention divine à l'intérieur de vous en sachant que la conscience que vous avez est divine, et n'est pas votre personnalité.

Bien sûr, cette réflexion prend beaucoup de pratique, mais elle est infaillible dans son effet. Vous devenez des êtres qui accomplissent des actions, mais vous n'êtes pas le créateur de l'action. La Mère divine est la créatrice de l'action, car Elle est mouvement et actualisation. En sanscrit, Elle s'appelle Shakti. En terme occidental, c'est l'Esprit Saint qui représente la Mère. Lorsque le Maître Jésus a dit : « Je vais monter vers le Père, et lorsque Je serai assis à sa droite, Je vous enverrai l'Esprit Saint ». Il l'a fait symboliquement, à travers les flammes de la Pentecôte sur la tête des apôtres. Il a éveillé la Mère divine dans la base de l'homme, dans son chakra racine. Les apôtres ont vécu ce phénomène.

Vous pouvez aussi vivre ce phénomène. Quelques-uns parmi vous l'ont peut-être vécu. Lorsque vous agissez avec les pouvoirs de l'Esprit Saint, tout ce que vous faites est parfait. Les langages que vous parlez seront compris par toutes les personnes de différentes langues dans l'assemblée. La perfection vient dans l'action, et c'est pourquoi les apôtres pouvaient guérir et faire des miracles. Ils travaillaient avec le pouvoir de l'Esprit Saint. Par votre imagination, vous pouvez contacter ce pouvoir. Lorsque vous travaillez avec vos mains, pensez que ces mains sont les mains de l'Esprit Saint et agissez avec un esprit concentré sur l'Énergie de l'Esprit Saint. Votre karma sera terminé dans peu de temps, car les actions commises sous cette influence brûlent le reste des karmas de toutes vos vies antérieures. Ceci s'appelle le service inconditionnel ou désintéressé.

Lorsque vous avez, dans vos familles, des querelles, vous agissez à partir de votre personnalité. Et lorsque vous agissez à travers votre personnalité, vous colorez ou vous investissez les qualités que vous avez apprises et manifestées dans toutes les autres vies. Votre manteau actuel est l'accumulation de toutes vos vies, la conjonction de vos énergies et de vos croyances. Bien sûr, il sera nécessaire, dans un futur rapproché de vous séparer de ces énergies et d'apprendre à les régler. Lorsqu'un homme un jour mourut, il est monté vers le Ciel, il a rencontré Saint Pierre qui lui a dit : « Tu ne peux pas entrer ». Il a demandé pourquoi. Et Saint Pierre a répondu : « Parce que tu es en différend avec ton frère. Va pardonner à ton frère et Je t'accueillerai. »

Le nettoyage de la maison, c'est de pardonner à tous ceux qui vous entourent. Bien sûr, si vous êtes en instance de divorce, vous êtes dans une expérience pénible. Comment puis-je voir Dieu dans cet homme, dans cette femme ? Comment puis-je voir la justice dans ce qu'il me fait, dans ce qu'elle me fait ? Mais, cela découle d'une attitude. Si vous voyez l'arrogance et que vous répondez par l'arrogance, vous serez amenés dans des rôles de guerre, des rôles de discorde qui s'amplifient et se multiplient, et qui vous touchent très profondément. Mais si, face à l'arrogance, vous agissez en douceur et prenez un recul d'abord pour réfléchir et vous interroger sur la raison que vous vivez-vous cela.

Essayez de toujours répondre par la douceur. La vibration que vous recevrez en retour sera totalement différente et vous aurez désarmé l'agressivité. Tout fonctionne par résonance. Si vous escaladez dans l'émotion violente, par résonance, l'autre escaladera dans l'émotion violente. Si l'un escalade dans l'émotion violente et que vous gardez votre centre et votre sang froid, le calme que vous rayonnerez viendra de votre soleil et désarmera cette violence. Il y aura un moment d'arrêt où les deux toucheront la divinité. Un moment très court, entre deux souffles, entre deux inspirations, mais ce moment sera un moment béni, une descente de la grâce, l'infusion de l'Esprit Saint dans votre vie, pour l'un et pour l'autre.

Soyez ouverts à cette possibilité, car elle est toujours là. Mais, il faut créer cet espace, ce moment où il y a une grande transformation dans l'énergie.

Divorcer est assurément très pénible, mais sachez que vous saviez avant de venir que vous alliez régler des dettes et que, par la suite, vous passeriez à autre chose. Ne restez pas accroché à quelque chose qui ne fonctionne plus pour vous. Essayez de trouver l'équilibre, même dans la différence. Essayez de vous aimer, même dans la séparation. L'Amour guérit. Un couple qui reste ensemble, même avec les difficultés, apprend l'Amour véritable, car les deux apprennent en cours de route que l'un est le miroir de l'autre.

Si vous avez décidé de vous séparer pour une raison quelconque, et que vous revenez en couple avec une autre personne, il y a de grandes possibilités que vous vous sépariez de nouveau avec la même raison, si votre cœur n'avait pas été nettoyé avant cette union. Il en est de même pour le pardon à votre père, à votre mère. Si vous aviez de la rancune envers votre père et qu'il est décédé avec cette rancune, il est quelque part dans la quatrième dimension et ne peut pas évoluer, car vous avez mis des cales à ses pieds par manque de pardon. Il est cloué, tout comme le Christ a été cloué.

Pardonnez et vous lui redonnez sa Lumière. Il n'est pas nécessaire d'aimer au point d'être complètement désaxé, mais tout simplement pardonner et devenir indifférent, si vous ne pouvez pas aimer. Lorsque vous libérez vos anciens bien-aimés, que vous les aimiez ou pas, vous grandissez dans votre Lumière, autant que vous les laissez grandir. Si vous causez un tort à quelqu'un, ce tort aura un effet sur sa vie tant qu'il n'est pas racheté. Vous ne ressentirez peut-être pas l'effet, mais cet effet sera aussi en vous et, avec le temps, cet effet deviendra un germe qui vous hantera continuellement.

Si vous mourez et que vous n'avez pas réglé un tort, ce tort continue dans l'autre vie, comme un jeu de dominos. Vous culbutez un domino et cette action devient la cause. Les autres dominos deviennent l'effet de l'effet à répétition. Alors, si vous ne pardonnez pas d'une vie à l'autre, vous revivez aussi l'effet de l'effet à répétition. Il en est de même pour l'inverse. Quelqu'un vous a blessé et vous le maudissez, vous le haïssez. Pour son acte, il s'est créé un karma. Mais, parce que vous ne lui pardonnez pas, vous vivrez aussi son karma, dans toutes les vies, comme les dominos qui se culbutent l'un sur l'autre.

Tant et aussi longtemps que vous ne pardonnerez pas ce karma, vous reviendrez avec cette personne dans toutes vos vies et vous recommencerez la leçon jusqu'à ce qu'il y ait un pardon. Vous avez le même effet que celui qui vous a fait du mal parce que vous n'avez pas pardonné. C'est cela que le Maître Jésus a voulu dire par les mots : « Lorsque quelqu'un vous frappe sur la joue gauche, présentez la joue droite. »

Lorsque vous présentez la joue droite, si vous ne recevez pas de coup, c'est que le karma n'a plus d'effet, la dette étant remise. Si vous vous vengez, il y aura une autre occasion où vous serez frappé et une autre occasion où vous demanderez d'être frappé. Ce jeux continuera comme pour les dominos.

À travers l'Amour inconditionnel, par votre imagination, vous pouvez le projeter à tous les êtres de la Création que vous n'avez pas pardonnés depuis des milliers et des milliers de vies. Bien sûr, on vous a fait du mal, mais si on vous frappe, c'est que ceci vous revenait par la loi du retour. Il est impossible que quelqu'un vous frappe si vous n'avez pas à être frappé, car vos Guides bloquent toutes les épaves énergétiques qui viennent vers vous si elles ne vous sont pas destinées par votre karma. Alors, lorsque vous avez de la rancune pour un frère, une sœur, un père, une mère, pardonnez. D'abord pour vous libérer, mais aussi pour les libérer, car, tant et aussi longtemps que vous ne les libérez pas, vous ne serez pas libérés. Et, ils seront des voyageurs itinérants dans la quatrième dimension et au retour dans l'incarnation pendant des vies et des vies. C'est comme si vous les attachiez à un poteau tel un âne au bout d'une corde qui fait le tour de votre patrimoine constamment. De là les retours constants dans les familles avec les mêmes âmes dans des rôles différents.

Le pardon est le balai pour nettoyer votre maison. Votre cœur est pur dans son essence, mais vous pouvez lui apporter des mélodies ou des distorsions par ces manques de pardon, ce qui pourrait être appelé des impuretés. Lorsque votre esprit devient libéré, vous avez plus d'énergie pour vous. Vous devenez forts. Vous devenez en santé. Chaque arrogance que vous avez contre votre frère, votre sœur, vos amis, vos parents, attache votre cœur, et un jour, il devient si serré qu'il arrête de battre par une crise cardiaque.

Toutes les maladies sont causées par la pensée. La pensée soulève les émotions. Les émotions qui ne sont pas contrôlées tuent, non pas toujours physiquement, mais souvent très lentement. Il y a des émotions qui vous emprisonnent parce que vous ne savez pas comment les contrôler. Mettez-y le pardon, I est la guérison par l'Amour inconditionnel. Soyez l'arbitre entre votre bourreau et votre victime. Vous cesserez de prendre des vies alternativement entre bourreau et victime.

Vous vivrez des incarnations tant et aussi longtemps qu'un seul iota ne soit pas repayé à votre frère, à votre sœur. Ce que vous devez ne s'efface jamais tant qu'il n'est pas remis et cela mine votre vie, votre santé et votre cœur. Il est important de nettoyer sa maison, car le temps de l'ascension approche. Une porte des étoiles est maintenant ouverte jusqu'en 2012. Vous avez très peu de temps pour faire ce nettoyage, très peu de temps pour entreprendre le chemin. Une ascension se prépare comme le départ une fusée, inscrivez-vous aujourd'hui pour ne pas manquer le voyage. Ceux qui resteront sur la Terre après 2012 et qui auront ascensionné deviendront les Lumières du monde.

Cette période arrive une fois tous les 26 000 ans. Cette porte des étoiles restera ouverte à partir de maintenant jusqu'à 2012. Par la suite, il sera impossible d'ascensionner de la même façon. Il faudra revenir et revenir pour purifier l'esprit afin de faire transparaître la clarté et le soleil de l'âme.

J'aimerais vous amener dans une petite méditation pour vous faire comprendre la beauté de votre esprit lorsqu'il est élevé afin de vous faire connaître le soleil de votre âme. Prenez une posture confortable. Avec votre imagination, portez votre attention sur le point central de votre tête, votre « JE ». « JE SUIS » une telle, un tel. Dites votre nom intérieurement. « JE SUIS » Carole. « JE SUIS » Pierre. Répétez pendant une dizaine de fois, « JE SUIS » André. « JE SUIS » Gisèle. « JE SUIS » Nicole. Répétez chacun votre nom. Ressentez cette vibration. Vous vous identifiez avec votre personnalité en tant qu'un être humain à travers ce nom.

Maintenant, enlevez votre nom et remplacez-le par le mot « CHRIST ». « JE SUIS CHRIST ». « JE SUIS CHRIST ». En disant ce mantra, visualisez la Lumière de votre « JE » s'agrandir. Elle devient grosse comme une pomme. Elle brille tellement, tellement qu'elle est bleue. La Lumière bleue. Elle est belle comme une perle : la Perle bleue. Maintenant, faites descendre cette Perle bleue, cette Lumière, grosse comme une pomme, à l'intérieur de votre cœur, graduellement. Voyez votre cœur comme un temple. Regardez, dans ce temple et voyez une coupe sur un autel. Déposez cette Lumière, votre Perle bleue, votre « JE » dans la coupe : le Graal.

Maintenant, répétez dans votre cœur et avec conviction : « JE SUIS CHRIST ». « JE SUIS CE GRAAL », cette Alliance entre Christ et moi. Oubliez votre corps et vos sensations extérieures pour un instant. Portez votre attention sur cette Lumière d'une façon intensive. Ne pensez qu'à cette Lumière. Maintenant, agrandissez cette Lumière comme une sphère très brillante qui vous englobe de la tête aux pieds. Remarquez que cette Lumière s'imprègne dans vos cellules pour les perfectionner et les guérir. Elle guérit tout ce qui est imparfait dans votre corps.

Cette Lumière transforme les énergies lourdes. La Lumière bleue de paix, de compassion, d'harmonie, de guérison vous pénètre. Gardez votre attention sur cette sphère bleue dont vous émanez. Vous êtes le centre de cette sphère. Imaginez toutes les cellules de votre corps être nourries par l'Amour : l'Amour infini de votre être intérieur, de votre « JE SUIS CHRIST ».

Maintenant, par visualisation, voyez cette Lumière s'agrandir pour entourer la Terre. Vous êtes « JE » qui englobe tout ce que contient la Terre. Toutes les autres personnes, les animaux, les plantes, les métaux, la planète font partie de vous. Vous êtes « JE » qui englobe tout. Je Suis Christ. Maintenant, gardez cette attention tout en ayant une autre visualisation : vous êtes le « JE » de la Terre bleue, un rayonnement intense, bleu. Regardez le soleil en étant la Terre bleue. Votre « JE » englobe la Terre. Le soleil vient vers vous, un soleil qui est suprême, qui est au-delà de toutes réalités. On l'appelle, le Logos[1] Solaire.

---

[1] Logos – Verbe éternel incarné. (Évangile de saint Jean)

Le Logos Solaire est le Christ actuel que vous avez connu comme le Maître Jésus. Il est beaucoup plus que le personnage Jésus, beaucoup plus grand que le Cosmos. Il est infini. Il est Amour pur. Imaginez qu'Il vient vers vous et Se dépose dans votre tête. Il siège sur la glande pinéale. Il est le Père. Vous êtes le Fils dans la sphère bleue, votre Graal, votre Soi supérieur, votre âme. Maintenant, imaginez cette Lumière bleue, cette grande sphère revenir se déposer sur le siège de la glande pinéale à la droite du Père. Regardez les deux Lumières se confondre. Votre « JE SUIS CHRIST » a fusionné avec le Christ Cosmique.

Ressentez que vous êtes UN avec le Père, le Christ Cosmique. L'enfant Christ est de retour, comme l'enfant prodigue, chez lui dans les bras du Père. Ou mieux encore, assis à Sa droite, tout comme le Maître a dit qu'Il réalisera Sa promesse. La garderez-vous comme une promesse ? Allez-vous vous rappeler et essayer de vivre cette fusion ? Il n'en tient qu'à vous. C'est un choix

Maintenant, ramenez la luminosité de votre être à la grosseur d'un pois. Votre être fusionné, toujours dans la glande pinéale, vous n'avez jamais été séparé, jamais. Vous n'êtes jamais partis. Pourquoi ce rêve de votre vie ? Pourquoi ne retournez-vous pas à cet endroit pendant quelques minutes par jour ? Méditez sur cette intense Lumière. Retrouvez-vous. Connais-toi toi-même, tu connaîtras l'Univers.

Lorsque vous reviendrez dans cette réalité, dans cette pièce, revenez avec le ressenti que vous n'échapperez jamais à votre Lumière, et tout ce que vous ferez avec vos mains sera par cette Lumière.

Tout ce que vous direz par vos paroles, sera dit par cette Lumière. Tout ce que vous verrez avec vos yeux, sera vu par cette Lumière. Tout ce que vous penserez par votre esprit, sera pensé par cette Lumière. À force de pratiquer, vous serez des réalisés choisis et le Christ agira en vous, tout comme Il a agi en Jésus, il y a deux mille ans. Ce monde deviendra un monde de saints. Faites le premier pas.

Prenez un moment pour revenir graduellement à vos énergies habituelles, mais n'oubliez pas, vous êtes des êtres réalisés. Agissez comme des êtres réalisés. Faites le ménage dans votre maison.

Nous prendrons quelques moments pour répondre à certaines questions que vous avez sur le cœur. Vous pouvez poser des questions sur les sujets qui vous concernent. Ceci peut être aussi personnel.

Il est important pour vous, que si vous avez des questions personnelles, de dire votre premier nom afin que nous puissions syntoniser sur votre vibration cosmique pour vous donner une réponse juste.

Vous pouvez débuter.

Assistante — Bonjour, je m'appelle Francine et j'ai un ami qui s'appelle Victor et sa compagne a été enterrée avant hier et incinérée aujourd'hui. Il m'a demandé de vous poser cette question, s'il était sur le bon chemin ?

Hilarion — Il a accompli ce qu'il devait accomplir. Victor, n'ayez aucun regret, car si vous vous voyez dans le tort, vous vous pénalisez. Si vous vous voyez dans votre Lumière, vous serez dans votre Lumière. Ceci est une loi. Bénissez-vous comme étant élevé à votre soleil intérieur. Ainsi, si vous n'êtes pas encore là, vous vous propulsez là où vous voulez vous voir. C'est cela la charité pour soi-même.

Assistante — Je m'appelle Monique, mais j'aimerais poser une question pour une de mes tantes qui habite dans les Landes. Elle a entendu une nuit une voix lui dire qu'elle serait détruite et, deux mois après, son époux est décédé d'un cancer foudroyant dans l'espace que quinze jours ou un mois, et là, elle se sent très mal. Bon, elle voudrait savoir qu'est-ce que c'est, quel est son chemin et qu'est-ce qu'elle pourrait faire, et surtout, comment sortir de cette oppression ?

Hilarion — Ceci nous semble être une attaque de Vaudou. Il est nécessaire de faire une protection avec des miroirs. Vous pouvez prendre une pièce de miroir de 30 centimètres de côté. Coupez ce miroir en quatre morceaux, diagonalement. Prenez trois morceaux pour en faire un trigramme, c'est-à-dire une pyramide à trois côtés. Collez les trois morceaux de façon à ce que les miroirs soient extérieurs, c'est-à-dire la face qui réfléchit à l'extérieur.

Lorsque ceci est fait, prenez une photo des personnes qui sont impliquées et mettez-les sous le trigramme en y déposant un cheveu ou un morceau d'ongle sur chaque photo correspondante. Si elle est seule, elle n'a besoin que de sa photo. Prenez un papier d'environ 6 ou 7 centimètres de côté et vous écrivez une convention qui serait : « Je veux que toutes les énergies qui me sont adressées et qui sont négatives retournent vers leur origine d'une façon positive » et vous signez.

Lorsque les énergies maléfiques frapperont le miroir, elles retourneront dans une polarité changée vers son auteur. Si l'auteur avait une mauvaise intention, son aura changera à nouveau la polarité mais la force de l'énergie sera amplifiée de 100 fois et il sera attaqué par sa propre énergie et sera détruit. Le fait de changer l'énergie que vous recevez en positif, vous exempte de créer un nouveau karma. Chaque jour, la personne qui demande la protection doit mettre ses mains au-dessus de la pyramide pendant environ une minute pour la charger de son énergie.

Assistante — Je m'appelle Christiane et je voudrais savoir le mon de mes Guides spirituels.

Hilarion — Il est difficile pour nous de vous donner en public les noms de vos Guides car ceux-ci sont sacrés. Nous pouvons le faire dans une communication privée, mais non pas publique. Vous pouvez recevoir le nom de vos Guides directement, car Ils sont une partie de vos vibrations. Entre autres, vous avez une dizaine de Guides, parmi lesquels il y a un Patriarche. Le soir avant de vous endormir, posez la question à votre Guide, le nom que vous voulez connaître de celui qui est le plus près de vous pour l'expérience que vous vivez, et, pendant la période alpha, qui se situe entre la veille et le sommeil, le temps où vous faites la transition, le nom vous sera révélé.

Le nom sera composé de vos vibrations et des siennes et, ce nom que vous recevrez, vous ne le révélez à personne, car votre Guide est très personnel. Ainsi, vous aurez le maximum d'effet.

Assistante — Bonsoir, je suis Sylvianne, je voudrais poser une question personnelle d'ordre affectif. Le silence de l'être Pierre que j'aime actuellement. Que dois-je en faire ? Je suis dans l'interrogation.

Hilarion — Vous pouvez l'appeler par son double, lui parler face à face dans votre imagination. Dites-lui ce que vous avez à dire. Dites-lui que vous tenez à lui et il vous téléphonera peu de temps après. Lorsque vous provoquez par télépathie une pensée, il y a souvent un rappel. Si cet appel ne vient pas, questionnez-vous sur votre relation, si elle est encore valide. Demandez de l'aide à vos Guides pour vous assister dans cette épreuve et acceptez avec détachement et avec amour ce qui en résultera. Je vous bénis.

Assistante — Je m'appelle Antoinette, j'ai besoin de votre aide, car je suis en plein désarroi en ce moment dans ma vie de couple avec mon enfant et mon travail. Je vous remercie.

Hilarion — Lorsque vous serez seule, appelez nos Énergies en visualisant le Rayon Vert vous envelopper. Nous viendrons vous aider à élever vos vibrations afin que la polarité des situations puisse être modifiée et devenir favorable. Enveloppez d'amour les situations qui vous font mal. Il y a un moyen de transcender la dualité dans une situation. Regardez la situation, en imagination, enveloppez-la de Lumière blanche et adorez la situation jusqu'à ce qu'elle se change en Dieu. Ceci peut vous paraître un paradoxe. Vous direz peut-être, cela est de l'idolâtrie, mais sachez que Dieu est en tout. L'idolâtrie n'existe pas. Dieu étant en tout. Il vient dans cette forme, et lorsque vous le reconnaîtrez,

Il changera de forme. Il deviendra Amour et vous supportera.

Assistante — Je suis Ginette. Je voulais savoir si mon fils, François, avait pris le bon chemin pour ses études.

Hilarion — Quel âge a François ?

Assistante — Vingt-trois ans presque.

Hilarion — François a fait le choix qui était dans son cœur. Peut-être n'êtes-vous pas d'accord avec ce choix, mais sachez qu'il est le seul à savoir. Il est important de ne pas vous imposer et de lui laisser sa liberté. Sachez que ce qu'il désire est ce qu'il s'est engagé à faire, son chemin est cela. Lorsqu'il aura appris la leçon qu'il doit apprendre, il pourra changer de chemin à volonté. Mais pour l'instant, c'est la route qu'il a choisie, parce que c'est la route qu'il avait à faire. Donnez-lui votre support en le bénissant. Soyez un être compatissant, un être de compassion. Tout ce qui arrivera pour lui, arrivera pour le mieux.

Il n'y a pas d'erreur dans les parcours. Il n'y a pas d'erreur dans les choix. Il aurait pu faire un autre choix, et même cela n'aurait pas été une erreur, car les conditions de l'expérience qu'il aurait dû vivre dans un choix, serait transférée dans cet autre choix. Vous ne pouvez pas fuir votre destinée. Ceci est impossible, sauf par le suicide. Même le suicide a été planifié. Vous pouvez l'éviter ou revenir le recommencer si vous faites l'action. Tout ce qui est dans votre vie est par nos vibrations. Que ce soient les Êtres de Lumière dans le monde que J'habite ou dans votre monde. Il y a toujours par résonance une élévation, un état et un mouvement.

Si vous voulez vous élever, vous pouvez imaginer le mieux que vous pouvez atteindre. Si vous voulez vous abaisser, vous pouvez être vous-mêmes dans la peur et le doute. Allez au-delà de la peur et du doute, pour vous-même et pour les autres. Tout ce qui est, est juste, et François est sur le bon chemin.

Assistante — Bonjour, je m'appelle Jocelyne. Vous avez parlé tout à l'heure de l'ascension possible par la porte des étoiles. Je me posais la question pour les enfants d'aujourd'hui, les enfants qui ont dix ans et moins, comment est-il possible de leur faire comprendre ce genre de chose qui n'est déjà pas forcément évidente pour nous ?

Hilarion — Soyez sans crainte, si vous le faites, ils le feront. Ils ont déjà la compréhension. Ils sont déjà des êtres lumineux. Selon votre vie, vous les abaissez par votre expérience, par votre exemple. Mais si vous ascensionnez, vous rejoindrez leur conscience, et ils s'accrocheront à vous pour vous suivre. Ils n'auront aucune difficulté. La difficulté est lorsque les enfants commencent à aller à l'école. Ils commencent à dégringoler de leur Lumière, comme vous avez dégringolé jadis de la vôtre.

Vous étiez un Être de Lumière, à un an, trois ans, cinq ans, un être humain peut-être à l'âge de sept ans, quinze ans ou vingt ans. Ceci fut la descente des vibrations. Maintenant, vous devez remonter. Mais, si vous montez en temps et que vos enfants sont témoins, ils vous rejoindront. Ils n'auront pas connu la noirceur.

Assistante — Je m'appelle Joëlle et je voudrais savoir, ma sœur a adopté une petite fille. Il y a un lien très particulier entre sa fille et moi. J'aimerais savoir ce que je peux apporter à cette enfant, et qu'est-ce que nous avons vécu ? C'est trop particulier, d'abord le premier mot a été « tati » et elle disait souvent qu'elle voulait que je sois sa mère alors qu'elle est très heureuse où elle est. Mais, c'est très particulier, j'ai le sentiment qu'il faut que je lui amène quelque chose, mais je n'arrive pas à cerner quoi. Elle s'appelle Ingrid.

Hilarion — Elle vous envoie son amour pur et vous devez le réfléchir. C'est tout ce qu'elle a besoin. La reconnaître dans son amour. Cette enfant est un être lumineux. Regardez-la comme étant un grand sage et inondez-la d'amour. Ceci sera la plus belle reconnaissance que vous aurez avec elle.

Assistante — Bonsoir, je m'appelle Marie-France et je voudrais vous poser une question pour ma fille Agathe qui a 32 ans. Elle a subi de graves violences conjugales. Elle a été internée en janvier sous l'accusation d'infanticide. C'est difficile à dire pour moi, et nous aimerions qu'elle quitte sa famille. Est-ce qu'elle en a le courage ? Est-ce qu'elle en a la force ?

Hilarion — Elle vit des moments de détresse, mais vous pouvez l'aider en joignant vos efforts, votre Lumière à ses efforts pour la motiver, pour lui donner un regain de courage. S'il est possible pour vous de méditer sur son Soi supérieur, sur sa Perle Bleue et de lui parler à travers cette résonance, vous pouvez l'encourager à chaque fois que vous en aurez envie. Elle percevra cette vibration, car votre Soi est le même que le sien. Vous êtes connectés et, par votre foi, vous pouvez réussir une communication télépathique et lui parler, l'encourager, l'inonder d'amour.

Accueillez-la dans votre Lumière. Elle sera aidée. Projetez à ses côtés un Être de Lumière que vous affectionnez. Demandez-Lui de devenir son ami. Demandez-Lui de devenir son confident. Elle sera supportée.

Assistante — Mon nom cosmique est Cristal et, dernièrement, en méditation, j'ai vu le visage du Maître que j'ai l'habitude de voir et Il m'a dit que j'étais mon propre Maître. Je voulais savoir si ce Maître intérieur est la somme de tous mes Guides réunis ?

Hilarion — En quelque sorte, oui, parce que, sur votre glande pinéale gît le Père. Le Père englobe tous les Maîtres. Ceci est une perception personnelle pour vous, qui peut être traduite par votre croyance. Si vous le croyez, cela est. Si vous avez des doutes, les Maîtres se retirent jusqu'à ce que vous ayez à l'intérieur de vous cette confirmation, cette foi. Vous pouvez choisir le Maître que vous voulez et en faire votre Maître, car les Maîtres disent toujours oui inconditionnellement à leurs disciples. Ils sont tout amour, et accueillent tout être qui se dirige vers Eux. Alors, votre choix est celui qui vous assure de la vérité que vous vivez.

Assistant — Je m'appelle Thomas et je voudrais savoir comment l'avenir se présente avec Alain, mon beau-père ?

Hilarion — Vous avez dit, Alain ? (Oui). Quel âge a Alain ? (Quarante-neuf ans). Alain est en train de vivre une phase de transformation. Il y aura, dans cette transformation, plus de communication. Vous aurez l'occasion de faire un pas vers lui et de le prendre comme un être différent, un être qui a beaucoup souffert, mais qui se libère intérieurement, petit à petit. Même si vos sentiments peuvent être différents, vous pouvez l'inonder de Lumière pour qu'il se retrouve. Et ceci est aimer son prochain comme soi-même.

Assistant — Je m'appelle Philippe, j'aimerais poser une question d'ordre général. Comment trouver l'Amour de Dieu en soi, la Lumière de Dieu ? Merci.

Hilarion — Faites semblant que vous êtes Dieu et vous deviendrez Dieu, vous deviendrez Amour. Mais, ne le dites à personne. Vivez-le dans votre chambre. Vivez-le dans votre cœur. Devenez Celui que vous cherchez, car vous êtes déjà Celui que vous cherchez. Regardez dans votre cœur, il y a une grande pureté. Allez au-delà du manteau de votre personnalité. Ayez de la dévotion pour l'Amour que vous avez dans ce cœur. C'est cela l'Amour de Dieu.

La Perle Bleue que J'ai décrite plus tôt est vous. Réfléchissez sur Elle. Méditez sur Elle. Elle viendra jouer avec vous, et Elle vous reconnaîtra. Et vous La reconnaîtrez.

Assistante — Je suis Édith. J'ai du mal à saisir ce que ma conscience pense des folies que je puisse vivre dans ma vie, alors que mon âme, au contraire, pense que ce sont des sagesses, enfin je crois. Je voudrais votre avis sur ce point pour ces, soit disant, folies qui sont passées et celles à venir.

Hilarion — N'est-il pas dit que la folie frôle la joie ? Peut-être êtes-vous un juge très difficile pour vous-même ? Il y a dans la vie des phénomènes que vous vivez et que vous n'acceptez pas parce que le monde les considère tabou, les juge hérétiques, les juge à travers l'encadrement où l'humanité est prisonnière. Si votre âme se sent libérée lorsque vous accomplissez ces folies, c'est qu'elle est d'accord. Si ces folies vous font souffrir, c'est qu'il y a une mauvaise entente entre votre esprit et votre âme.

Si ces folies vous amènent de la joie, votre cœur comprend le rôle de l'enfant. L'enfant est toujours joyeux à cause de ses folies.

Assistante — Bonsoir, je m'appelle Marie-Claire et j'aurais deux questions, s'il vous plaît. Je voudrais savoir comment je peux aider mon fils, Stephano qui a actuellement sept ans et demi, parce que l'année dernière il voyait des esprits dans la maison. Je ne sais pas s'il en voit encore. Il ne le dit pas. Il ne veut pas en parler, mais il ne dort pas le soir tant que je ne suis pas couchée moi-même. Première question. Et la deuxième question, c'est qu'on m'a dit récemment que j'étais un guide, ce à quoi j'ai répondu à la personne : je ne vois pas comment je pourrais être un guide au milieu des difficultés qui m'encombrent, comme beaucoup de personnes. Merci.

Hilarion — Nous allons répondre d'abord au premier volet. Votre fils qui voit des esprits a sûrement raison, car, vous êtes maintenant dans la quatrième dimension, et plus vous avancerez dans le temps plus vous serez sensible à ces vibrations, car la Terre ascensionne très rapidement. Vous ascensionnez avec elle.

Ce que vous vivez, vous le vivez dans une perception nouvelle et différente. Plusieurs d'entre vous deviennent des médiums du jour au lendemain. Pourquoi ? À cause de cette sensibilité de la plus haute vibration. Les enfants voient les esprits. Plusieurs adultes voient des esprits et ils sont dérangés.

Mais les esprits ne changeront pas leur motivation, qu'ils sachent que vous les voyez ou pas. Alors, vous pouvez créer un divertissement pour votre fils qui fera en sorte qu'il ne pensera plus aux esprits. Ce divertissement pourrait être une musique très douce et calmante avant de s'endormir. D'autres formes de divertissement peuvent aussi être très efficaces. Utilisez votre créativité pour attirer son attention dans une direction jusqu'à son sommeil, et cela passera après quelques mois. Il ne les verra plus car son esprit ne sera plus intentionné sur ces vibrations.

Nous vous donnons un exemple. Si vous entrez dans une pièce et que le maître de maison vous dit : « Il y a un trou dans la tapisserie sur le mur. » Vous regardez le mur mais sans voir le trou. Vous cherchez le trou dans le schéma ou le dessin de la tapisserie et vous ne voyez pas le trou. Et le maître de maison vous montre où est le trou. Et lorsque, par la suite, vous entrez à nouveau dans cette pièce, vous ne voyez que le trou. Vous ne voyez plus la tapisserie. Cela est la concentration, la force de l'esprit. Alors, vous pouvez dévier son attention pour quelque temps et il oubliera les esprits.

Nous prendrons une dernière question.

Assistante — Dois-je considérer que les gens qui pratiquent la magie noire sont des êtres qui ne meurent pas ? Enfin, je veux dire qui ne sont pas comme nous face au karma. Parce que je me suis rendu compte qu'il y avait des personnes vielles de deux ou trois cents ans qui viennent me voir et je voulais savoir si j'avais mal perçu ou si ça existait vraiment. Je voudrais aussi savoir si la magie noire disparaîtra un jour.

Hilarion — La magie noire ne peut pas disparaître, car la magie blanche ne peut pas disparaître. La magie noire est une dualité des forces. Elle est aussi blanche que la magie blanche est noire, dépendant du point de vue où vous êtes. Si vous êtes celui qui envoie la magie noire, tel qu'un maître Kahouna, qui, pour lui, est blanche. Il ne reçoit pas le karma, mais celui qui a commandé l'acte reçoit le karma, car les Kahounas agissent au nom de la personne qui a commandé l'acte, l'agression ou le charme de vaudou. Tout cela est relatif.

Mais pour ce que vous parlez des êtres de deux ou trois cents ans, ce n'est pas à cause de la magie qu'ils vivent deux ou trois cents ans. C'est à cause du yoga qu'ils font, entre autres le yoga de la respiration.

Est-ce que cela répond à votre question ?

Assistante — Oui, merci.

Hilarion — En tant que Régent du Rayon vert de Guérison, J'aimerais prendre un engagement avec chacun de vous. Cet engagement est une amitié profonde que J'espère vivre avec vous. Je peux venir vous donner le Ciel et la Terre. Lorsque vous serez dans votre monde, prenez trente minutes à chaque jour pour penser à quelqu'un avec qui vous avez de la difficulté. Assoyez-vous et laissez-vous aller en méditation. Visualisez devant vous une pyramide verte, fabriquée de Mon Rayon. Mettez dans la pyramide les êtres et les choses que vous voulez pardonner, avec qui vous voulez régler ou solutionner un problème. Et, pendant ces trente minutes, projetez l'amour sans cesse.

Imaginez que Je suis assis à côté de vous et que Je fais de même. Mettez vos mains au-dessus de la pyramide imaginaire et Je mettrai aussi Mes mains sur la pyramide. Imaginez que l'amour vient de votre divinité intérieure. Imaginez que vous êtes réalisé, un être parfait et lumineux. Pendant trente minutes par jour, cette méditation, si elle est faite pendant cinq ans, vous deviendrez cet être lumineux.

La reine d'une abeille est une abeille ordinaire qui a médité sur la reine pendant quatre-vingt dix jours. Elle est devenue la reine. L'esprit crée la métamorphose dans le corps physique. La preuve, l'esprit a créé vos maladies. L'esprit peut vous guérir de ces maladies de la même façon, alors imaginez. L'imagination est le plus grand cadeau que Dieu vous a donné en tant qu'humain, car, par l'imagination, vous pouvez retourner vers le Père. L'imagination est comme une fusée qui vous porte vers les étoiles.

Je suis heureux d'être venu vous parler et Me tremper dans vos vibrations. Nous sommes frères et sœurs. Je ne suis pas plus élevé que vous, mais Je ne vois pas vos manteaux. Je vois votre soleil. Aidez-Moi à vous faire comprendre votre soleil. Je vous bénis et Je vous donne Ma paix. Au revoir.

André — Voilà, c'était la rencontre avec le Maître Hilarion. Le Maître Hilarion s'est offert de venir dans vos vies quotidiennes, et chacun peut avoir la facilité de le canaliser comme je l'ai fait. Je n'ai pas de privilège. Le seul effort que j'avais à faire c'est d'avoir du courage pour laisser ma personnalité derrière, m'abandonner. Mais, j'ai une grande raison pour cela. J'ai vu comment se fait la libération, et j'aimerais la rendre possible pour tous par le partage, non seulement des paroles, mais le partage de ce que je vis dans ma relation avec Hilarion.

Dans une transe, ici en France au mois d'octobre, j'ai fait une canalisation privée pour une personne et Hilarion a raconté son expérience lorsqu'il était Saül, sur la route de Damas. Et lorsqu'il racontait cette expérience, j'ai perdu complètement la notion de ce que j'étais, en étant complètement imprégné de l'Énergie d'Hilarion dans cette incarnation de Paul. C'était comme si c'était moi Paul ou Saül qui racontait à l'autre personne l'Amour qu'il avait pour le Christ.

J'ai connu alors quelque chose de tellement grand que mes larmes ont commencé à couler et j'ai décidé de faire de même avec Hilarion, de l'aimer autant qu'Il a aimé le Christ. Peut-être cela prendra beaucoup de temps pour apprendre à laisser mon manteau comme Il l'a laissé, mais j'y parviendrai, je vous le promets.

Sur ce, je vous aime, et je vous souhaite le bonsoir et un bon retour.

CHAPITRE

7

L'ASCENSION AVEC REIKI

André — Voici un compte rendu d'une conférence que j'ai donnée à Sherbrooke (Québec) avec Paulette Gagnon au début de décembre 2001. Paulette est co-auteure avec moi du livre « Reiki - un pont entre deux mondes. » La raison qui m'a motivé à publier cette conférence ici est très simple. Avoir une vision, c'est vouloir se transformer. Vouloir travailler avec la Force Reiki, c'est aussi vouloir se transformer. Cette conférence est un témoignage vivant d'une application pratique de transformation par le Reiki.

Paulette — Je vous présente André, avec qui je fais la conférence aujourd'hui. André est quelqu'un que je connais déjà depuis très longtemps et nous allons donc partager aujourd'hui ces bons moments avec vous. Être dans le Reiki, c'est être dans une grande famille de Lumière.

Maintenant, avant de commencer, lorsque l'on fait quelque chose d'important comme une rencontre de Reiki, il est toujours sage d'amener le sens du sacré dans ce que l'on fait. C'est un enrichissement pour nous. On peut amener le sens du sacré en faisant la popote, et même en faisant la soupe pour ses enfants. On peut l'amener dans tous les gestes du quotidien. Aujourd'hui, j'aimerais qu'on fasse une petite démarche pour amener le sens du sacré parmi nous à travers ce travail que nous allons faire tous ensemble. Nous donnons cette conférence, mais nous y apporterons ensemble une dimension énergétique.

Y a-t-il des personnes qui sont initiées au Reiki dans la salle ? Il y en a plusieurs et certaines viennent justement pour s'informer sur ce qu'est le Reiki et pouvoir en faire l'expérience. Alors, nous allons réciter la grande invocation. Je ne sais pas si vous connaissez cette prière. La grande invocation est une prière qui existe à travers le monde depuis 1949. Plus elle est répétée, plus elle est bénéfique. Lorsque nous avons écrit le livre « Reiki - un pont entre deux mondes », nous avons placé la grande invocation dans les premières pages, parce que c'est la prière qui a parrainé notre travail.

À chaque fois que nous nous réunissions pour recevoir les messages pour le livre « Reiki - un pont entre deux mondes », André et moi disions la grande invocation pour se connecter à l'Énergie des Maîtres. Alors, nous allons la lire tous ensemble :

Du point de Lumière dans la pensée de Dieu.
Que la Lumière afflue dans la pensée des hommes.
Que la Lumière descende sur la Terre.

Du point d'Amour dans le cœur de Dieu.
Que l'Amour afflue dans le cœur des hommes.
Puisse le Christ revenir sur Terre.

Du centre où la Volonté de Dieu est connue.
Que le dessein guide le faible vouloir des hommes.
Le dessein que les Maîtres connaissent et servent.

Du centre que nous appelons la race des hommes.
Que le plan d'Amour et de Lumière s'épanouisse.
Et puisse-t-il sceller la porte de la demeure du mal.

Que Lumière, Amour et Puissance restaurent le plan sur la Terre.

Alors, j'aimerais qu'on ferme les yeux tout doucement et qu'on accueille en nos cœurs la présence des Maîtres. Nous demandons la présence des Maîtres Guides et des Maîtres du Reiki, et tout particulièrement le Maître Usui, afin qu'il nous parraine par sa Lumière durant cet événement Nous souhaitons qu'il soit une guidance et une inspiration à travers toutes nos paroles.

Demandons la présence du Maître Hayashi, de madame Takata et de tous les autres Maîtres Reiki qui veulent bien se joindre à nous pour participer à cet événement. Demandons aussi la présence des Maîtres Ascensionnés, et plus particulièrement la présence du Maître Hilarion qui sera ici parmi nous dans la deuxième partie, par le canal d'André. Le Maître Hilarion est le Régent du Rayon de Guérison Vert émeraude. Alors, nous l'accueillons parmi nous.

Nous demandons aussi la présence de Marie avec son Rayon Bleue de Guérison, la présence du Maître Saint-Germain et son Rayon Violet de Guérison, ainsi que la présence du Christ-Jésus à travers le Rayon Blanc-doré de Guérison.

Offrons cette journée à notre évolution personnelle à tous, au bien-être de l'humanité tout entière, à l'évolution de la planète Terre et à tous ceux et toutes celles qui, par résonance, pourront profiter de ces belles vibrations associées à cette conférence. Il en est ainsi, et cela est.

Voilà. Alors, la salle est pleine. Il y a vous et tous les autres qui se sont joints à nous.

Il y aura une période de questions et réponses après la conférence. Nous essaierons d'être ouverts le plus possible. Notre but aujourd'hui est de vous parler de notre expérience, comment nous vivons le Reiki à travers notre expérience, et la façon dont nous l'appliquons dans notre vie depuis plus de dix ans.

Pour ma part, j'ai été initiée au premier degré en 1990 et j'ai fait ma maîtrise, le quatrième degré en avril 1992 et, depuis ce temps, ma vocation a été d'enseigner, malgré moi. Je ne pensais pas du tout être amenée vers ce service.

En ce qui me concerne, j'ai été amenée vers le Reiki pour des raisons de santé, parce qu'étant enfant, j'ai eu la poliomyélite et je suis restée avec des séquelles. Celles-ci ne paraissaient pas au niveau de la marche ni de la tenue, mais je suis cependant restée avec un système nerveux fragile, des problèmes dans la colonne vertébrale, beaucoup de douleur, et toute ma vie s'est déroulée dans la quête à la guérison. Le Reiki a été pour moi un moyen extraordinaire avec lequel j'ai pu avancer.

Si je suis vivante aujourd'hui et devant vous, je dois vous avouer que c'est grâce au Reiki. C'est le Reiki qui m'a soutenue dans ma démarche et qui m'a vraiment accompagnée à travers les épreuves que j'avais à vivre et qui ont fait partie de mon initiation. Donc, c'est pour des fins de santé que je suis allée vers le Reiki. Je me suis tournée vers une de mes amies qui m'avait proposé des soins et je me suis aperçue que le Reiki m'amenait dans un état de détente profonde, alors qu'habituellement j'étais toujours stressée et je vivais en douleur continuellement.

Le Reiki calmait grandement mon mental et m'amenait dans un état de détente. J'étais moins souffrante et je m'apercevais qu'il m'apportait un grand soutien. Toutefois, cette personne n'était pas toujours disponible pour me donner des soins. Un jour, elle me dit : « Pourquoi ne te fais-tu pas initier ? Ainsi, tu pourras t'en donner à toi-même. » C'est alors que j'ai été initiée au premier degré. Lorsque je regardais le professeur m'enseigner le Reiki, je me disais : « Ah! Jamais je ne serai capable de faire comme lui et d'enseigner cela dans ma vie. »

Alors, je me suis fait initier et j'ai commencé à me donner des soins et, nécessairement, j'ai eu des résultats. Les résultats n'étaient pas miraculeux, parce que ma condition de santé n'a pas changé à cent pour cent. Par compte, Reiki m'a soutenue dans mon processus de guérison. Et, petit à petit, je me suis améliorée. Par la suite, j'ai été initiée au deuxième degré et, finalement, au troisième. C'est à ce moment, à ma grande surprise, que j'ai commencé à initier les gens autour de moi parce qu'ils me sollicitaient pour être initiés.

Je n'avais alors jamais enseigné de ma vie, et je ne me croyais pas capable de faire ce travail. J'ai décidé d'essayer d'abord avec des gens proches de moi et, à ma grande surprise, Reiki m'a aidée et soutenue parce que j'étais dans mon cœur, Je me suis surprise à enseigner le Reiki et à m'exprimer comme une véritable enseignante de Reiki, alors qu'au début je ne croyais pas en moi-même. Le grand pouvoir du Reiki nous connecte à ce qu'il y a de plus grand en nous, notre Soi divin. Donc, on peut forcément connecter avec la confiance en soi, et en faire l'expérience.

Et, petit à petit, j'ai commencé à avoir des élèves, dont André, qui a fait partie de la première vague d'élèves en 1991. J'ai rencontré André alors que nous fréquentions le même centre de méditation et je me rappelle qu'il m'avait ramenée chez moi parce que nous habitions à peu près dans le même environnement. J'ai commencé à lui parler du Reiki et il a décidé de se faire initier. Considérant que j'avais déjà été initiée au troisième degré, il fallait que je pratique pour initier des gens, et André a été dans les premiers initiés. Un an plus tard, il a été initié au troisième degré par le Dr Foisy. Je n'avais pas encore la maîtrise pour l'initier. Ensuite, nous avons fait la maîtrise ensemble.

Depuis, nous avons toujours partagé nos expériences face au Reiki, et c'est à travers cela que nous avons été amenés à écrire le livre « Reiki - un pont entre deux mondes ». Je vais maintenant laisser la parole à André pour qu'il nous raconte de quelle manière il a été amené vers le Reiki.

André — À cette époque, je venais tout juste de vivre un divorce, alors ma vie était comme une montagne russe avec des chaos partout. J'étais donc en recherche d'une solution qui m'apporterait une guérison et la paix intérieure. Comme Paulette l'a mentionné tout à l'heure, je l'ai ramenée chez elle et, ce n'est jamais par hasard que nos Guides nous font faire des rencontres. À l'intérieur de notre discussion, j'avais commencé à décrire une expérience que j'avais vécue avec ma mère. Je lui racontais que j'avais fait une projection d'énergie et c'est à ce moment qu'elle me dit : « Est-ce que tu connais le Reiki ? »

J'ai dit non. Elle me dit que l'on pouvait faire des projections d'énergie aussi souvent qu'on le souhaite avec le Reiki, pour aider les gens à se guérir. J'étais intéressé. Elle m'a initié à mon premier degré quelques mois avant Noël 1991. À ce moment-là, j'étais devenu tellement calme que j'étais comme la peau de la mer, je me ressentais comme si j'étais la surface d'un lac, ou plutôt comme la peau de l'eau, une étendue à l'infini. À cette époque, je vivais tant bien que mal une angine de poitrine très intense depuis dix ans, à cause de l'anxiété, de l'angoisse que je vivais tout le temps.

Avec les mois qui suivirent, le Reiki a commencé à me donner un relâchement de la douleur. Pendant des années, j'étais obligé de prendre des Ativans en doses massives pour diminuer la douleur. Avec ces médicaments, je vivais un peu comme un robot. Et, dès le premier degré de Reiki, j'ai commencé à vivre une sorte de tranquillité intérieure. Cela a commencé par le relâchement de la souffrance environ une heure par jour et les moments sans souffrance augmentaient graduellement avec les soins de Reiki que je me donnais. Je ne pensais qu'à Reiki parce que je voyais que cela amenait une forme de bienfait.

Avant Noël, j'ai demandé à Paulette si je pouvais être prêt pour l'initiation au deuxième degré et elle était d'accord pour m'initier. Tout cela a été une grande révélation pour moi lorsque la peau de l'eau est revenue, la grande tranquillité. Lorsque je vivais l'intégration de cette énergie à travers les symboles, je retrouvais une mer de tranquillité, une mer de calme. C'est à travers cela que j'ai guéri, petit à petit en trois mois, l'angine de poitrine qui avait durée dix ans.

Depuis ce temps, je travaille avec Reiki et je suis devenu de plus en plus calme. Aujourd'hui, mes peurs sont parties. Je n'ai plus peur de la mort, ni qu'il m'arrive quelque chose de désagréable. Je m'abandonne à ce qui vient dans ma vie parce que je sais que je vais le surmonter. Je sais que nos Guides ne nous donnent jamais des épreuves plus difficiles que notre capacité à supporter. Ils ne veulent surtout pas nous détruire. D'ailleurs, ce sont nos Guides qui modèlent toujours, avec l'accord de notre âme, bien sûr, nos situations d'apprentissage. Les situations sont là pour nous aider à obtenir la maîtrise, et non pour subir des conséquences malheureuses.

Lorsque les situations viennent et que l'on est laissé à soi-même, il est parfois difficile de comprendre les raisons pour lesquelles ces situations sont là. Mais, avec le Reiki qui travaille, non seulement dans le physique, mais aussi dans le mental et dans l'émotionnel, les choses sont différentes. J'ai constaté alors que mon émotionnel devenait de plus en plus intouchable, dans ce sens que lorsque quelqu'un me disait que j'étais complètement débile, je regardais en arrière pour voir à qui s'adressait la personne, parce que je ne me sentais pas concerné. J'étais devenu détaché. C'est la tranquillité intérieure exprimée par le Reiki qui nous donne une énergie qui opère dans tous les plans d'existence. C'est comme si l'on devenait une fontaine de joie.

Et plus on monte dans les niveaux, plus on se sent à l'aise avec soi-même et moins on a peur de s'affronter seul le matin dans le miroir. Alors, on s'accepte comme on est. On apprend à connaître et à transformer nos défauts, à les travailler. Or, je croyais que l'initiation du deuxième degré constituait un niveau suffisant pour moi parce que je pouvais me guérir. Je n'étais pas vraiment intéressé à travailler sur d'autres personnes parce que j'avais peur de toucher les gens. C'était une phobie chez moi de toucher quelqu'un, donc Reiki m'a aidé à surmonter ce problème.

Par la suite, j'ai fait un rêve, d'ailleurs que j'ai raconté dans le livre de Reiki, qui m'a montré une situation dramatique causée par un tremblement de terre privant un hôpital d'électricité. Personne dans le bloc opératoire ne pouvait aider les gens qui s'y trouvaient. Toutes les machines fonctionnaient à l'électricité, même pour les diagnostics. Alors, les médecins se sont trouvés dépourvus. J'étais témoin d'une scène où je voyais un homme debout derrière les portes vitrées du bloc opératoire, accompagné d'un être qui semblait transparent.

J'ai compris qu'il était son Guide. L'homme s'appelait Paul. Lorsque l'électricité a été coupée, l'hôpital est devenu quelque peu chaotique. Les médecins disaient aux gens qu'ils devaient rentrer chez eux parce qu'ils ne pouvaient plus rien pour eux. Ils ne connaissaient aucune science pour les aider sans utiliser l'électricité. Et, c'est à ce moment que le Guide a dit à Paul : « Paul, maintenant, c'est à ton tour. Tu peux faire quelque chose pour ces gens. »

Alors, je me suis réveillé en sachant très bien à l'intérieur de moi que je devais continuer. Intérieurement, j'ai dit à mes Guides que si je devais continuer, j'aurais besoin d'un signe parce que je n'avais pas l'argent nécessaire pour me faire initier dans les autres niveaux. Peu de temps avant, j'avais fait des démarches pour recevoir un retour d'impôt qui m'était dû, mais, selon l'avis de mon comptable, je n'aurais pas ce retour avant un bon moment. Mais, à ma grande surprise, j'ai eu le montant en moins d'une semaine après le rêve. Il était suffisant pour tout payer mes cours de Reiki.

Donc, ce fut une invitation à laquelle j'ai dit oui, et le nécessaire est venu. J'ai donc continué le Reiki en même temps que Paulette. Suite à mon troisième degré, j'ai vécu beaucoup d'épuration. Je pense que c'est le niveau qui a fait le plus de ménage dans ma vie. J'ai reçu mon initiation au quatrième niveau environ cinq mois après. Et depuis, je n'ai jamais pu dire que j'étais fatigué. J'avais beaucoup plus d'énergie. Je peux travailler le jour, la nuit, et je suis comme une fontaine d'énergie. Je suis toujours joyeux, peu importe ce qui m'arrive. C'était une nouvelle vie pour moi, une nouvelle agréable de qui je suis.

Je travaille beaucoup tout en m'amusant. C'est l'aptitude que le Reiki m'a donnée face à la vie. Alors, avec cette attitude, je suis en bonne santé, physique et émotionnelle. Tout est approprié, même lorsque les comptes arrivent, je fais confiance à mes Guides pour trouver le nécessaire et tout s'arrange. Donc, une grande confiance s'est installée en moi avec Reiki. J'ai perdu mes peurs et gagné la confiance que mes Guides vont toujours m'assister lorsque je leur demande de l'aide. Et c'est ainsi depuis que j'ai été initié Maître de Reiki en 1992. Depuis cet événement heureux, je travaille sur moi-même et je vois constamment des progrès.

Reiki m'a permis de voir à mon évolution de la même façon qu'un alpiniste peut gravir une montagne en étant toujours en mesure de voir sa progression. Il peut toujours regarder en arrière et en avant pour le constater. Avec le Reiki, c'est la même chose pour moi. Je regarde en avant, sans m'inquiéter vraiment où je vais, et je suis mon plan de vie. Ce qui est fascinant, c'est lorsque je regarde en arrière, et que je vois d'où je suis parti, je constate une grande différence et c'est agréable de le reconnaître.

Alors, je vous retourne à Paulette.

Paulette — Je trouve intéressant ce que tu dis et je pense que la qualité la plus extraordinaire dans le Reiki est le lâcher-prise. C'est d'arriver à faire confiance en ce Soi qui nous habite : avoir confiance en soi. Nous sommes très soutenus par cette énergie. J'en ai fait l'expérience à plusieurs reprises, encore et encore, devenir capable de lâcher prise vis-à-vis les événements et de laisser être ce qui doit être.

Et ce qui doit être n'est pas nécessairement ce que l'on veut. Mais ce qui doit être est ce qui est bon pour nous. Nous ne sommes pas toujours conscients de cela. Ce qui doit être nous apparaît souvent comme une épreuve, mais derrière cette épreuve, quelque chose en nous grandit, quelque chose nous amène à nous dépasser, à aller au-dessus même de ce qu'on aurait pu imaginer.

La force du Reiki nous accompagne à chaque instant dans notre processus de guérison et de croissance personnelle, dans ce processus de transformation. Dire oui à Reiki, c'est un engagement lorsqu'on le fait consciemment. Il y a des gens qui se font initier au Reiki pour voir ce qu'est le Reiki. Il y en a d'autres qui se font initier pour s'engager. S'engager à quoi ? S'engager à se transformer, à s'ouvrir, à mieux se connaître.

Qu'allons-nous apporter après notre vie lorsque nous ferons la transition ? Ce ne sont pas nos biens, mais tout le travail que nous aurons fait de transmutation sur soi-même, ce grand changement nous suivra à travers notre évolution. Donc, je pense que le Reiki est un support pour nous aider à nous transmuter et à nous transformer. Soyez assurés que toutes les épreuves viennent l'une à la suite de l'autre pour qu'on puisse le faire. Ces épreuves sont toujours là pour de bonnes raisons.

Notre implication avec le Reiki nous a amenés à la grande surprise du livre de Reiki que vous avez sur la table, « Reiki - un pont entre deux mondes ». Nous avons été conduits, malgré nous je dirais même, à écrire ce livre. Je dis malgré nous, parce que pour ma part, tout ce qui m'est arrivé par le Reiki étaient des événements que je n'aurais jamais pu imaginer et que je me suis vue en train de réaliser. Ce n'est pas moi qui choisissait les événements. J'ai l'impression qu'il y a une partie de moi-même qui savait où elle allait et l'autre qui suivait.

Ce projet m'a été présenté par André qui travaillait dans l'édition depuis assez longtemps. Il avait décidé de faire un livre sur le Reiki. Il me disait souvent : « Paulette, j'aimerais que tu participes à l'écriture du livre de Reiki que je veux faire. » Ça ne me tentait pas et je ne voulais pas écrire un livre. Je n'aimais pas écrire et je ne me voyais pas du tout dans un rôle d'écriture face au Reiki. Je trouvais que je n'avais pas assez d'expérience encore dans ce domaine. De toutes façons, je ne voyais pas ce que je pouvais faire.

Alors, l'ambition d'André me poussait toujours pour faire ce pas vers l'inconnu. Puis un jour, vint une demande de Nathalie Lachance, qui fut aussi l'une de mes étudiantes. Par coïncidence, le livre a été écrit en collaboration avec deux de mes étudiants en Reiki. Nous étions un beau trio et nous habitions tous les trois dans le même environnement. Nos maisons faisaient un triangle. Il y en avait une à St-Hubert, une à St-Lambert et une à Greenfield Park, mais nous étions à cinq minutes de voiture l'un de l'autre. Nous formions vraiment un triangle par l'emplacement de nos résidences.

Nathalie a été invitée par médiumnité, à travers le canal de sa mère, à ce qu'on se réunisse, elle et moi, un soir parce que les Anges de Lumière avaient des messages à nous donner. Alors, je me suis présentée. Les Anges de Lumière voulaient nous donner de l'information sur le Reiki. On nous avait aussi demandé de poser des questions sur ce thème. Alors, j'ai posé plusieurs questions. Par la suite, j'ai dit à André : « C'est extraordinaire, j'ai eu une canalisation avec les Anges de Lumière à travers Nathalie et j'ai eu plusieurs réponses sur le Reiki. Tu devrais aller la voir pour une canalisation pour toi aussi. »

Et, c'est à ce moment qu'il est allé voir Nathalie pour le projet du livre. Nathalie et moi avions choisi cette façon pour attirer André vers sa rencontre avec les Anges de Lumière. Je laisse André vous expliquer son expérience.

André — La première fois que j'ai eu l'invitation, je pense que tu avais posé la question aux Anges de Lumière à travers Nathalie : Est-ce que c'est approprié de faire un livre de Reiki ? Personnellement, j'étais intéressé à faire un livre de Reiki, mais différent des autres, sans aucune technique, mais avec des connaissances qui n'étaient pas écrites dans les autres livres. Alors, les Anges de Lumière ont dit : « Faites venir André, nous en discuterons. »

Donc, j'étais invité pour la première fois un mercredi. Les rencontres étaient tous les deux mercredis chez Nathalie. Lors des rencontres, Nathalie était très sérieuse et écrivait ce qu'elle recevait des Anges de Lumière. Paulette et moi, ne sachant pas trop quoi faire, nous nous regardions et échangions quelquefois certains commentaires.

Paulette — Nathalie recevait les messages par écriture automatique.

André — Au début, elle nous regardait avec de gros yeux lorsque nous parlions durant la transcription. Nous avons compris qu'il fallait être en silence durant la réception des messages. À force d'être concentrée pour écrire, Nathalie devenait peu à peu épuisée parce que nous ne la supportions pas. Par la suite, nous avons appris que si nous la supportions énergétiquement, la communication était plus agréable et plus facile.

Paulette — Nous recevions tellement de beaux messages que nous nous sommes aperçus que le travail qu'on faisait était sérieux. Nous avions commencé un peu par curiosité en pensant qu'il était bien de le faire et que nous verrions par la suite. Mais nous vivions l'expérience avec beaucoup de plaisir. L'idée de départ avec ces communications n'était pas pour en faire un livre. Après trois ou quatre mois, la profondeur des messages et la pertinence des réponses qu'on nous donnait nous impressionnaient beaucoup.

Peu après, c'était l'émerveillement. Wow ! Qu'allons-nous faire avec ces messages ? C'est comme cela que nous nous sommes entendus pour continuer le travail que nous avions à faire.

André — Nous avons été témoins de beaucoup d'humour à travers les Anges de Lumière. Ils ne sont pas encadrés comme on le croirait. Ils nous faisaient rire beaucoup. Certaines révélations étaient assez surprenantes. Quelquefois, ils nous faisaient friser les cheveux sur la tête parce qu'on ne pensait jamais que les Anges de Lumière seraient aussi simples et humbles. Nous avons aussi appris qu'ils ne nous formaient pas seulement à comprendre le Reiki, mais aussi à comprendre notre propre cheminement spirituel.

Les messages que nous avons transmis dans le livre de Reiki sont simplement une partie de ce que nous avons reçu parce tout n'était pas dans l'encadrement du livre de Reiki. Nous avons reçu beaucoup d'informations qui nous étaient personnelles et la relation que nous avions avec nos Ange-gardiens et nos maladies. Il y avait beaucoup d'informations strictement personnelles. Nous avions le nom de notre Ange-gardien et il venait à cette rencontre. Nous pouvions alors leur poser des questions assez personnelles.

Nathalie écrivait tout, et souvent, elle se mettait à rire, mais nous ne savions pas pourquoi jusqu'à ce qu'elle cesse d'écrire et qu'elle nous le partage. Quelquefois, les messages étaient pour elle, et parfois, elle les partageait avec nous.

Paulette — Comme elle recevait les messages par écriture automatique, tant qu'elle ne les lisait pas, nous n'étions pas conscients de leur contenu. Bien souvent, lorsque Nathalie écrivait, elle était bien amusée de ce qu'elle recevait.

André — Il y avait alors beaucoup d'humour et, à travers cet humour, nous avons rigolé pendant près d'un an je crois ?

Paulette — Neuf mois exactement.

André — Bon, neuf mois, c'est une gestation humaine !

Paulette — Oui, oui, effectivement. Neuf mois exactement.

André — Donc, après la réception des messages, je me suis retiré seul pendant trois mois, étant fortement guidé par les Anges de Lumière pour faire la rédaction de ce livre. Ce que nous avions reçu était très éparpillé et il fallait que je ramène tout par sujet. Le grand travail de Paulette était d'aller voir des gens pour obtenir des témoignages d'expériences propres au Reiki. Nous en avons fait trois chapitres. Paulette allait rencontrer les gens chez eux.

Paulette — Je faisais partie du département des nouvelles angéliques, voyez-vous.

André — Elle était la pigiste.

Paulette — Je me suis demandée au départ, en faisant ce livre, ce que j'aurais à faire. Nathalie recevait les messages, André faisait la rédaction, mettait tout sur ordinateur, et coordonnait le projet. Je me demandais ce que je venais faire dans tout cela. J'ai dû contempler pendant quelques semaines avant pouvoir discerner la nature de mon rôle. Je n'aime pas écrire, alors qu'est-ce que je ferais dans ce projet de livre. Je ne pouvais pas encore y voir ma place. Et, à un certain moment, j'ai saisi qu'il fallait quelqu'un pour les relations publiques, et c'était moi.

Les Anges de Lumière m'ont proposé de m'occuper de chacun des témoignages. Je me demandais à qui je devais m'adresser. Il fallait commencer quelque part, mais où ? La guidance que nous avons eue des Anges de Lumière était extraordinaire au cours de l'écriture du livre. Nous avons été guidés dans tout ce que nous avions à faire. J'ai commencé à interviewer en m'assurant de ne pas m'énerver et de commencer par des gens autour de moi, tout simplement comme ceux et celles que j'ai initiés ou qui l'ont été par d'autres personnes que je connaissais.

Alors, j'ai commencé à les interviewer chez eux et j'enregistrais les conversations, pour ensuite les transcrire en témoignages. Ceux qui étaient capables de rédiger leur témoignage le faisaient nécessairement tout seuls. La plupart du temps, tout le monde avait de bonnes idées, de bonnes histoires à raconter, mais personne ne voulait les écrire. Les gens qui témoignaient me donnaient d'autres noms et leur numéro de téléphone. Le résultat est devenu tous ces témoignages extraordinaires qui sont maintenant dans ce livre.

Certaines gens ont vécu des choses très particulières, et j'ai été guidée de l'un à l'autre. Je me suis aussi impliquée beaucoup avec André dans le chapitre portant sur les questions et réponses. J'allais chercher les questions pertinentes au Reiki que les gens avaient formulées. Je pense qu'il y en a plus d'une quarantaine dans le livre.

Je demandais aux gens ce qui leur tenait à cœur et quelles étaient les questions auxquelles ils aimeraient que les Anges répondent. C'est de cette façon que toutes les questions sont venues, l'une après l'autre. Donc, tout se construisait, semaine après semaine. Les réponses des Anges aux questions que nous leur avions posées dans les rencontres nous donnaient l'idée pour d'autres questions et tout se déroulait ainsi, tranquillement. Je me suis rendu compte que lorsqu'on s'engage dans un projet, quel qu'il soit, il ne faut pas nécessairement le regarder au début comme un tout, mais comme de petites tâches qui se font petit à petit. C'est moins décourageant, je dois vous l'avouer.

Par contre, si on s'implique d'une façon quotidienne, jour après jour, instant après instant, une bonne idée en attire une autre et, c'est dans cet esprit qu'on fait vraiment l'expérience de la guidance intérieure. Il est nécessaire de toujours répondre à soi-même et ainsi, nous entrons en contact avec notre intuition. C'est important. Nous avons tous cette force d'intuition en nous. Il s'agit de s'engager dans un projet semblable pour en faire l'expérience et de voir que nous portons tous en nous ce potentiel.

Pour ma part, le livre de Reiki m'a vraiment amenée à faire cette expérience et à retrouver la confiance en moi-même. Je n'avais pas confiance en moi et j'étais surtout incapable de parler en public, même dans une réunion au travail. Je ne donnais jamais mon opinion parce que j'étais gênée et je parlais seulement quand il n'y avait qu'une ou deux personnes ou lorsque j'étais avec mes amies. Mais dans un groupe, je n'avais jamais d'opinion. Ce n'était pas compliqué, je n'existais pas. Je ne m'étais jamais donné la permission d'exister parce que j'étais inhibée par mes peurs, mes craintes et autres.

Vous avez la preuve aujourd'hui de l'effet du Reiki sur une personne qui n'était pas en contrôle avec elle-même. D'abord, je me surprends à faire cette conférence aujourd'hui et à organiser d'autres événements comme des rencontres provinciales de Reiki et être à la tête de certaines activités semblables. J'en suis moi-même étonnée, mais toujours supportée par la force du Reiki qui me guide et m'énergise. Lorsqu'on m'invite à faire un projet, je sais maintenant que je peux faire confiance parce que je suis connectée à cette énergie. Je ne suis pas toute seule. Je ne suis jamais seule. Aujourd'hui et à tous les jours, je ne connais plus la solitude parce que je suis connectée à cette force de Reiki, autant dans mes moments de bonheur que de malheur.

Alors, c'est une grande force avec laquelle on peut se connecter et être capable de vivre sa vie au fil des jours et se sentir toujours supporté. Je pense que c'est la plus grande des richesses. Effectivement, ce que le Reiki nous amène, comme dit André, c'est de nous libérer de nos peurs. Qu'est-ce qui nous fait peur ? Nécessairement, plein de choses, mais quand on croit en ce que l'on fait, on a la foi en nous-même. La foi n'est pas extérieure à nous, elle est foi en ce divin qui nous habite. Elle est en ce Soi qui est nous et, c'est par cette confiance profonde qu'on peut avoir en cette capacité de s'exprimer. Et, c'est vraiment par le lâcher-prise qu'on peut connecter avec cette force, la laisser faire à travers nous et non pas de vouloir la mener.

On se laisse guider par le Reiki et cela fait toute la différence. On peut faire du Reiki partout dans notre vie et dans toutes les situations. Tout est dans la pureté de l'intention à travers laquelle on dirige cette force où on en a le plus besoin. Que ce soit sur d'autres personnes malades ou sur nous-même, sur la famille ou sur des situations difficiles, lors des décès, ou encore pour supporter des familles dans le besoin. Il y a toujours des occasions pour aider par le Reiki. Je suis allée comme bénévole à la Société Canadienne du Cancer pendant un an donner du Reiki à des gens qui étaient en transition. Quoique leur chemin était de partir, le but du Reiki n'était pas obligatoirement d'amener la guérison physique. Certains en sont sortis physiquement, mais la plupart avait choisi de partir. Mon rôle était de les accompagner dans ce processus de transmutation et de guérison, mais la guérison de l'âme.

La guérison n'est pas seulement pour le corps physique. Lorsqu'on travaille en guérison avec le Reiki, on travaille sur tous les plans de l'être. On travaille sur le corps physique, sur le corps éthérique, sur le corps de Lumière, sur le corps émotionnel, sur le corps mental et sur le corps causal qui est le corps de l'âme. Donc, se faire du Reiki, c'est de travailler sur nos blessures et d'amener un baume d'énergie, de Lumière sur ce qu'on porte de lourd et de difficile à l'intérieur de nous.

On peut le faire pour soi et on peut le faire pour les autres, on peut accompagner ceux qu'on aime, nos enfants. Je pense qu'on devrait avoir au moins une personne initiée au Reiki dans chaque famille. Je vous assure que cette personne serait bien occupée, si elle s'impliquait véritablement. On peut envoyer de l'énergie de Reiki ou l'appeler à soi-même à chaque instant.

Après la rédaction de ce très beau livre, nous avons fait le lancement et, je dois vous avouer que cela a abouti à un beau petit chef-d'œuvre. Il est sorti en 1995 et je crois que c'est la cinquième impression. Il est distribué dans tous les pays francophones à travers le monde, plus particulièrement en Europe.

André — Oui, en Europe il est choisi comme livre de base pour un grand nombre d'écoles de Reiki.

Paulette — Même ici au Québec, la plupart des Maîtres de Reiki que je connais me disent l'utiliser. Comparativement aux autres livres, la particularité qu'offre celui-ci est qu'on amène tout le côté spirituel de la transformation. Les Anges de Lumière nous donnent de l'information aussi sur notre évolution, ce que l'on peut faire à travers le Reiki, pas simplement au niveau technique, mais aussi au niveau de la guérison et de la transformation de l'être. Se faire initier au Reiki, c'est avant tout pour soi-même et non pas simplement pour guérir les autres.

Ceux qui se font initier au Reiki pour guérir les autres, je pense qu'ils font fausse route.

André — Ils deviennent des thérapeutes et non des initiés.

Paulette — À partir du moment où vous êtes capables avec le Reiki de faire un travail de guérison et de transmutation sur vous-même, et que vous en faites l'expérience, il est certain que vous êtes en mesure d'accompagner les gens dans leur processus de transformation et de guérison, parce que vous en avez vous-même fait l'expérience. Vous allez être convaincus et convaincants.

Si vous êtes Maître de Reiki simplement pour donner du Reiki aux autres, que faites-vous pour vous-même ? Vous attendez des réponses à travers l'autre, parce que vous n'avez pas confiance en vous. On attend à travers soi, à travers les expériences qu'on fait, en pensant : « Ah ! Est-ce que ça va marcher ? Comment ça va pour lui ? » Et on ne fait que surveiller les effets. Quand on en a fait l'expérience soi-même et qu'on a fait ses propres guérisons, on ne se pose même plus la question lorsqu'on pose nos mains sur quelqu'un. On sait que cette énergie travaille avec intelligence. Le Reiki est l'intelligence divine en action.

Alors on fait absolument confiance en la divinité de cette énergie et on sait très bien qu'elle sait où aller. Donc, on fait confiance. Si les résultats tardent, c'est parce que la personne vit des choses difficiles à l'intérieur d'elle, les cristallisations sont lourdes et ça prend du temps avant que certaines manifestations se fassent. D'autres obtiennent des résultats extraordinaires, même lors d'un premier traitement. Il faut toujours respecter le rythme à travers lequel l'énergie travaille, et y faire confiance. Un canal doit être disponible pour servir, soi-même d'abord, et les autres ensuite mais dans un esprit de lâcher-prise.

Je crois profondément que le plus grand exercice qui nous est demandé est le lâcher-prise. Pour ma part, je pratique depuis plus de douze ans et le lâcher-prise n'est pas encore acquis. Je reçois beaucoup de personnes en consultation depuis que je suis initiée au Reiki et que j'initie. Je n'ai jamais initié en grand groupe. Il s'agit plutôt de petits groupes intimes, et je m'aperçois que mon rôle est vraiment d'accompagner les gens individuellement dans leur processus. C'est de cette manière que ça se présente à moi et que j'offre mon service.

Je réponds à la demande, et je vous confie que je n'ai aucun moment de libre. Dès que cette situation se produit au cours de la semaine, le téléphone sonne. Je ne m'annonce pas et je ne fais pas beaucoup de publicité. Les informations circulent de bouche à oreille selon les besoins et le temps dont je dispose. Je travaille périodiquement trois jours semaine, et je ne suis pas toujours disponible pour le Reiki. Je fais tout simplement confiance en ce que l'énergie me demande comme service. Je suis sollicitée assez souvent pour préparer et donner des conférences comme celle-ci à Sherbrooke.

Par conséquent, lorsqu'on nous demande de préparer des événements en rapport avec le Reiki, il nous est difficile de refuser parce que nous sommes en service. Étant au service du Reiki, nous travaillons tous les deux dans le même esprit. Alors, le Reiki nous a amenés de grandes transformations dans nos vies, autant pour André que pour moi. Toutefois, Reiki dirige André plus vers la médiumnité. Et pour moi, Reiki m'a amenée à une forme différente de la médiumnité. Durant cette conférence aujourd'hui, lors de la deuxième partie, vous entendrez André canaliser le Maître Hilarion, Régent du Rayon Vert de Guérison.

Vous pourrez donc voir de quelle façon André offre son service à travers cette expérience. Lorsque nous avons été initiés, ni André ni moi n'étions médiums. La façon dont mon expérience s'est manifestée a débuté par les soins. Un an après le lancement du livre de

Reiki, donc en 1996, un jour où j’échangeais des soins avec une autre personne, j’ai reçu de l’intérieur le message, qu’à partir de maintenant, je devais travailler avec l’énergie angélique par le son, le souffle et la Lumière. Nous étions toutes les deux choisies comme canal pour véhiculer cette énergie.

Nous avons toutes les deux fait des expériences assez similaires. Donc, mon expérience est une guidance angélique. Je commence donc par le Reiki, dans les positions tout à fait traditionnelles et, au fur et à mesure que j’entre en communion avec les corps subtils de la personne, j’entre dans ses espaces blessés et dans les cristallisations qu’elle s’est elle-même créées au niveau du mental et des émotions. Mes mains sont guidées tout en travaillant dans les corps.

Lorsque je travaille par exemple au niveau de la gorge, tout à coup, mes mains partent d’elles-mêmes et je ressens un ballon énergétique au niveau de la gorge, l’énergie de beaucoup de paroles et des expressions qui n’ont jamais exprimées et ont créé des cristallisations ou des blocages au niveau de l’expression. Mon rôle, bien sûr, est de dégager ces blocages énergétiques.

J’enlève alors ces ballons de cristallisations et je les coupe parce qu’ils sont directement reliés au chakra correspondant. Nous avons tous des cristallisations personnelles qui sont nos créations mentales. Si ces cristallisations mentales ne sont pas dégagées, elles peuvent éventuellement causer des maladies. Donc, toutes maladies qui se manifestent dans le corps physique sont déjà intégrées dans les corps subtils. Lorsque les cristallisations ne sont pas dégagées à temps des corps subtils, elles se retrouvent dans le corps physique sous forme de maladies.

Ces cristallisations sont des émotions que nous n'avons jamais pu libérer, et elles s'imprègnent fortement dans le corps physique, en attaquant l'organe correspondant au niveau du foie qui est le siège des émotions et des colères retenues, automatiquement, le foie devient en déséquilibre. Pourquoi ? Parce que ces colères n'ont jamais été manifestées pour libérer l'énergie indésirable.

Le Reiki travaille d'une façon extraordinaire sur les zones blessées, autant sur le corps physique que sur les corps énergétiques pour faire fondre ou diluer ces cristallisations et pour amener la personne affligée à des prises de conscience pour qu'elle puisse changer sa façon de penser et de voir sa vie. Cette prise de conscience amène la personne dans un état de relaxation profonde où elle rentre en contact avec l'émotion. Elle prendra alors conscience de certaines blessures qu'elle porte en elle et cette libération la fera pleurer. Durant le processus de cette libération, elle peut faire sa crise de nerfs, en exprimant sa colère qui lui donnera la chance de pouvoir expulser ce qu'elle retient depuis si longtemps.

Le Reiki est un grand support pour nous aider à libérer toutes ces énergies nuisibles. Alors, nécessairement, lorsqu'on est en mesure de le faire sur soi, on peut aider les autres à le faire aussi. Si on ne le fait pas sur soi d'abord on ne pourra pas comprendre quelqu'un qui nous fait une belle crise de nerfs ne sachant pas que le Reiki peut nous amener à partager ces émotions déclenchées par sa force. Il est toujours préférable d'en faire l'expérience pour soi d'abord et d'aller vers les autres ensuite pour partager ce que nous connaissons.

Je travaille maintenant avec l'énergie angélique depuis 1996 et le processus se transforme d'année en année. Je travaille présentement beaucoup avec les sons. De plus, j'offre mon service au niveau des mémoires corporelles en repérant les espaces blessés dans le corps. Dans cette technique, j'enlève certaines mémoires qui ont besoin d'être libérées. À partir du moment où nous avons la possibilité de les toucher, de les capter, c'est qu'elles sont prêtes à sortir de nos énergies. Le travail consiste à amener toutes ces libérations possibles des énergies indésirables du corps.

En ce qui concerne André, sa guidance a été beaucoup plus au niveau de la médiumnité. André peut nous expliquer de quelle manière il est arrivé à la médiumnité.

André — Bien, premièrement, le Reiki est un véhicule d'éveil, avant d'être une énergie de guérison thérapeutique. Ce véhicule prépare le canal intérieur que l'on appelle le canal de Lumière ou « sushumna nadi », dans le langage du yoga, qui se situe entre le chakra de la base et celui de la couronne. C'est à l'intérieur de ce canal que sont logées les impressions de toutes nos vies qui sont comme des semences.

Lorsque nous faisons un cheminement spirituel, l'énergie du Reiki, que nous pouvons aussi appeler l'énergie de la Mère ou de l'Esprit Saint, nous élève dans le processus de l'ascension. C'est la même énergie qu'utilisait les apôtres de Jésus pour guérir, sous une formule différente appropriée à cette époque. Alors, lorsque nous vivons un éveil, l'énergie commence à monter dans la colonne de Lumière, et déloge graduellement les impressions. Ces impressions sont latentes, attendant le moment favorable pour se développer. Lorsque notre corps devient de plus en plus faible à cause de la vieillesse, ces impressions peuvent se manifester en maladies. Le Reiki expulsera ces impressions avant même que la maladie se développe. Nous vivons peut-être des manifestations primaires de cette maladie, mais nous ne vivons qu'une petite partie des effets, la plus grande partie étant transformée par le Reiki.

Alors, lorsque le Reiki nettoie le canal de Lumière, il ouvre les chakras pour les préparer à la médiumnité. Avec le temps, le travail que j'ai fait sur moi-même et sur d'autres, permet de s'ouvrir davantage à cette possibilité de devenir un meilleur canal. À chaque fois qu'on donne des traitements ou des soins à d'autres, on garde une partie de cette énergie pour nous. On ne prend jamais l'énergie de l'autre, contrairement à d'autres sciences de guérison, parce que nous sommes des émetteurs et non pas des transformateurs d'énergie.

L'énergie commence à entrer par la couronne et descend dans les quatre chakras jusqu'au cœur et elle est diffusée par les chakras principaux des mains. Il est alors possible que lorsqu'on donne des soins, les creux des mains deviennent chauds. De plus, il y a une trentaine de chakras secondaires sur chaque main qui sont des points tactiles pour ressentir l'énergie. On peut sentir l'aura des gens par la sensibilité des mains.

Lorsque vous approchez vos mains de l'aura, vous pouvez sentir une présence d'énergie très tangible.

Alors, lorsque le canal est ouvert, nous sommes prêts, non seulement à canaliser l'énergie du Reiki, mais n'importe quelle énergie subtile. On peut canaliser l'Énergie des Êtres de Lumière. On peut canaliser l'inspiration pour composer des chansons. On peut canaliser n'importe quelle énergie tout en étant conscient que ce n'est pas notre propre énergie. Tout à l'heure, j'ai parlé des autres sciences de guérison. Ceux qui donnent des soins avec la polarité par exemple, sont conscients qu'ils transfèrent des énergies d'un endroit à un autre en enlevant des blocages. Mais avec le Reiki, plus on se sent canal, plus l'énergie passe. Plus on se sent thérapeute, plus on est susceptible de prendre l'énergie de l'autre. Ainsi, on devient comme celui qui fournit l'énergie et non celui qui la canalise.

Donc, c'est dans cet abandon qu'on apprend à canaliser les Énergies des Êtres de Lumière. Le canal pour moi a commencé son ouverture vers le troisième degré de Reiki. Il y eut beaucoup de changements dans mes croyances et dans ma vie en général. Je ne suis pas né médium psychique. Je suis un médium formé par des techniques[1] que tout le monde peut apprendre. J'ai ressenti que mon rôle dans la vie est de travailler la médiumnité en collaboration avec le Reiki, dans le partage d'expériences avec des gens qui dési-

---

[1] Pour ma formation en canalisation, j'ai eu recours à des techniques qui m'ont été données par Francine Ouellet de Montréal.

rent aussi devenir des médiums capables de parcourir le chemin de la Lumière.

Donc, je vais canaliser un Être de Lumière, tout à l'heure après la pause, qui est le Maître Hilarion. Si vous voulez des références par rapport à son origine, il était St-Paul dans le temps biblique. Alors, le Maître Hilarion est un Être d'Amour et je vais vous expliquer comment Le ressentir en vous tout à l'heure. Ce sont des techniques très simples, mais vous devez vous donner la permission de le faire. Le Reiki m'a appris à m'abandonner à effectuer un passage de la personnalité inquiète de toutes choses à la confiance au Divin qui réside en moi. J'ai confiance à mon compagnon intérieur qui veut s'exprimer par mon Divin, cette autre partie de moi-même qui représente les neuf dixièmes de l'iceberg, tout comme ma personnalité serait le un dixième de mon être invisible à ma perception. Ces neuf dixièmes de l'être non visible qui cherchent à s'exprimer est l'énergie de l'âme : ce compagnon Divin.

Contrairement à ce que la doctrine religieuse nous enseigne, à savoir que l'âme est entachée par nos fautes, l'âme est plutôt un reflet de Dieu, immuable, omnisciente et omniprésente. L'esprit est plutôt cette partie de nous qui est soumise à l'imperfection établies par nos croyances. Il y a plusieurs niveaux de l'esprit, et le Reiki parvient à nous faire comprendre ces vérités au fur et à mesure qu'on pratique la recherche de la connaissance. Celle-ci vient de l'intérieur et lorsqu'une question se pose, notre compagnon divin répond pour nous. On est assuré par l'intuition qui se manifeste plus concrètement dans notre vie.

Donc, le Reiki ouvre le canal entre l'esprit et l'âme à travers l'expérience du cœur. Lorsque ce canal s'ouvre de plus en plus, nous recevons des messages directement de notre âme ou des Êtres de Lumière. Les messages que l'on reçoit des Êtres de Lumière passent toujours par l'âme, c'est-à-dire par l'énergie du cœur avant de venir dans la pensée. La canalisation est toujours en lien directe avec notre âme. Il est bien certain que si mon âme ne souhaite pas canaliser, l'Être de Lumière ne peut pas venir dans votre canal. Je ne peux pas forcer un canal à s'ouvrir en moi si mon cœur n'est pas impliqué. Il faut qu'il y ait un accord entre l'âme et l'Être de Lumière pour venir livrer des messages.

Je travaille avec le Maître Hilarion parce qu'Il m'apprend à devenir moi-même et à partager en Lui permettant d'accomplir Son œuvre pour aider les gens à reconnaître leur perfection.

De ce fait, mon travail principal est de me transformer moi-même pour arriver à l'abandon de ma personnalité au profit du Maître Hilarion. Ainsi, le Reiki nous trace une voie qui est peut-être différente de la destinée que l'on s'était donnée au départ, mais qui enrichit infiniment plus. Ma présence en Europe n'a pas été désirée simplement par moi. Tout s'est installé avec le Maître Hilarion, le Reiki, la médiumnité, mes Guides, et c'est devenu une expérience que je suis invité à vivre.

Je pense personnellement que les Êtres de Lumière qui font un travail à travers nous nous guident vers ce que nous sommes en mesure de partager. Même s'il y avait de grands bouleversements, la Mère

Terre reconnaît ses enfants, elle protège ceux et celles qui travaillent à son bien-être. Chaque personne qui médite sur la Terre pour lui apporter la guérison peut s'assurer de sa protection. Les êtres qui font ce genre de travail sur Terre avec les Être de Lumière ne sont pas par millions. Ils sont bien conscients que nous sommes des cellules à leur service.

J'aimerais aussi porter une attention toute particulière sur un autre aspect du Reiki. Il est un alibi parfait, parce qu'on peut faire des miracles avec le Reiki. Si quelqu'un apprenait qu'on fait des miracles et que nous ne sommes pas des praticiens de Reiki, on se ferait remarquer et pointer du doigt.

Mais, si les gens disent qu'ils sont des praticiens de Reiki, il est normal pour eux de faire des miracles. Je suis très content que ce soit ainsi, parce qu'avec le Reiki, j'ai été témoin à plusieurs reprises de manifestations spectaculaires pour certaines personnes. Par la force du Reiki, donc, nous ne sommes pas identifiés comme étant spécial. Par contre, si je n'avais pas été praticien de Reiki, j'aurais peut-être été reconnu comme un phénomène et on m'aurait peut-être empêché de fonctionner normalement. Et cela aurait été très encombrant.

Alors, Reiki est un alibi extraordinaire qui vous permet de faire des miracles sans être jugés. Dans un sens, Reiki transforme un homme ou une femme ordinaire en un être extraordinaire. C'est comme la fleur qui s'épanouit.

Pause.

André — Avant d'entrer en transe, j'aimerais donner quelques explications. Lorsque je vais canaliser le Maître Hilarion, j'aimerais que vous Le canalisiez aussi en formant un canal collectif. Je canalise en transe profonde consciente pour que mon esprit reste toujours en moi. Je ne veux pas faire de transe inconsciente où mon esprit quitte mon être et je n'ai plus conscience de rien. Lorsque je canalise, le Maître Hilarion laisse des particules de Lumière en moi et, chaque fois que je Le canalise, je m'imprègne un peu plus de Ses qualités.

Donc, c'est le cheminement spirituel que j'ai choisi. Ce n'est pas un chemin facile parce que je ne sais pas toujours si ce que je dis est valide pour la personne. Lorsque je fais des transes privées, je dis des paroles qui ne me concernent pas et mon esprit ne peut pas toujours les comprendre. Mais, je suis maintenant certain que c'est ce qu'elle a besoin d'entendre du Maître Hilarion. C'est cette forme d'abandon que la canalisation demande. Il faut s'abandonner au point où même si nous avons l'air fou, que ce ne soit pas important. Au début, ce n'est pas évident de faire ce travail, mais avec le temps, nous faisons confiance à l'Être de Lumière qui vient et enfin nous apprenons à faire confiance à l'abandon de notre canal. Il faut se rendre à l'évidence que ce n'est pas nous qui parlons, c'est le Maître de Lumière qui se manifeste à travers notre esprit.

Alors, lorsque j'entre en transe, je fais un pont de Lumière entre mon chakra couronne et le vôtre. Personne ne sera oublié parce que vos Guides vont vous faire participer si vous le désirez. L'intention est là, donc les Guides feront le branchement et ce lien permettra au Maître Hilarion, lorsqu'Il sera dans mon canal, de traverser le pont. Vous Le recevrez en vous et, tout ce que vous aurez à faire, c'est de l'accueillir à l'intérieur de vous, ou plutôt de l'inviter dans votre canal.

Il est bien évident que si vous avez peur, Il respectera cette peur comme étant un libre choix et ne viendra pas dans votre canal. Les Êtres de Lumière ont fait le vœu de non-interférence et de non-ingérence. Donc, Ils respectent le libre arbitre au plus haut point. Et pour ceux ou celles qui prétendent que leur canal n'est pas assez pur, cela n'a rien à voir avec la canalisation. Le Maître Jésus est venu parmi les voleurs, donc Il a été capable avec Ses Énergies de transcender ce que les autres Lui apportaient de mal. Il le transformait en bien. Alors, le Maître Hilarion est capable de faire la même chose sur nous et en nous.

Lorsqu'Il vient dans notre canal, il n'est aucunement question de pur ou impur. Pour Lui, les canaux sont toujours purs. Donc, c'est seulement une vue de l'esprit que l'on dit : Ah ! Je ne suis pas bien disposé pour canaliser un Être de Lumière. Il viendra dans votre canal selon ce que vous êtes en mesure de supporter. Bien sûr, si vous avez une vie exemplaire, vous pourrez supporter plus d'énergie. Mais, il n'y a pas de vie assez négative pour L'empêcher de venir dans votre canal. Alors, voilà les deux extrêmes.

Chacun de vous se situe entre ces deux extrêmes. La pureté d'un canal est exprimée par l'intention. Ce n'est pas ce qu'on a fait avant ou après, mais c'est l'intention de recevoir quelqu'un dans notre énergie.

C'est cela la pureté du canal. Lorsque vous avez des peurs ou des doutes, l'Être de Lumière respectera ceci comme votre libre choix. Tout en respectant ce choix, Il peut cependant vous faire vivre une expérience énergétique en étant près de vous et en vous témoignant Sa présence par le ressenti.

Si vous acceptez de Le canaliser, l'ouverture de votre canal peut vous amener à vous sentir très lourd au niveau des trois chakras inférieurs et vous sentir très léger au niveau du cœur en montant dans les autres chakras. La première chose que vous sentirez, si vous Le canalisez, est l'ouverture de votre chakra couronne. Lors de l'ouverture du canal, vous sentirez un serrement comme un bandeau qui vous serre le tour de la tête.

Une autre manifestation consiste en un serrement au niveau de la gorge, parfois jusqu'à vous faire tousser. Ce n'est pas dramatique, mais ça fait partie de l'ouverture. Quelquefois, la toux fait débloquer des énergies qui ont de la difficulté à circuler à cause de la retenue de s'exprimer. Lorsqu'Il vient au niveau du thymus, Il amène beaucoup de chaleur. Certains sentiront beaucoup de chaleur tandis que d'autres sentiront une pression très agréable au niveau de la cage thoracique dans la région du cœur. Ce n'est pas seulement une pression physique, c'est le cœur qui s'ouvre.

Et, la chose la plus importante est que si vous avez une expansion du cœur, il se mettra à battre très fort, peut-être même à palpiter. N'ayez pas peur, ce n'est pas une crise cardiaque. Pour ma part, lorsque ceci m'est arrivé la première fois, je cherchais à me rappeler où était l'hôpital la plus proche et je cherchais mentalement comment m'y rendre. Ne sachant pas ce qui se passait, j'étais très inquiet. Personne ne pouvait m'expliquer ce qui se passait en moi. Lorsque vous avez des palpitations cardiaques, des pressions au niveau du cou, peu importent les manifestations que vous ressentirez ici cet après-midi, elles sont des manifestations de canalisation tout à fait normales au premier contact avec l'ouverture du coeur.

Alors, l'Être de Lumière entre dans notre cœur, parce qu'Il passe toujours par le cœur, c'est la première partie du canal, la partie la plus importante. Donc, lorsqu'Il vient avec son Énergie d'Amour, le cœur s'ouvre. Et il peut s'ouvrir, au niveau éthérique, beaucoup plus grand que le cœur physique. Ce phénomène créera temporairement un déphasage entre votre corps physique, qui ne peut pas grossir instantanément, et vos corps éthériques. Ce déphasage crée un malaise et le cœur physique essaie de rattraper la vibration du cœur éthérique. Donc, le cœur physique s'accélère et se débat pour revenir en phase avec le cœur énergétique. Ce phénomène n'arrive pas à tous les gens, mais lorsqu'il arrive, ce n'est pas dangereux. Tout ce qu'il faut faire est de respirer plus consciemment. Inspirer profondément pour prendre plus de « prana ». Le « prana » est le souffle de vie qui nous permet de s'ajuster, de monter nos vibrations.

Lorsque je vais entrer en transe, je me sers du « prana », du souffle de vie. Je vais inspirer et retenir ma respiration pendant quatre secondes et expirer. Ces quatre secondes de retenue de « prana » apportent de l'énergie à mon cerveau, ce qui le rendra un peu étourdi, mais c'est ce qui me permettra de me connecter sur la cinquième dimension. Donc, il y toute une visualisation à faire mais qui est très simple. Il faut visualiser les couleurs des chakras et imaginer les quatre chakras supérieurs s'ouvrir comme un entonnoir qui monte vers le ciel. Imaginez ensuite l'Être de Lumière descendre dans cet entonnoir.

Donc, l'Être de Lumière prendra cela comme un accueil et entrera dans le canal. Techniquement, il suffit simplement de ne pas avoir peur, ne pas avoir de doutes et de reconnaître que c'est votre expérience. Vivez-la le mieux possible. Peut-être que la première fois, ce n'est pas évident, mais soyez assurés que l'Être de Lumière viendra avec une grande douceur pour entrer dans votre canal. Peut-être même que vous ne le ressentirez pas entrer, mais vous le sentirez certainement se retirer. Vous saurez reconnaître, lorsque vous serez sortis de transe, que vous aurez canalisé.

Maintenant, votre état de transe sera toujours relatif à votre degré d'acceptation. Les paroles que le Maître Hilarion dira à travers ma voix vous sembleront déjà connues. Cette reconnaissance indiquera que vous recevez les mots du Maître Hilarion dans votre esprit en même temps que moi. La seule différence étant que ce que je dis d'une façon verbale est toujours accompagné d'un petit délai entre la pensée et la parole prononcée, ce qui vous semblera comme un écho, non pas audible, mais comme si vous auviez déjà entendu ces paroles, ce qui prouve que vous canalisez vraiment. Si vous êtes capable de le faire maintenant, vous serez capable de le faire n'importe quand. Il suffit de pratiquer et de laisser tomber les résistances, les doutes et les peurs.

Dans la canalisation, l'abandon est essentiel et nécessaire. Par conséquent, lorsque je vais entrer en transe, j'abandonne premièrement mon corps, en me coupant des sens, et peu importe ce qui se passera dans mon corps, j'essaierai de ne pas y penser afin qu'il ne me ramène pas dans la conscience physique. Autrement dit, je serai assis sur ma chaise, et ma sensibilité sera agrandie, mais l'énergie de mon corps sera transformée pour élever mon esprit sur une vibration supérieure. Alors, tout le bas de mon corps restera immobile. Je peux bouger la tête, mes lèvres, mais je ne peux pas ouvrir les yeux, ni bouger le reste de mon corps parce que je n'ai plus de motricité.

Donc, une partie de l'énergie du corps ira dans l'esprit pour l'élever à la cinquième dimension. Ce phénomène agira sur mon métabolisme et réduira ma respiration à une sur quatre et mon rythme cardiaque sera aussi réduit à une pulsation sur quatre. Alors mon cœur étant quatre fois plus lent, la circulation sanguine sera diminuée et mon corps deviendra un peu engourdi. S'il vous vivez la même chose, vous entrez aussi dans un état de transe. Laissez-vous aller à cette expérience, ce n'est pas dangereux. La première fois, vous vous demanderez peut-être où sont vos mains, où sont vos pieds, parce que vous ne les sentirez plus, mais, c'est tout à fait normal.

L'état de transe, vous amènera au-delà du ressenti de votre corps. Si vous le ressentez, ignorez-le afin de ne pas sortir de transe. Si vous ressentez une démangeaison, essayez, à l'aide de vos pensées, de vous gratter mentalement plutôt que physiquement. Si vous le faites physiquement, vous annulez les effets de la transe, en ce sens que l'action que vous faites vous ramène à votre réalité normale. Au début, il est toujours difficile de ne pas penser à son corps, mais c'est une pratique que l'on maîtrise avec le temps.

Donc, je vais prendre une minute pour entrer en transe et, entre temps, Paulette vous guidera dans une prière pour vous intérioriser. Je vous souhaite donc un beau voyage avec Hilarion.

Paulette — Durant le temps qu'André se prépare, nous allons aussi nous préparer. Je vous demande de vous asseoir confortablement sur votre chaise, les pieds et les mains décroisés. Fermez les yeux tout doucement. On va s'ancrer à la Terre parce que c'est important d'unir les deux mondes lorsqu'on rentre en médiumnité. On crée un point d'ancrage avec la Terre Mère et avec les Énergies du Père. Inspirons profondément, en expirant, nous faisons descendre une Lumière blanche en partant du chakra du cœur vers les jambes et les pieds. Imaginons de grandes racines qui descendent profondément jusqu'au centre de la Terre et qui touchent le noyau central de la Terre Mère, le noyau de cristal blanc-bleuté au centre de la Terre.

Accrochons nos racines à travers ce noyau. Inspirons profondément et, dans cette inspiration, faisons monter une belle Lumière blanche du centre de la Terre jusqu'au centre cœur en passant par les racines que nous avons créées. Nous ramenons cette énergie de Lumière au centre cœur. Ouvrons notre cœur comme un grand soleil flamboyant et laissons-le rayonner. De ce centre de rayonnement du cœur, dans une inspiration profonde, faisons monter un faisceau de lumière blanche en expirant jusqu'au cœur de l'Univers, jusqu'à la Lumière du Père. Maintenant, faisons descendre cette Lumière du Père jusqu'au centre du cœur.

Nous sommes maintenant connectés avec le Ciel et la Terre et nous sommes prêts à recevoir. Nous avons fusionné les deux mondes. Maintenant, je vais vous lire la prière universelle. C'est une prière de guérison. Avec le Reiki, nous sommes dans l'énergie de guérison où nous faisons des demandes pour nous-mêmes et pour nos proches. Offrons notre service à travers cette prière. Ceci donnera le temps à André d'entrer en transe, et à nous, de pouvoir élever notre taux vibratoire.

OM. OM. OM.

Triple bénédiction spéciale sur tous les Maîtres de Sagesse et de la Grande Dynastie Blanche.

Que la paix, le bonheur, la santé, la prospérité, la sérénité infinie, l'Amour, la compassion, la charité, le pardon, la connaissance, la sagesse et l'illumination soient sur tous les êtres, dans toutes les directions de l'espace, au Nord, au Sud, à l'Est, à l'Ouest, au nadir et au zénith.

Bénédiction sur tous les plans de conscience, sur tous les plans de la nature, sur tous les règnes, minéraux, végétaux, humains, subhumains et suprahumains.

Bénédiction sur tous les éléments, les élémentaux l'éther, le feu, l'eau et la terre.

Bénédiction sur tous ceux qui nous aiment, qui nous comprennent ou qui pourraient ne pas nous comprendre.

Bénédiction sur toutes les âmes désincarnées et sur toutes celles qui s’apprêtent présentement à s’incarner dans la similitude d’une chaire mortelle.

Bénédiction sur tous les êtres chers qui nous ont précédés dans l’au-delà, pour leur libération spirituelle sur tous les plans de Lumière.

Bénédiction sur toutes les âmes errantes de la Terre pour leur libération spirituelle sur les plans de Lumière.

Bénédiction sur tous les membres de notre famille, époux, épouse, compagne, compagnon, enfants, frères, sœurs, parents et grands-parents.

Bénédiction sur tous nos amis connus et inconnus, visibles ou invisibles, proches ou lointains.

Bénédiction sur tous les malades, abandonnés et désespérés du sort. Vous pouvez les nommer et nommer tous ceux que vous aimez. Les amener avec nous dans ce cercle de Reiki aujourd’hui, dans ce cercle de guérison.

Bénédiction pour la cessation des guerres dans le monde, pour la purification de notre planète, pour la purification de notre triple personnalité, pour la purification et la transmutation de nos basses vibrations en hautes vibrations.

Bénédiction pour la construction et l’élaboration de notre corps de Lumière, notre corps de résurrection et notre corps d’éternité.

Bénédiction particulière sur tous les aspirants et disciples du monde en quête de vérité éternelle.

Bénédiction pour l'instauration de la Fraternité Universelle.

OM, OM, OM.

Tous ceux et celles qui sont initiés au Reiki, je vous inviterais à vous connecter à l'Énergie de la Source Reiki, de la façon dont vous l'avez appris à travers les Maîtres qui vous ont initiés, pour amener un support à André et une belle énergie dans cette salle.

Hilarion — Bonjour. Nous sommes les Énergies que vous appelez Hilarion. Nous venons à votre rencontre pour discuter avec vous sur l'énergie du Reiki. Vous voulez savoir ce que le Reiki vient faire dans votre vie pour vous apporter l'énergie de l'ascension. Bien, vous la vivez tous les jours l'énergie de l'ascension lorsque vous faites votre travail, votre devoir et lorsque vous élevez vos enfants. Chaque fois que vous aidez quelqu'un dans votre vie à élever, vous vous élevez de même et vous élevez aussi la planète avec cette énergie.

Cette énergie d'ascension est toujours active. C'est l'énergie de l'Esprit Saint. Lorsque vous êtes initiés au Reiki, vous multipliez ses effets. Lorsque vous êtes en cheminement et que vous n'avez pas Reiki, vous êtes souvent confus dans quel chemin vous devez prendre. Mais lorsque le Reiki fait partie de votre vie, vos aspirations sont répondues de l'intérieur, car vos Guides et les Êtres de Lumière utilisent ce nouveau chemin que vous appelez « canal de Lumière » à l'intérieur de vous, et vous apportent plus facilement leur support.

L'énergie ouvre le canal entre votre esprit, à travers l'intellect et votre cœur, qui est la résidence de votre âme. L'âme est cette parcelle divine qui ne se trompe jamais. Alors, lorsque vous consultez votre âme, vous consultez votre divinité. Votre divinité ne peut jamais vous tromper, ni jamais vous amener dans des espaces où vous ne comprenez pas votre vie. Lorsque vous ne comprenez pas votre vie, c'est que vous êtes dans l'esprit qui est le véhicule de l'âme, tout comme votre auto est votre véhicule.

Si vous laissez l'autorité à votre esprit, vous travaillez à travers l'ego. Mais si vous laissez l'autorité à votre âme, l'esprit deviendra peu à peu transparent et le serviteur de l'âme, et laissera le passage à votre âme pour s'exprimer. Tout ce qui sera fait au nom de votre âme, c'est-à-dire au nom du divin en vous, sera fait dans la perfection. L'âme ne peut pas créer quelque chose d'imparfait. Lorsque vous vivez des tribulations, c'est votre âme qui les appelle à vous, pour faire comprendre à votre esprit ce qui ne va plus dans votre vie. Mais souvent, vous avez peur des changements. Vous avez peur des transformations. Vous vivez sous une forme d'insécurité. Vos chakras ne sont pas assez équilibrés pour comprendre que l'insécurité vient du chakra de la base et du manque de connexion avec la Mère Terre.

Lorsque vous avez ce lien avec la Mère Terre, vous pouvez être assurés de recevoir tout ce que vous avez besoin pour survivre et au-delà. Vous appelez cela le surplus divin. Lorsque, dans votre vie, vous avez une aisance à reconnaître ce que vous devez faire, la guidance vient de l'intérieur par ce chemin de l'intuition. Les Êtres de Lumière sont des parrains pour vous, mais il faut pour cela leur demander leur aide. Plusieurs d'entre vous pensent qu'ils n'ont pas besoin d'un instructeur et qu'ils trouveront par eux-mêmes.

Des milliers de personnes croient de même et reviennent des milliers et des milliers de vies pour essayer de reconnaître une porte, car ils ont à ouvrir des milliers de portes avant de reconnaître celle qui leur sourit et qui est favorable à leur croissance intérieure en toute quiétude, une croissance qui est d'une grande valeur. Lorsque vous êtes initiés à cette énergie du Reiki, c'est comme si vous étiez connectés à votre propre prêtrise intérieure. Vous avez le ministre en vous, le divin en vous qui vous guide, car le ministre puise dans cette énergie de l'Esprit Saint, dans cette Trinité de Dieu qui vous nourrit.

La Trinité de l'esprit est le mouvement, l'actualisation, et toutes les initiations sont supportées par cette énergie de la Trinité, de l'Esprit Saint qui est, comme nous avons déjà mentionné, l'énergie de la Mère. La Mère divine qui réside dans votre chakra de la base est éveillée avec le Reiki. Peu à peu, Elle chemine à travers votre canal de Lumière et Elle éveille toutes vos énergies d'impressions, vos énergies qui ont été des déviations de vie, considérées par vous-mêmes comme des erreurs d'autres vies qui n'ont pas été corrigées.

Dans cette vie, lorsque vous êtes initiés, vous passez à travers ces périodes pour reconnaître les imperfections du passé. Vous les amenez dans le creuset de votre esprit et de votre âme pour les retravailler, leur trouver un équilibre, une harmonisation. Et, ceci se fait la plupart du temps dans la douceur. Mais lorsqu'il y a de gros obstacles sur votre route, Reiki prendra un peu plus de temps pour vous faire comprendre que ces obstacles sont des croyances formées à partir d'une multitude de vies. Elles sont donc incrustées beaucoup plus profondément dans l'enracinement de vos croyances.

Reiki peut travailler pour vous dans votre multidimensionnalité. Il transcende toutes les dimensions, tous les temps et tous les moments. Il est important pour vous de comprendre que pour ascensionner, vous devez, pour ainsi dire, enlever les briques des nacelles de vos montgolfières. Lorsque vous enlevez les briques, vous enlevez de la pesanteur à la montgolfière. Il en est de même, lorsque vous enlevez les croyances qui ont été parcourues depuis des siècles et des siècles à travers une multitude de vies, vous enlevez cette lourdeur et vous commencez à vivre d'un pas léger. Vous commencez à sentir vos ailes. Vous commencez à sentir le bien-être. La béatitude vient vous visiter de plus en plus souvent et vous vous connectez à cet espace que vous appelez l'Énergie de votre Ange-gardien qui est le double de vous dans une autre réalité.

Lorsque vous apprenez à travailler avec cette partie invisible de vous pour vous élever, vous trouvez la vie beaucoup plus facile. Vous avez la réponse dans chaque question, de même que vous avez dans chaque tribulation, dans chaque situation difficile, la solution. Vous n'avez qu'à regarder. Votre esprit devient critique, non pas pour les autres, mais pour vous-même. Vous commencez à analyser ce que les sociétés secrètes ont fait pendant des millénaires. À chaque jour, ces adeptes regardaient ce qu'ils avaient fait dans une journée et analysaient ce qu'ils avaient de bon et l'acceptaient dans leur vie comme étant des indulgences. Ensuite, ils regardaient de qu'ils avaient fait de moins bon et le mettaient sur un projet de redressement pour l'autre journée à venir, sinon dans un autre lendemain ou tout sera retravaillé selon la conscientisation qu'ils en prenaient.

Reiki vous aide à faire cela pour vous, car Reiki est une expansion de la conscience où vous devenez conscients, non seulement de votre ego, mais aussi de ce Divin qui vit à l'intérieur de vous. Cet espace connecté à la grille christique de tous les êtres. Ainsi, vous remarquez que votre chemin devient beaucoup plus lumineux, et votre ascension se fait en prenant conscience de cette Lumière. Pour ceux qui ont pris connaissance des œuvres de Givaudan, vous avez sûrement lu le livre « Les Robes de Lumière ». Ainsi, le Reiki vous amène à développer peu à peu cette Robe de Lumière qui est votre véhicule ascensionnel. Plusieurs l'appelleront le « merkaba », d'autres comme, le Maître Jésus, l'a tout simplement appelé le « corps glorieux ».

Ainsi, votre corps de Lumière est celui que vous avez besoin pour ascensionner. À chaque jour, vous augmentez la vibration de ce corps en prenant conscience de votre propre travail sur vous-même. Il vous a été donné, à travers les âges, ce que vous appelez des « perles de connaissance ». Vous les appelez les vertus. Les vertus sont tout simplement des clés guides qui vous demandent de contempler certaines vibrations des actions de votre vie. Lorsque vous accomplissez une action et que votre conscience vous dit qu'il n'est pas bien de poursuivre cette action, car il y aura en cours de route un redressement nécessaire ou il y aura souffrance.

La souffrance, mes enfants, n'est pas un bien. La souffrance est un mal nécessaire pour vous faire comprendre qu'il doit y avoir un changement de parcours. Nous vous donnons un exemple. Si vous ne surveillez pas votre enfant de cinq ans et que vous avez une soupe qui mijote sur la cuisinière et que vous voyez votre enfant toucher l'élément qui est allumé, il se brûlera. Mais, l'enfant a cette peur instantanée de la chaleur et, avant que sa main ne soit détruite, il la retirera et la souffrance qui en aura résultée sera le signal de sauvegarde. Ce signal qui lui permettra de sauver sa main et en même temps de le sauver contre une douleur encore plus intense.

Il est important de comprendre que toutes les déviations de votre vie sont semblables à l'action de l'enfant où vous mettez votre main, votre esprit par vos pensées dans des domaines qui ne sont pas bons pour votre avancement, pour votre élévation. Lorsque vous avez une pensée qui vous amène des plaisirs humains illicites, vous êtes amenés à souffrir de remords, d'indignité et de culpabilité. Ces souffrances sont des mécanismes qui ont été dirigés par l'ego. L'ego est là pour vous faire comprendre qu'il se croit le véhicule de votre corps et que votre esprit n'a rien à voir avec vous. Mais, vous devez lui faire comprendre que l'ego n'est là que pour maintenir votre vie, pour cet aspect qui est une interaction entre le physique et l'esprit, qui est tout à fait nécessaire.

Plusieurs croient qu'il faut tuer l'ego. Mais si vous tuez l'ego, c'est comme si vous cassiez l'œuf avant que le poussin ait le temps de venir à émergence, car l'ego est comme la coquille. L'ego de l'homme contient l'âme et l'esprit, tout comme la coquille de l'œuf contient le jaune et le blanc. Le but ultime de votre ascension est d'apprendre à nourrir votre âme avec l'esprit en le clarifiant, en utilisant les moyens qui sont ces filtres que vous appelez les vertus. De même, le jaune d'œuf se nourrit du blanc et vient à émergence à travers une nouvelle vie que vous connaissez comme un poussin.

Il en est de même pour votre esprit. Vous avez à l'intérieur de vous une semence infinie qui est parfaite, Pour se réaliser, l'esprit doit comprendre cette semence afin de la nourrir pour lui laisser l'espace nécessaire à sa maturation. Lorsque le jaune s'agrandit, la nourriture ou le blanc de l'œuf diminue et le jaune prend plus de place par son développement intérieur. Il en est de même pour votre âme. Lorsque l'esprit prend moins de place, il laisse la place à l'âme pour que celle-ci devienne l'être merveilleux, le supra-être que vous êtes appelés à devenir et à reconnaître.

Mais, dans le fond, votre âme est déjà parfaite. Il suffit d'apprendre à l'exprimer. Et pour cela, il faut que l'esprit lui cède la place. Il faut que l'esprit se reconnaisse comme étant le serviteur de l'âme et lui laisse la place. Lorsque le Maître Jésus a dit : « Mon Père et Moi ne sommes qu'UN. Il a alors accepté de fusionner son esprit avec son âme. Lorsque l'esprit et l'âme sont fusionnés, il n'a plus d'ego. De la même façon, lorsqu'il n'y a plus de blanc comme nourriture pour le poussin, il est en mesure de casser la coquille pour venir à émergence comme une vie tout à fait nouvelle. L'âme vient aussi à émergence comme une nouvelle vie, la divinité de l'être.

De nouvelles frontières s'ouvrent devant vous et l'humain n'existe plus. L'humain n'est pas différent aux yeux des autres, mais il est différent à vos yeux, car vous devenez cet Être suprême, UN avec le Père. Votre « JE » devient ce « JE » qui ressent toutes les énergies autour de lui et qui ne connaît pas la différence. Ainsi, vous voyez dans l'autre l'étincelle qui vous illumine. Vous voyez dans chaque chose tout ce qui supporte cette Création comme une partie de vos membres. Tout devient Lumière autour de vous et votre « JE » en est l'autorité.

Lorsque vous devenez réalisé, ce que vous appelez avoir ascensionné, votre corps n'a pas à mourir. Vous ne serez pas différents de ce que vous êtes présentement, sauf que votre perception sera différente. Votre corps restera apparemment le même aux yeux des autres, mais à vos yeux, il sera plein de Lumière. Vos tissus ne seront plus des tissus cellulaires de sang et de chair, d'os et de peu importent les ingrédients qui forment votre corps, mais ils seront des tissus de Lumière. Et, peu à peu, vous vous rendrez compte que ces tissus de Lumière n'ont pas besoin de dormir ni de manger.

Alors, lorsque vous serez dans cet état, vous serez sanctifiés. Vous marcherez sur la Terre sans même être reconnu comme un saint à travers votre apparence, mais vous serez reconnu comme un saint à travers les œuvres que vous laisserez derrière vous par l'énergie de l'Esprit Saint qui sera autour de vous comme une aura protectrice et qui vous différenciera du monde de la troisième dimension de celle de la cinquième dimension.

Vous ne sentirez plus aucune douleur ni aucune joie humaines. Mais vous serez dans la béatitude divine. Alors, vous serez dans la béatitude où tout pour vous sera l'équanimité, l'égalité entre toutes choses. Vous répondrez aux humains de la façon la plus appropriée, car vous aurez compris que l'humain qui est en face de vous est une partie de vous que vous connaissez très bien, et vous pourrez l'aider comme si c'était vous que vous ressentiez.

Lorsque vous ascensionnez de cette façon, vous apprenez à guérir tout ce qui est dualitaire dans votre corps, dans votre esprit et dans vos émotions. Vous venez découvrir en vous ce qui a toujours existé, que votre être de Lumière est la seule réalité qui soit permanente. Le corps que vous avez présentement est périssable. L'esprit que vous avez présentement est périssable en grande partie. Tous les vortex qui touchent l'humanité, c'est-à-dire les couches de croyances, les énergies qui forment les pelures d'oignon qui vous empêchent de voir votre propre Lumière, disparaîtront. Et ce qui restera sera ce que vous appelez présentement la croissance de votre âme qui n'est que le super-esprit.

Votre esprit restera le temps voulu autour de votre âme pour amener vos corps subtils à devenir des intégrations plus permanentes des autres dimensions. Plus tard vous apprendrez à laisser tomber ces corps, l'un après l'autre, lorsque vous vous élèverez de plus en plus vers la Source pure du Père. Et, un jour, même l'esprit humain ne sera plus. Vous serez une parcelle identique à celle du Père, car vous aurez reconnu votre propre miroir, votre propre place tout comme la goutte d'eau que vous retirez de l'océan est une forme possédant la même énergie que l'océan. Vous avez été créés de la même façon. Votre forme a été soutirée de l'océan de Conscience où la béatitude règne. Et vous croyez que votre esprit a créé cette séparation.

Il est juste de dire que l'esprit a créé cette séparation par vos croyances. Mais sachez que votre esprit et l'Esprit du Père n'ont aucune différence sauf pour les vortex intérieurs qui ont créé ces vagues que vous ressentez dans votre vie. L'océan est une réalité qui n'est pas dérangée par ses vagues. Celles-ci sont des manifestations ou des impressions extérieures à l'océan, mais ne changent en rien la nature de l'eau. Les vagues changent tout simplement l'aspect extérieur de l'océan, tout comme votre esprit change simplement l'aspect extérieur de votre être. Mais, à l'intérieur de vous, l'âme vit en toute tranquillité, et votre esprit est tout simplement les vagues créées à l'extérieur de votre être.

Apprenez à calmer cet esprit. Apprenez à calmer les vagues de votre esprit afin que votre âme puisse être translucide à votre esprit, tout comme l'eau de la rivière ou l'eau d'un lac qui est très calme, vous voyez dans le fond, vous voyez la profondeur. Ainsi, lorsque votre esprit se calme, vous voyez la profondeur de votre être. Et, ici, nous vous disons que le moyen ou la pratique la plus puissante qui existe pour vous, en tant qu'humain, pour vous élever dans votre ascension est la méditation.

Méditez en ayant le support du Reiki. Méditez avec l'énergie du Reiki en vous, car l'énergie du Reiki est celle de l'Esprit Saint qui régit tous les mondes. Rien ne peut être fait si l'Esprit Saint n'est pas présent. Aucune manifestation n'est possible. Vous avez en vous la Trinité. L'Énergie du Père qui est dans votre chakra couronne comme étant l'Énergie d'existence, l'Énergie de potentialité. Vous avez à l'autre extrémité, dans votre chakra racine, l'Énergie de la Mère ou de l'Esprit Saint qui est l'Énergie féminine, l'Énergie de l'actualisation de l'être, l'Énergie de la consécration.

Vous êtes entre les deux dans le cœur. Votre âme a pris résidence en plein milieu de votre être spirituel pour essayer de mélanger un peu de ces deux extrêmes. Acceptez en vous l'existence du Père et celle de la Mère. Votre cœur est là pour amener ce mariage cosmique à équilibrer vos deux polarités spirituelles, l'Énergie du Père et l'Énergie de la Mère, et créer en vous l'Énergie du Fils ou de la Fille de Dieu dans votre cœur comme co-créateur des mondes. Vous créez par vos pensées. Elles sont la toute-puissance de ce monde.

Il est impossible que rien ne vous arrive sinon par les pensées d'une époque ou d'une période de temps de votre vie. Votre passé modèle votre futur autant qu'il a modelé votre présent. Vos pensées d'aujourd'hui modèlent votre futur en ce sens que, si vous pensez à vouloir guérir le passé, vous restez dans le passé pour amener dans votre futur la même énergie. En connaissant les lois de l'équilibre des forces de la Création et les lois de l'illusion, tout ce que vous croyez avoir été est maintenant présent à votre énergie de l'âme. Votre passé est une illusion, car il n'existe pas à votre âme. Celle-ci vit toutes vos réalités maintenant.

Alors, si vous cherchez à guérir votre passé, vous essayez de guérir un mirage. Un mirage dans le sens qu'en travaillant sur votre présent et par vase communiquant, vous allez guérir votre passé. Amenez dans votre présent les notions de perfection qu'il y a à l'intérieur de vous. Si vous avez une maladie, amenez une superposition, par votre esprit, de la perfection qui réside en vous, en tant que vie parallèle et imprimez cette expression, cette projection sur votre vie ou votre malaise présentement et, par l'alchimie de la transformation avec le Rayon Violet, visualisez les deux énergies se fondre l'une dans l'autre afin que vous puissiez voir l'élévation spirituelle par vos croyances qui seront modifiées dans la matière. Vous appelez cela la précipitation.

Les Énergies de mon Frère Saint-Germain sont les Énergies du Rayon Violet et elles sont en mesure de faire toutes les transformations possibles. Mais, vous devez pour cela utiliser la grande force que vous ignorez et que peut-être même vous méprisez : votre imagination. Par votre imagination, voyez arriver ces transformations, et elles s'opèreront dans l'énergie d'une façon aussi marquante que si un médecin vous avait touché d'une façon mécanique pour vous guérir de quelque chose de douloureux.

La force de votre esprit est infinie. Lorsque vous croyez vous élever, assisté de l'énergie du Reiki, vous vous élevez véritablement. Si vous êtes initié au Reiki, vous êtes comme un prêtre, un prêtre pour vous-même. Vous êtes un ministre qui gère votre vie énergétique et non pas seulement physique. Peu à peu, le Reiki vous amène dans une guidance intérieure pour vous faire comprendre que cette énergie est l'énergie de la Mère et qu'elle est en pleine conscience de vos besoins. La Mère qui réside en vous, dans votre chakra racine, sera toujours en résonance avec l'énergie du Reiki.

Il est important que vous puissiez imaginer l'énergie du Reiki transformer votre vie par la Lumière. Imprégnez-vous de cette Lumière à chaque méditation que vous faites. Habillez-vous avec une énergie de chaleur divine, une chaleur qui vous amène dans la sécurité et la pleine quiétude de votre vie. Changez votre façon de penser et vous changerez votre façon de voir votre futur, et, tôt ou tard, vous serez parmi les saints qui marcheront sur cette planète pour enseigner aux autres comment devenir la Lumière.

Nous sommes maintenant prêts à répondre à vos questions. Pour ce faire, nous aimerions que vous prononciez votre prénom afin qu'avec votre présence et votre prénom, nous puissions syntoniser sur votre totalité et vous donner la réponse la plus juste possible. Vous pouvez commencer votre questionnement.

Assistante — Je m'appelle Rose, ma question est la suivante. Actuellement, on parle beaucoup de l'accélération de la croissance des vibrations. J'aimerais savoir, en tant qu'humain et aussi dans notre essence divine, comment on peut travailler avec l'aide des Êtres de Lumière pour s'ajuster et de ne pas sentir autant les perturbations, mais aussi pouvoir se transformer selon le plan de notre âme, de notre conscience. Merci.

Hilarion — En cette époque de temps privilégié, nous disons privilégié, car ce que vous vivez présentement arrive une fois à tous les vingt-six mille ans une porte est ouverte vers étoiles. Vous l'appelez la porte des étoiles. Vous avez entendu parler d'elle à la télévision ou dans des livres, mais vous n'avez pas eu d'explication comme telles de cette porte énergétique.

Cette porte énergétique est maintenant ouverte et restera ouverte jusqu'à la fin de l'année 2012. Vous profitez présentement d'une dispense du Père qui stipule que si vous vous pardonnez à vous-même, toutes vos erreurs vous seront pardonnées. Vous êtes présentement sur le chemin le plus rapide pour accueillir votre divinité, car, par cette dispense, le Père vous a acceptés dans la perfection. Le Père ne voit pas votre imperfection, mais vous seul voyez cette imperfection, vous seul pouvez la corriger.

Vous êtes des étoiles qui scintillent déjà dans le ciel. Vous voyez en vous-mêmes des imperfections que Nous ne voyons pas. Nous répondons à vos questions parce que vous Nous dites que vous êtes imparfaits, mais pour Nous, ceci est un mirage. Nous vous voyons toujours dans la perfection. Pour vous voir dans l'imperfection, il faudrait que Nous reprenions une enveloppe humaine et que Nous devenions comme vous dans une apparence d'imperfection. Mais plus vous apprendrez à supporter ces vibrations plus vous apprendrez à accueillir votre être comme étant une étoile merveilleuse dans le ciel qui n'attend qu'à se reconnaître.

Vous avez été mis en contact avec des connaissances à travers les livres et à travers les énergies de plusieurs personnes qui vous ont visités, mais vous devez prendre sur vous-mêmes la notion que vous êtes le seul maître qui puissiez vous transformer. Personne n'a autorité sur vous, sauf votre propre grandeur intérieure. Lorsque le Maître Jésus est venu dans ce monde, Il n'est pas venu pour vous montrer qu'Il était divin et qu'Il devait être adoré. Il est tout simplement venu vous montrer que vous avez la même capacité d'être en mesure de laisser le corps physique que vous portez après avoir reconnu votre divinité.

Lorsqu'il est venu sur la croix, Il n'est pas venu pour souffrir pour vous. Ceci est une mauvaise compréhension. Il est venu vous montrer que lorsque le corps humain n'est plus utile, il ne sent plus la souf-France humaine, ni même la joie humaine, car les sept chakras de votre corps sont devenus un seul chakra. Les chakras étant nécessaires pour faire fonctionner les glandes andocrines, ils sont aussi nécessaires pour ressentir la souffrance. Lorsque vous ascensionnez par l'augmentation de vos vibrations, la Mère ou l'Esprit Saint s'élève en vous, à travers ces chakras et les purifie. Cette purification amène les chakras inférieurs à fusionner avec le chakra coronal qui est votre seul chakra divin présentement.

Lorsque vous regardez une image de saint, vous voyez une auréole autour de sa tête et non pas autour de son cœur. Pourquoi ? Parce que votre cœur humain est devenu le cœur divin. Le cœur divin est dans le chakra couronne, supporté par la glande pinéale. Le cœur divin est dans le siège du « JE ». Le « JE » est dans votre tête, et lorsque vous avez reconnu que vous êtes assis à la droite du Père, vous êtes dans la Conscience Cosmique dans le Royaume de Dieu. La Mère vous a conduits, de ce que vous étiez, fils ou filles de Dieu, vers le Père. Et ceci est le grand mariage cosmique, et ainsi, vous pouvez justifier cette auréole car votre couronne est devenue votre cœur spirituel. Et par là, vous êtes une manifestation tangible de Dieu, l'œil de Dieu, et ce triangle que vous avez vu dans vos petits livres que vous appelez catéchisme alors que vous étiez à l'école, est cette réalisation.

L'œil de Dieu en vous est lorsque vous êtes réalisé. Ainsi, vous n'êtes plus autre que le « JE » universel. Vous êtes devenus ce que vous pourriez appeler maintenant un pur canal d'énergie pour Dieu. Et, c'est cela le but des vibrations que vous portez sur la Terre. Il y aura une augmentation ce ces vibrations, et pour vous syntoniser avec elles, vous devez accepter de comprendre que la Terre s'élève par votre Lumière. Si vous n'étiez pas sur la Terre, s'il n'y avait pas d'humain sur cette planète, elle serait morte comme la lune.

Ainsi, vous permettez à la Terre de recevoir les énergies de vie par votre « prana ». Vous êtes des cellules vivantes de la Terre. Chaque être humain qui vit sur la Terre, sans même qu'il en ait conscience, apporte sa Lumière. Même celui qui fait le mal apporte quand même de la Lumière. Vous êtes plus de six milliards d'êtres humains sur la Terre et c'est autant d'essences christiques qui propulsent votre planète en ascension. S'il n'y avait que deux millions d'êtres humains sur la Terre, ceci prendrait des milliards d'années pour s'élever à la même vitesse que vous vous élevez aujourd'hui.

Vous croyez que le temps est exponentiel car il va de plus en plus vite. Mais c'est parce que votre ascension et la Terre vit dans un temps qui change, qui va de plus en plus vite. Alors, pour être en harmonie avec ces vibrations, acceptez vous-même tel que vous êtes. Si vous êtes tout croche, acceptez-vous tout croche, mais dites-vous que l'énergie est en train de vous purifier tranquillement. Pour changer quelque chose dans votre vie, il faut l'accepter d'abord et vous abandonner à cette énergie de purification par la suite. Et le Reiki peut aisément être ce véhicule qui permet cette purification de l'esprit.

Assistante — Bonjour Maître Hilarion, je m'appelle Michèle. J'ai beaucoup aimé ce que vous avez dit et je suis consciente que tout se vit dans le moment présent et qu'on peut guérir dans le moment présent. Tout a été très clair dans ce que vous avez dit tout à l'heure. On a simplement à imaginer qu'on a un corps parfait et ce qu'on a comme indisposition à l'intérieur de nous, et que moi, personnellement, ce que j'ai comme indisposition à l'intérieur de moi se dissout, et c'est d'avoir la foi et cela va s'accomplir. Ce que je me demande, c'est qu'en ce moment, j'ai une grande fatigue que je traîne depuis quelques mois, j'ai aussi un fibrome à l'utérus et je me dis : Qu'est-ce qui est dans le chemin de ma guérison ? Est-ce que c'est simplement de me pardonner et de voir ma Lumière ?

Hilarion — Ceci est l'un des aspects très importants, mais nous sentons avec vous une déconnexion avec la Mère. Vous vivez une vie un peu flottante. Il vous manque un peu d'enracinement avec la Mère, mais aussi la compréhension de qui est la Mère Terre pour vous. La Mère Terre n'est pas seulement une boule sur laquelle vous pouvez marcher. Elle est un alchimiste. Elle est en essence la régénératrice de votre corps. Lorsque vous avez une déconnexion ou une isolation entre la Mère Terre et vous, vous vivez une séparation qui est aussi importante que celle que vous vivez par votre forme déconnectée de l'Énergie du Père. Mais, toutes ces déconnexions peuvent être reprises pour être refaites à nouveau avec l'Énergie du Reiki

Avec l'énergie du Reiki, vous avez le symbole inverse du Choku Rei qui monte l'énergie de la Mère Terre vers votre cœur. Vous pouvez utiliser cette énergie et ressentir la voix tellurique de la Mère vous parler et s'installer dans votre cœur pour accomplir cette guérison. Il est essentiel de comprendre que vous êtes dans une énergie instable par rapport à vos croyances. Vous pouvez superposer ces croyances que vous ne comprenez pas par d'autres croyances favorables à votre bien-être qui viendront modifier peu à peu celles qui ne sont plus compatibles avec votre vie présente.

Vous mentionnez que vous avez un fibrome au niveau de l'utérus, qui est lié énergétiquement au deuxième chakra. Regardez ce que représente pour vous l'aspect prospérité, l'aspect abondance, l'aspect peur dans votre vie. Vous avez peur de la vie, et c'est pourquoi les organes de reproductions sont mises en cause. Il y a toujours une résonance à partir du tissu humain qui est alimenté par vos glandes endocrines avec le tissu éthérique qui est alimenté par l'énergie de chakras.

Vos glandes endocrines sont sensibles à la Lumière. Elles sont sensibles à la radiation du Reiki. Et lorsque vous travaillez sur vous avec le Reiki, imaginez cette lumière bleue scintillante qui entoure l'organe malade ou affligé pour apporter cette compréhension. Ce que Reiki amène et que les médecins allopathes ne peuvent pas vous donner, c'est que le Reiki travaille aussi sur la cause dans les plans subtils. Il est important de comprendre que lorsque vous pensez, vos pensées créent des vortex à l'intérieur de vous, dans toutes vos réalités, autant vos réalités passées que futures.

Lorsque vous changez la structure de vos pensées, vous changez aussi la structure de votre multidimensionnalité. Imaginez la perfection de votre chakra qui est relié aux organes de reproduction et vous verrez que le Reiki travaillera par lui-même ce qu'il faut guérir. Il n'est pas nécessaire de comprendre l'anatomie du corps, mais vous serez en mesure de réduire peu à peu les effets que cause ce vortex énergétique que vous ne comprenez pas à l'intérieur de vous. Il disparaîtra et le calme reviendra peu à peu.

Les perturbations dont nous avons parlé dans l'océan, les vagues, sont causées par l'extérieur. De même, ce que vous avez venant de l'extérieur sont les choses qui vous font peur, qui vous rendent un peu instable et insécure, comme la peur de la vie, la peur de votre entourage, la peur de la mort. Tout cela attaque la vie et ainsi, les organes de reproduction. Rétablissez votre connexion avec la Mère Terre en marchant pas à pas, et en pensant à sa bienveillance à votre égard. Lorsque vous marchez sur la rue, ayez conscience que vous faites un contact intime avec la Mère et que vous la recevez.

Canalisez l’énergie de la Mère en ayant conscience qu’elle protège toute vie, et ainsi, vous aurez conscience, non seulement de votre propre vie, mais aussi des vies qui sont autour de vous. Lorsque vous marcherez dans la rue, et que vous aurez conscience qu’une fourmi traverse le trottoir devant vous, votre nouvelle conscience vous permettre d’éviter d’enlever la vie à cet être minuscule, vous aurez alors atteint une grande perfection. Ainsi, vous serez en harmonie avec la Mère, et plus jamais vous serez importunée avec des maladies qui vous déstabilisent, car la Mère vous reconnaîtra à chaque seconde de votre vie.

Assistante — Bonjour, mon nom est Nicole, et je suis très préoccupée par la violence autour de moi depuis quelques années. Je dirais autant la violence dans les milieux hospitaliers, dans les CLSC[2], autour de ma famille et j’aimerais trouver un moyen de contrer cette violence. Vous avez parlé beaucoup d’Amour, de centrage afin d’aller chercher la divinité en nous, mais je ne peux pas faire autrement que de voir et de capter cette violence, et cela m’effraie beaucoup, et en même

[2] Centre Local de Soins Communautaires

temps, comment prendre notre place sans nous-mêmes devenir violents vis-à-vis les autres ?

Hilarion — La violence est une facette de la vie qui se manifeste d'une façon dont vous comprenez un peu mal. Il est important de comprendre que la justice divine règne sur cette Terre, peu importe comment vous percevez la souffrance que les gens vivent. Ceux qui ont vécu, il y a un an ou deux, des calamités effroyables dont vous avez été témoin au Kosovo, sont ceux qui ont créé ces calamités dans d'autres vies et qui ont torturé ces êtres. Ils sont revenus dans cette vie au Kosovo pour être torturés à leur tour afin d'effacer le karma qu'ils se sont créé. L'être qui a conduit ces tortures et ces armées vers ces calamités était possédé par le mal. Il ne savait plus ce qu'il faisait, car il était rendu à un point de négativité où ils s'est laissé incorporé par la raison d'être du mal.

L'égrégore devient souvent, comme vous dites, des possessions. Les possessions peuvent prendre charge d'un être et oblitérer son esprit de façon à ce qu'il n'ait plus conscience de ce qu'il fait. Son action devient impotente, mais exécutoire du karma de l'humanité. Vous vivez sur une Terre de karma. Vous vivez sur une Terre école où la justice remet les comptes à zéro. Il n'y a nulle part dans l'Univers, sauf d'autres Terres identiques, où vous pouvez repayer vos dettes. Et l'endroit le plus spécifique pour payer vos dettes est la famille.

Lorsque vous avez des différends dans la famille, vous payez des dettes. Vous établissez des contrats entre les différences et votre attitude change au fur et à mesure que vous prenez de la maturité. Et, lorsque les dettes sont finalement payées, l’harmonie reprend une place très importante dans la famille et vous ressentez un lien d’amitié qui est plus que frère et sœur, mais de vrais amis, des amis divins, des amis fraternels de Lumière qui vous amène une meilleure compréhension de l’Amour véritable. Lorsque vous voyez la souffrance dans les hôpitaux, ne soyez pas perturbée par ce que les gens souffrent, mais apportez leur votre amour par votre vraie compassion. Sachez cependant qu’à l’intérieur de cette souffrance, ces êtres vivent leur propre justice. Ils ont choisi eux-mêmes cette souffrance pour payer leurs dettes.

Si vous les mettez dans un espace de négation, ils devront revenir pour vivre la même chose selon leur choix personnel de vivre cette souffrance. Bien sûr, ils ne le savent pas qu’ils l’ont choisie, et la souffrance la plus terrible est de ne pas savoir où l’on va dans la vie. Mais sachez que celui qui a tué son frère et qu’il apprend un jour que son tueur s’est incarné en même temps que lui pour régler ses comptes avec lui, il ne pourrait plus vivre parce que l’angoisse l’étoufferait. Votre karma se déroule au fur et à mesure que vous êtes en mesure de le supporter.

Peut-être êtes-vous quelqu’un qui souffre beaucoup. Mais peut-être aussi dans une autre vie, vous étiez évêque et que l’énergie que vous avez accumulée en étant évêque est suffisamment grande pour supporter la souffrance de celui que vous incorporez maintenant pour être en mesure de payer cette noirceur qui autrement n’aurait pas été possible. C’est pour cela que vous devez reconnaître dans le clochard un être divin autant que dans le prêtre. C’est pour cela que vous ne pouvez pas juger de l'élévation d'un être parce qu'un jour, vous êtes élevée et l'autre jour vous vous abaissez pour aller chercher la noirceur.

Il est important de comprendre que même Lucifer a sa raison d'être. Il a renié complètement sa divinité pour plonger dans la noirceur la plus totale afin de la transcender. Vous êtes venus plonger dans la souffrance pour la transcender. Chaque événement qui vous arrive dans la souffrance est un contrat que votre âme vous a donné pour transcender, pour comprendre pourquoi cette déviation est dans votre vie. Car, la déviation est toujours apparente à travers la souffrance.

Ce que vous voyez dans votre petit écran est une image très faussée de ce qui se vit dans le monde. Vous avez été entretenus dans la petitesse par des représentations subliminales dans la programmation que vous témoignez sur vos multi-médias. Avez-vous remarqué qu'il n'y a jamais de bonnes nouvelles à la télévision ? Et lorsqu'il y en a une, même le journaliste dira : Enfin, voici une bonne nouvelle. On vous cache la vérité dans tous les domaines de la vie, parce que souffrir ça rapporte beaucoup. On veut vous faire renier la croissance de votre humanité vers votre divinité. Vous êtes comme des humains dans des enclos limitatifs qui sont manipulés par le manque : le manque d'argent, le manque d'amour, le manque d'affection envers vos frères et vos sœurs, le manque de compréhension, le manque de connaissance.

Il y a une abondance dans votre vie, et c'est la souffrance. Mais la souffrance n'est là que pour vous dire que vous faites fausse route. Il y a quelqu'un qui attend patiemment à l'intérieur de vous. Il s'appelle

Christ. Christ est votre nom, et si vous rajoutez votre nom personnel à côté, vous pouvez être comme Jésus-Christ, Marie-Christ, Solange-Christ, Josette-Christ, Michel-Christ, Joseph-Christ. Tout cela est disponible par une fraction de la pensée. La souffrance est un mirage, mais pour celui qui fait face à la justice est en train de payer sa dette.

Si vous ne connaissez pas pourquoi, envoyez-lui de la Lumière pour qu'il soit supporté afin de payer sa dette plus rapidement. Pour ce qui est des hôpitaux, lorsque vous voyez des gens qui souffrent dans les hôpitaux, imaginez que vous marchez dans l'hôpital avec une aura de dix mètres de diamètre et que cette Lumière est la Lumière Reiki, qui touche chaque personne qui entrera en contact avec cette aura qui est la vôtre. Imaginez que vous êtes ce soleil qui guérit sans dire un mot, mais qui amène la Présence Christique, la Présence de l'Esprit Saint, la Présence du Père. Ainsi la Trinité est en vous, et faites-la travailler, car vous êtes là pour faire grandir le monde et non pas pour regarder le monde subir la souffrance.

La souffrance a sa raison d'être pour chacun. Mais dites-vous que la justice est divine, et que chaque personne qui souffre a accepté ce rôle pour grandir, pour payer sa dette et voir sa propre Lumière.

Pour terminer, nous voulons rajouter que nous aimerions venir dans vos vies, en chacun de vous. Lorsque vous êtes en difficulté, appelez le Rayon Vert. Imaginez être imprégné de cette couleur. Nous aimerions être avec chacun de vous, car un jour, vous canaliserez les Énergies d'Hilarion, tout comme le canal qui est en face de vous. Nous aimerions vous parler directement afin que vous ayez aussi vos propres réponses. Pour celle qui n'a pas eu sa réponse, demandez la question à l'intérieur de vous ce soir avant de vous endormir et Je (Hilarion) viendrai dans votre sommeil répondre à votre question, et au matin, vous aurez votre réponse.

Maintenant, nous aimerions vous bénir. Nous aimerions vous donner ce que vous êtes déjà, des grandes Lumières dans des rôles humains. Vous êtes ce que vous cherchez à devenir. Regardez à l'intérieur. Inondez-vous de cette énergie du Rayon Vert, car votre cœur est vert, et nous sommes le Rayon de guérison qui est vert, et la nature est verte. Donc, nous travaillons beaucoup avec la Mère, et regardez la Mère à l'intérieur de vous, dans la profondeur de votre être, et devenez, dans cette tranquillité, un être qui s'éveille.

Nous vous bénissons et nous vous disons au revoir, car chacun de vous, nous nous verrons de nouveau dans une autre énergie intérieure. Adonaï.

Hilarion

DU MÊME ÉDITEUR

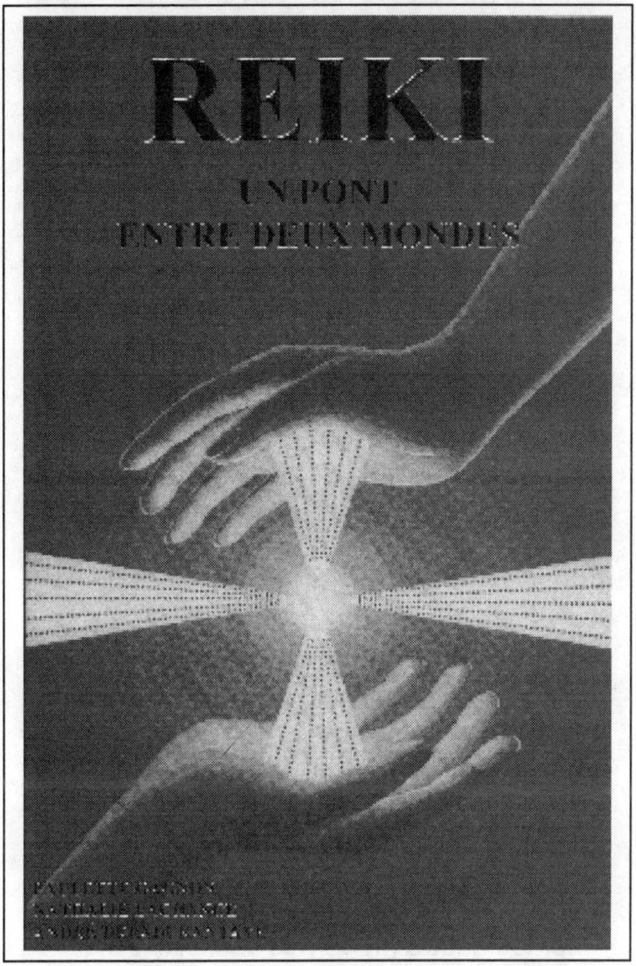

Ce livre de 308 pages est un message qui lève le voile sur de nombreux aspects du Reiki. Il renferme de nouvelles connaissances, reçues en « channeling » des Anges de Lumière, qui ne sont jamais parues dans aucun autre ouvrage.

ISBN 2-921662-03-5 Prix régulier : 19,95 $ Canadien.

霊気

CHAPITRE

8

UN RAYON D'ESPOIR

Hilarion — L'espoir, un mot qui rappelle la confiance en l'avenir. Il rappelle aussi un désir profond d'un moment favorable dans lequel les attentes longuement désirées seront comblées. En tant qu'humain, vous ne pouvez pas survivre sans espoir. Peu importe où vous vous trouvez et quelle situation vous vivez, il y aura toujours une porte pour vous libérer des conditions dans lesquelles vous êtes engagés. Un grand nombre de personnes, pour ne pas dire la majorité, vivent en espérant des conditions meilleures au fur et à mesure que l'âge augmente. Leur espoir semble alors les porter vers le futur où tout peut survenir pour eux par la chance. Certaines personnes se découragent et baissent les bras avant d'atteindre leur but tant attendu. Heureusement, la plupart d'entre elles se retroussent leurs manches et affrontent avec courage les situations que le destin leur a confiées.

Dans cet Univers, tout est orchestré de façon parfaite. Chacun reçoit ce qui lui est dû. Chacun récolte ce qu'il a semé, dans cette vie et dans toutes les autres vies. Il n'y a jamais d'erreurs à l'intérieur de ce que chacun reçoit, pas même les situations de souffrance. Le plus grand mal de l'humanité est la peur du changement. Toute personne aime vivre une réalité qu'elle connaît bien, mais résiste à l'idée de sortir des sentiers battus pour explorer d'autres avenues de connaissances et d'expérimentations. Tout être humain porte sur ses épaules l'ignorance de ce qu'il est vraiment et devient handicapé considérablement sur l'avancement et la libération de son être. Plus vous chercherez à connaître et à comprendre, plus facile sera votre libération des conditions qui rendent votre vie difficile et peu agréable.

Tous les individus sur cette planète ont choisi ce qu'ils sont devenus. Pour certains, la condition de leur vie ne démontre pas toujours le point de départ de leur aventure, ni comment changer ce qui ne va pas ou ce qui ne va plus dans leur vie. Par exemple, le clochard qui vit dans la solitude, sans abri ni ressources, aime avant tout son isolement. Il se retire loin de ceux qui souhaiteraient vouloir l'aider par peur d'être confronté dans ses croyances. Ces personnes prennent souvent une offre d'aide pour une critique relative à leur condition de vie qu'elles aiment bien défendre.

D'autres trouvent le confort dans la maladie parce qu'ils cherchent quelqu'un pour s'occuper d'eux. Ce jeu inutile est imprégné au fond de l'esprit subconscient, mais parfois, ce sont des désirs conscients qui représentent les schémas sclérosés des habitudes d'une autre vie. Une bonne entente avec soi-même et avec les autres ouvre bien des portes. Accepter que quelqu'un vous aide et vouloir aider un plus petit que soi à s'élever, constitue une règle importante de la vie.

C'est le secret de la fraternité universelle : vous aidez un plus petit que vous à monter une marche de plus et vous laissez un plus ancien vous aider à monter une autre marche.

De cette façon, personne n'est laissé seul dans son désespoir. Cependant, il faut d'abord vouloir cette aide qu'offrent les autres. Il est inutile de poursuivre le jeu de l'ego et de se croire capable d'y arriver tout seul. L'humilité est le réconfort des êtres de sagesse. C'est la source de tout entendement. Puisez-y votre eau.

Votre condition humaine vous place maintenant à un moment de votre histoire où vous pouvez apprendre à manipuler de grandes forces pour vous propulser au-delà de vos frontières et de vos limitations gérées par vos croyances. Vous êtes maintenant en mesure de vous libérer des chaînes qui vous retiennent prisonniers depuis des milliers d'années. Ces chaînes vous avaient été imposées par la société de chaque époque afin que vous puissiez apprendre à les briser et à vous en libérer.

Vous vous demandez sûrement pourquoi vous avez vécu des injustices sociales. La raison est assez simple, mais elle prend sa source dans d'autres sociétés très lointaines où vous aviez été l'un des créateurs réformistes qui imposaient ses lois pour modeler cette sorte de société où vous aviez le pouvoir de faire subir aux autres des conditions similaires. Tous les humains qui sont limités maintenant par ces chaînes, ont aussi été ceux qui ont enchaîné les plus faibles qu'eux, socialement parlant, dans ces époques reculées.

Mais aujourd'hui, même si votre situation immédiate vous semble sans espoir, dites-vous bien qu'elle est dans son dernier élan avant de vous propulser dans une réalité encore inconnue de vous, mais qui saura vous refléter votre grandeur intérieure. Accrochez-vous à votre expérience présente en faisant jaillir de votre cœur tout l'Amour dont il est capable. Vous faites présentement des pas de géant dans la libération de vos karmas, de vos dettes des vies passées. Non, Je vous l'accorde, il n'est pas facile d'aimer la vie telle qu'elle est présentement pour la majorité des enfants de la Terre, mais encore une fois, ayez de l'espoir dans votre vie, et surtout, dirigez vos pensées vers vos désirs les plus profonds et les plus nobles.

Pour l'instant, consolez-vous, même si vous ne voyez pas les résultats du travail que vous avez fait depuis quelques décennies. Vous avez grandi en maturité et en sagesse comparativement à vos dernières vies. Le moment que vous vivez ici et maintenant constitue le tremplin possédant la force incomparable pour vous élever au-delà de vos espérances. Cette force de propulsion est due à l'éveil de toute la communauté humaine. Ne la jugez pas par les apparences, mais essayez de reconnaître qu'il y a de plus en plus de vos frères qui cherchent la voie de la Lumière.

Depuis ce début d'éveil, un grand nombre d'Êtres de Lumière viennent de tous les coins de la galaxie pour vous voir ouvrir les yeux en espérant obtenir de vous un premier sourire galactique. Leur présence évoque en vous cette force actuellement inactive que vous appelez la grâce. Votre grâce est le rayonnement divin que votre cœur pourra émaner lorsque votre éveil sera complété. Votre grâce est votre rayon d'espoir. Nous venons nombreux des mondes derrière le voile pour vous apprendre à connaître votre grâce afin qu'elle devienne partie intégrante de l'émanation universelle de tous les mondes.

Dans vos croyances acquises des philosophies sociales et religieuses de votre époque, vous méconnaissez le fait que votre être est d'abord et avant tout une création parfaite de Dieu qui n'a pas d'équivalent dans tout l'Univers. Imaginez pour un instant voir votre présence jumelée à Celle de Dieu sans qu'il y ait la moindre condition qui contrarie cet état de grâce. Pouvez-vous ressentir déjà l'importance de reconnaître votre origine et de laisser choir toutes ces autres balivernes qui vous ont cachés à votre propre grandeur ?

Mes enfants, Je vous le dis sincèrement du fond du cœur, ce ne sont pas les extraterrestres ni les Anges de Dieu qui viendront vous sortir de votre abri psychique que vous avez construit pendant des milliers d'expériences, mais bien en reconnaissant votre grâce, ce potentiel inestimable de transformation et de compréhension. Bien que Je ne dénigre pas tout ce qui vous est présenté en ces temps du Nouvel Âge, venant de différentes sources, parfois bonnes, parfois douteuses, J'aimerais vous inviter à réfléchir sur votre développement, tant en tant qu'individu qu'en tant que collectivité.

Est-ce que l'humanité a déjà été sauvée par les extraterrestres ou les Anges dans le passé ? Non, pas à Ma connaissance. Pourquoi en serait-il autrement maintenant ? Oui, les extraterrestres vous aident depuis des milliers d'années, mais ils n'ont pas le droit d'intervenir sinon apporter de nouvelles connaissances et une nouvelle compréhension sur les origines de votre Univers et de vous-mêmes. Par conséquent, vous ne serez pas soumis à une étape de prise de contrôle par des êtres plus avancés que vous afin de vous sortir de votre karma et de votre expérience de vie.

Étant extérieurs à votre expérience, les extraterrestres et les Êtres de Lumière, peu importent leur origine et leur désir de vous aider, ne peuvent en aucune façon intervenir unilattéralement. Votre libre choix est total et inconditionnel. Personne ne peut le violer sous aucun prétexte sinon pour vous forcer dans la direction de l'Ombre. Tout doit être fait avec Amour et consentement dans la Création de Dieu. Avant de vous faire prendre, regardez les oeuvres de celui qui voudrait vous sauver. Soyez attentifs à ce ressenti intérieur et écoutez la voie de votre cœur. Le discernement est votre passeport pour reconnaître ce qui est bon pour vous. Soyez vigilants en tout temps.

Certains enseignements circulent sur votre planète à l'effet que les gouvernements seront pris en charge par des êtres beaucoup plus avancés que vous pour vous faire connaître la gloire de tous les temps. Attention ! Dieu ne saborde pas Ses projets si maladroitement. Dieu n'a jamais repris le contrôle de votre vie à aucune époque de l'expression humaine. Alors, pourquoi le ferait-Il maintenant ?

Mes enfants, soyez vigilants dans cette mer d'informations incitatives à se laisser mener par d'autres idéologies que la vôtre. Vous avez un plan de vie qui a été formulé par vous-même, aidé de vos Guides, au départ de votre séjour sur cette Terre. Il ne peut pas changer parce que quelqu'un d'autre vous offre une meilleure alternative. Vous ne vous êtes pas trompés à ce point. Écoutez le sens pratique de votre esprit et de votre cœur. Si vous deviez changer de parcours subitement en laissant votre expérience sous contrôle des manipulateurs qui se prétendent comme des sauveurs, Dieu vous aurait sauvés instantanément par Son Amour infini.

Pourquoi ne le fait-Il pas, Me demanderez-vous ? C'est par respect envers votre demande de vivre ces expériences sur la Terre. Vous êtes en voie de devenir des Maîtres, mais il y a des étapes importantes à respecter. Si Dieu vous montrait Son Visage maintenant, Sa Splendeur infinie détruirait spontanément tout ce qui n'est pas parfait en vous. Il ne resterait que votre âme qui est Son Essence. Vous trouveriez cela injuste de perdre votre apparence d'imperfection qui vous a habillés depuis si longtemps et à laquelle vous êtes encore attachés. Tout doit venir en son temps, avec douceur, amour et compréhension.

Oui, Dieu peut vous montrer Son Visage, et Il n'espère que cela. C'est Son plus grand espoir de vous voir revenir vers Lui. Étudiez l'histoire que le Maître Jésus vous a donnée dans le récit de l'enfant prodigue. Vous aurez des révélations importantes. Cette histoire est votre histoire. Il n'y a aucune différence dans les étapes de la reconnaissance et du retour. Plutôt que de vous reconnaître comme de petites victimes de votre sort, voyez dans votre vie toutes ces étapes qui vous amènent à reconnaître quand enclencher le retour. Tous les moyens possibles sont mis à votre disposition. Essayez de les reconnaître et d'en faire bon usage.

La réalité de Dieu ne changera jamais, car ce qu'Il a créé en vous et autour de vous est parfait en tout temps. Ce qu'il faut changer c'est la façon de voir cette réalité qui se prête à vous. Changez la prescription de votre perception de vous-même et de ce monde. Vous êtes les enfants de Dieu et vous le resterez toujours.

Est-ce qu'un chêne engendre un pommier ? Est-ce qu'un mouton entendre un chien ? Non, Mes enfants. Alors pourquoi Dieu engendrerait-Il l'humain limité que vous prétendez être ? Il n'y aurait aucun sens à la perfection de Dieu de créer ce qui Lui est inférieur. Reconnaître que vous êtes au-delà de tout ce que vous pouvez imaginer est le rayon de l'espoir : la grâce de votre être en action.

Il est beau ce règne que vous vivez présentement sur votre belle Terre bleue, malgré les apparences. Oubliez ce qui est à l'extérieur de vous-même pour ressentir le plus souvent possible ce qui vous appartient intimement. Le monde ne vous appartient pas, il n'est qu'un jouet pour enlever votre attention sur votre grâce d'être une étoile de Dieu. Oui, Je vois votre étoile, elle est magnifique parce Dieu l'a créée dans Sa perfection. J'aimerais en ce moment même vous communiquer Mon sentiment profond de reconnaissance et d'Amour que J'ai pour vous.

Il n'y a rien dans votre vie qui pourra Me détourner de votre beauté intérieure, pas même vos erreurs ni les jugements que vous avez entretenus pendant si longtemps sur vous-même. Votre grâce est ce qui attire le plus Mon attention, et Je vous prie de Me croire, elle est l'infinie bonté de Dieu incarnée en vous. Non, ce n'est pas une flatterie, c'est une réalité profonde et immuable. Bien sûr, aucun être humain n'a le pouvoir de vous reconnaître dans ce rayonnement de grâce que vous pouvez émaner. Mais, consolez-vous, Je suis venu pour vous reconnaître et pour vous permettre de l'expérimenter dans votre vie de tous les jours.

Je suis venu, si vous permettez, vous apprendre à regarder ailleurs que sur vos apparences extérieures qui manifestent votre vie présentement. Moi, Hilarion, J'ai aussi un grand espoir à vous voir reconnaître votre grâce et votre grandeur. Je vous donne Ma main pour faire le pont entre nos deux mondes afin qu'il n'y ait plus de faux reflets sur les eaux agitées du mental humain s'identifiant à tout ce qui est inférieur à votre perfection.

Souriez mes enfants, Nous venons en grand nombre des étoiles pour vous encourager à laisser votre vieille peau de côté, comme un serpent qui se glisse lentement et sans bruit à travers les branches d'un buisson d'aubépine pour y laisser le symbole de son passé déjà périmé. Ne soyez pas tristes de voir les vieilles choses disparaître de votre réalité, elles n'étaient que de passage pour vous faire avancer sur la route de l'espoir. Maintenant il est temps de travailler sur ce qu'il y a de plus précieux dans cet Univers, votre intégration à la Conscience Christique.

Je viens vous chercher et Je ne repartirai pas les mains vides. L'Avatar de tous les temps, le Maître et Seigneur Jésus-Christ, M'a envoyé pour vous aider à franchir cette étape la plus importante de votre vie, celle de la reconnaissance de votre origine. Il est temps, maintenant, de regarder vraiment avec sérieux ce que vous êtes venus chercher ici sur Terre. Cette planète renferme tous les secrets et toutes les connaissances nécessaires à votre élévation de l'esprit pour vous libérer des mondes inférieurs à votre véritable nature.

Votre rayon d'espoir est la grâce que vous avez de faire de votre esprit un outil extrêmement puissant pour changer votre relation avec la Source de toutes choses. Il vous faut apprendre à travailler avec votre esprit d'une façon efficace et agréable. Ceci peut vous demander un peu d'effort de votre part et beaucoup de persévérance et de détermination, mais les résultats sont infaillibles et encourageants.

J'ai mentionné déjà que votre livre spirituel ou votre journal personnel, qui est aussi votre Bible de vie, est votre propre vie quotidienne avec ses épreuves et ses leçons. Tout ce que vous cherchez à l'extérieur de vous-même sont des explications rationnelles pour comprendre votre vie qui n'est pas toujours sur cette longueur d'onde. Vous essayez par tous les moyens de vous éloigner de ces épreuves sans vouloir reconnaître qu'elles sont là pour vous former à devenir maître de votre vie.

Certaines épreuves reviennent souvent, mais vous n'avez pas compris que lorsque vous échouez une épreuve, vous devez la recommencer jusqu'à ce qu'elle soit maîtrisée par la compréhension de la raison qui la justifiait dans votre vie. Votre expérience personnelle de la vie est l'outil le plus précieux que vous devez reconnaître. Votre rayon d'espoir est entre vos mains. Vous êtes le seul propriétaire légitime de cette expérience et vous pouvez la travailler avec amour et compassion pour vous-même.

Au risque de Me répéter, l'outil le plus merveilleux que vous avez sur la Terre est le libre choix de vos pensées. Mais, selon votre VISION, vous vivez votre expérience dans la joie ou dans la peine. Les émotions sont directement reliées à vos pensées, il est donc nécessaire de porter votre attention sur la qualité de vos pensées pour vivre selon votre VISION en étant supporté par des émotions agréables. Il est parfois difficile de changer ses pensées si familières au mode de vie dans lequel vous vous exprimez.

Si vos sens sont toujours sollicités par les mêmes images, les mêmes scénarios de vie ou encore les mêmes relations avec les autres, il est bien évident que vos pensées ne changeront pas facilement à cause de leur relation avec votre environnement. Pour changer le style de vos pensées, il faut stimuler votre esprit par des images ou des relations différentes. Vous ne pouvez peut-être pas changer votre scénario de vie à court terme, mais vous pouvez changer l'objet de vos perceptions assez rapidement.

Ce changement de perception est la clé qui vous conduira vers une nouvelle VISION de votre vie d'où découleront vos pensées nouvelles. Ces nouvelles pensées seront celles qui changeront graduellement votre expérience actuelle en une expérience enrichie ou tout à fait nouvelle. Mais, pour faire un bond important dans ce changement, il est nécessaire d'y rajouter une force additionnelle, celle de votre grâce. En ce moment, peut-être que le mot « grâce » ne vous dit pas grand chose dans votre vie actuelle. Mais nous allons le découvrir ensemble peu à peu.

Il est dit que la vie est comme le vol d'un oiseau dont la stabilité dépend de la force d'envol équilibrée entre ses deux ailes. L'aile gauche représente vos efforts personnels et l'aile droite représente la grâce. Dieu a investi votre âme de Sa grâce qui possède des pouvoirs infinis. Pour utiliser cette force et équilibrer votre vie comme le vol de l'oiseau, il est nécessaire de croire en cette force : la grâce de votre être qui est nulle autre que celle de Dieu.

Bien que Dieu vous ait transmis Sa grâce, il faut la mettre en action, l'activer au service de votre expérience. Ainsi, vous ne serez plus seul à faire des efforts, la grâce agira pour faciliter votre vie et transformer tout ce qui était impossible auparavant en un potentiel nouveau de possibilités infinies. Si vous avez de la difficulté à vous représenter la grâce en vous, vous pouvez y avoir recours à travers un compagnon ou une compagne de route qui est déjà réalisé en Dieu. Il vous reflètera cette grâce et vous la fera découvrir au fur et à mesure que vous aurez appris à mettre toute votre confiance dans les mains de Dieu à travers ce compagnon ou cette compagne qui représente la grâce.

Pour atteindre Dieu, qui est une Réalité abstraite par rapport à vous, donc informe, il est beaucoup plus facile d'utiliser un symbole qui représente la forme. Il est donc possible de rejoindre l'Informe en portant votre attention sur la forme : la forme étant un Maître réalisé qui est en contact permanent avec l'Informe. Plusieurs personnes diront qu'elles n'ont pas besoin d'intermédiaire pour parler à Dieu. Il n'est pas certain qu'elles reçoivent autant d'attention qu'elles le croient. Elles cherchent à capter l'attention de l'Informe alors qu'elles sont dans la forme. Sans intermédiaire, il est difficile de prendre un engagement lorsque les réalités sont aussi différentes.

Voici une petite analogie pour mieux comprendre la relation des réalités. Vous devez communiquer avec une personne que vous ne connaissez pas dans une foule de 3000 personnes. Comment allez-vous vous y prendre pour savoir qui est cette personne afin de communiquer avec elle ? Par contre, si vous connaissez la personne avec qui vous devez communiquer, même si elle est parmi un groupe de 3000 personnes, le fait de connaître cette personne crée entre elle et vous un canal intuitif qui vous permettra de la retrouver, ou plutôt de vous retrouver mutuellement, dans un temps relativement court.

Un intermédiaire entre Dieu et vous fait ce rapprochement. En choisissant un Maître réalisé, qui est lui-même en contact permanent avec Dieu pour l'avoir réalisé en lui, vous avez par ce fait un lien privilégié avec Dieu. Dieu est tout, et vous ne pouvez pas le différencier d'avec toutes choses parce qu'Il est impersonnel. Pour devenir personnel, Il se manifeste à travers les Êtres de Lumière qui ont été des êtres humains ayant parcouru le même chemin que vous entreprenez maintenant jusqu'à la réalisation suprême. Ils ont l'autorité de Dieu parce qu'Il est l'Informe intégré parfaitement dans la forme. Le Maître est le symbole nécessaire de la forme pour atteindre l'Informe.

Seul, vous pouvez bien sûr faire un bon bout de chemin, en purifiant vos chakras avec des efforts incessants et en faisant des pratiques reconnues par ceux qui ont réussi le chemin, mais comment arriver à vous connecter à votre grâce ou celle du Maître, si vous ne savez même pas qu'elle existe ou que ce cette connexion soit nécessaire ? Comment allez-vous obtenir cette grâce qui est aussi nécessaire que les efforts personnels ? Pensez au vol de l'oiseau, à l'équilibre des forces de ses deux ailes. Il serait impossible à l'oiseau de voler sans cet équilibre.

Si vous êtes quelqu'un de vraiment entêté et qui veut réussir à tout prix sans intermédiaire, vous pouvez purifier vos six chakras humains et avoir la maîtrise sur eux, mais il faut la grâce d'un Maître pour passer du chakra du troisième oeil au chakra couronne. Une chandelle qui n'est pas allumée ne peut pas en allumer une autre. L'initiation divine dans le septième chakra doit être transmise obligatoirement par un être réalisé qui a l'autorité divine.

Vous avez une belle histoire qui raconte la vie progressive d'un initié : L'histoire de Jonathan Livingston le goéland. Cette histoire est une représentation fidèle de toutes les étapes qu'un initié doit parcourir pour que le Maître puisse lui apparaître et le prendre sous sa guidance pour l'amener au but ultime de la réalisation de l'être. Si vous êtes sérieux dans votre cheminement spirituel, revoyez cette histoire pour en connaître les moindres détails. Ceci pourrait vous sauver beaucoup de temps, d'efforts et de recherches inutiles.

Le rayon de l'espoir est lorsque Jonathan Livingston le goéland reconnaît qu'il a besoin de la grâce du Maître pour réussir son voyage ultime. Il a reconnu que ses efforts seuls ne suffisaient pas. L'homme ne peut pas s'initier lui-même à sa divinité. Ceci est de la prétention maladroite qui découle de l'ignorance. Personne ne peut changer de règne sans avoir un instructeur du règne supérieur pour l'initier. La plupart des Maîtres réalisés que vous connaissez sur Terre en ce moment ont dû marcher dans les pas des Anciens pendant de nombreuses décennies avant d'avoir l'espoir qu'un jour, un Maître les remarque.

Aujourd'hui, les vibrations de la planète Terre sont élevées par les efforts et la réalisation de tous ces adeptes spirituels qui ont débroussaillé le chemin que vous parcourez présentement. Ils ont facilité votre chemin, ce qui vous épargne de nombreux efforts. Lorsque vous réussirez ce chemin, votre grâce se rajoutera à ce bassin de bienveillance et de grâce pour l'agrandir afin que d'autres chercheurs de la vérité puissent parcourir le chemin avec encore plus d'aisance. C'est de cette façon que se manifeste l'ascension planétaire. Chaque ascension individuelle permet un pas de plus à l'ascension planétaire en facilitant le chemin pour ceux qui le suivent.

Maintenant, J'aimerais élaborer sur la pratique la plus efficace pour vous connecter à votre grâce en utilisant les cinq préceptes de la réalisation de l'être. Premièrement, vous devez renier tous vos défauts et vos faiblesses, du moins, les ramener à votre esprit le moins souvent possible. Deuxièmement, vous devez avoir beaucoup d'imagination et d'audace pour vouloir refaire une toute nouvelle image de vous-même. Troisièmement, il vous faut être rêveur en pleine action, c'est-à-dire le jour, la nuit, pendant, après, tout le temps. Quatrièmement, vous devez savoir faire semblant. Je ne parle pas ici d'hypocrisie, mais de simulation. Vous devez être en mesure de simuler, intérieurement bien sûr, c'est-à-dire dans votre ressenti le plus profond, le personnage que vous voulez devenir, disons, votre rêve ultime. Cinquièmement, vous devez être un bon imitateur. Pourquoi ? Pour rentrer dans la peau du personnage.

Si vous rencontrez ces cinq préceptes, vous êtes en mesure de vivre, selon votre engagement, votre métamorphose la plus totale. Maintenant, imaginez que vous avez plongé, il y a très longtemps, au fond de la troisième dimension, dans cette lourdeur matérielle qui représente le fond de la mer de conscience. La pression est élevée, la densité est au seuil de l'intolérance, la limitation de mouvement est insupportable, bref, vous vivez constamment des contraintes énormes et presque insurmontables.

Vos moyens physiques pour vous sortir de ce lieu sont très limités et barbares, humainement parlant. Alors, qu'allez-vous faire ? Allez-vous vous laisser aller au gré des caprices de l'environnement de cette profondeur et jouer l'acteur fatalement perdu ou allez-vous utiliser les cinq préceptes pour stimuler votre remontée vers des espaces plus cléments pour votre expansion naturelle ?

Vous êtes présentement dans cette mer de conscience lourde et opaque, et vous voulez à tout prix sortir de cette dualité pour contempler la béatitude des êtres libérés. Donc, à l'aide des préceptes énoncés plus haut, simulez votre remontée, tout comme si vous étiez celui dans le scaphandre au fond de la mer qui cherche à remonter.

Rappelez-vous, premièrement, renier tous vos défauts et faiblesses. Vous avez la force de l'esprit. Si votre esprit est capable d'imaginer une grande force, alors vous possédez cette force. Votre corps répondra à vos convictions profondes et vous vous étonnerez de ce que l'apport d'adrénaline peut faire dans vos muscles. Dans des conditions idéales de stimulation, votre corps pourrait soulever trois fois son poids.

Deuxièmement, avoir beaucoup d'imagination et d'audace. Votre expression dans la vie sera fidèle à la limite que votre esprit s'est fixée. Parfois, il faut avoir du courage et de l'audace pour foncer dans l'imaginaire et inventer des astuces qui serviront éventuellement à votre propre libération. Lorsque vous êtes mal-pris, votre imagination travaille continuellement pour trouver une solution à vos problèmes. Vous êtes alors un ingénieur en projection mentale. Cette ingéniosité découle de vos habitudes à avoir accès à votre intellect pour utiliser l'intelligence nécessaire à résoudre le problème en cause.

Troisièmement, être rêveur en pleine action. Le rationnel est responsable de toutes les limitations que vous vivez sur cette Terre d'abondance et de joie. Rêver, c'est se libérer du rationnel pour s'engager dans les champs d'action qui n'ont pas été parcourus par votre esprit à ce jour. Rêver, c'est créer. Dieu a rêvé ce monde et il s'est manifesté. Votre grâce intérieure a ce pouvoir de créer vos rêves. Qu'avez-vous à perdre à y croire ?

Quatrièmement, savoir faire semblant. J'aime regarder vos petites bonnes femmes de trois ans marcher dans les souliers de leur mère. Faire semblant, c'est répondre à l'aspiration la plus profonde de son âme pour manifester les premiers pas vers la réalisation du désir évoqué. Infailliblement, les enfants qui jouent à la maman à cet âge, deviennent de véritables mamans quasi irremplaçables. Faire semblant est ce qu'il y a de plus fort pour impressionner le subconscient afin d'obtenir le meilleur de la vie. Réfléchissez à ce pouvoir, il est un levier incontestable.

Cinquièmement, être un bon imitateur. Imiter est une force qui impressionne aussi le subconscient et crée l'ouverture nécessaire à une nouvelle prise de conscience pour devenir semblable à celui qui est imité. La plupart des hommes et femmes à succès ont d'abord été impressionnés par un être qui les a beaucoup marqués au point de s'enquérir de ses qualités.

Alors, pour vous élever vers la libération, il vous est demandé de vous voir dans la peau de quelqu'un que vous aimeriez incarner. Ce processus de transformation n'est pas instantané, mais il a fonctionné pour un nombre incalculable de personnes qui en ont témoigné par les œuvres qu'ils vous ont laissées en héritage.

Mettre ces préceptes en pratique peut vous sembler très anodin, mais il est important de prendre l'esprit subconscient au sérieux parce qu'il est l'exécuteur de pensées qui vous amènent toutes les situations dans votre vie. Entraîner son esprit à voir les choses différemment est un travail conscient sur soi-même. La métamorphose s'installera lentement avec la pratique continuelle. Au début, ce qui sera le plus difficile est de penser à le faire. Créer consciemment une autre réalité est naturel pour les enfants, mais pas tellement pour les adultes. Il vous faudra retourner en enfance au niveau de l'esprit et croire à tout ce qui est bon pour vous et non à ce que vous redoutez.

Faisons un petit survol de votre journée habituelle avec l'application des modifications conscientes de vos pensées. Après une bonne nuit de sommeil, vous vous levez le matin en ayant à l'esprit que vous vous éveillez à un monde de Lumière. Offrez votre journée à votre Soi supérieur ou à votre divinité, afin d'obtenir sa grâce pour toutes les pensées et toutes les actions de cette journée. Visualisez-vous vous-même comme un être très lumineux, sans histoire et sans négativité d'aucune sorte. Accueillez mentalement tous vos Amis de la cinquième dimension et plus, en les saluant et les invitant à participer à tout ce que vous accomplirez dans la journée.

Ressentez cette luminosité intérieure s'épanouir vers l'extérieur. Les premiers échanges audibles avec vos proches ou votre famille seront agréables et mystérieux, en leur souhaitant un bonjour avec beaucoup de douceur. Ils vous diront peut-être : « Mon Dieu, que se passe-t-il ce matin ? Vous n'avez qu'à leur répondre que vous êtes d'une excellente humeur, sans dévoiler votre nouvel objectif. Au petit déjeuner, tout ce que vous mangerez doit être transformé mentalement en Lumière et en Amour par votre grâce intérieure. Imaginez ne manger et boire que de la Lumière, qui vous soutiendra dans la journée et vous apportera de l'énergie en abondance.

Ayez toujours à l'esprit que le monde dans lequel vous vivez est parfait pour votre expérience d'atteindre la dimension supérieure par votre prise de conscience que tout est Dieu. Parfois, il n'est pas évident de voir Dieu en toutes choses, ni en toutes personnes, mais vous devez essayer. Une façon de voir Dieu dans une personne que vous n'aimez pas vraiment, soit au travail ou dans tout autre environnement, est de voir à l'intérieur d'eux, par l'imagination, prenez contact avec son Soi supérieur. Ne voyez leur personnalité qu'en second lieu sachant qu'un jour, il verront eux aussi leur propre Lumière. C'est tout simplement une question de temps.

Entre temps, voyez tous les gens comme des frères et sœurs de Lumière. À force de pratiquer cette vision, ces êtres se transformeront à cause de votre vision renouvelée d'eux. Peu à peu, toutes les personnes qui étaient froides avec vous se rapprocheront parce qu'elles verront le changement en vous. Elles seront curieuses de ce qui vous arrive. Apprenez à voir toutes choses avec équanimité, c'est-à-dire avec une humeur égale. Imaginez que tout est parfait dans la Lumière de Dieu et de votre âme. Imaginez être imprégné de votre grâce en tout temps et en tout lieu. Tout ce que vous utiliserez dans la journée doit être lumineux à votre esprit. Si vous prenez un café ou un verre d'eau, imaginez que vous buvez de la Lumière pour augmenter votre Lumière et votre énergie de « prana », le souffle de vie.

Lorsque vous prendrez votre douche, visualisez l'eau être une lumière violette qui vous purifie et vous transforme. Imaginez que l'eau qui coule sur votre corps, non seulement enlève l'impureté physique, mais aussi l'impureté de tous vos karmas et impressions logées dans la colonne de Lumière qui superpose votre colonne vertébrale. Imaginez ces impressions négatives quitter votre être pour être retournées à la terre et être annulées par la compassion de la Mère.

Avant de vous endormir le soir, offrez votre nuit à vos Amis de Lumière pour être entre leurs mains afin d'apprendre à intégrer votre nouveau monde en formation. Appliquez-vous à imprégner tous les détails de votre vie de Lumière. Ne laissez pas échapper une seule occasion de soutenir votre vision nouvelle de vous-même et de tout ce qui vous entoure.

Je vous laisse poursuivre cette vision, selon votre désir, vous serez près de Nous, vos Frères de Lumière, plus tôt que vous ne le croyez.

Je vous bénis et, avec beaucoup d'Amour, Je vous dis au revoir. Adonaï.

Hilarion

CHAPITRE

9

UNE VISION DE VOTRE FUTUR

J'ai souvent mentionné que l'esprit crée les réalités que vous vivez et que le monde dans lequel vous vivez est un reflet de vos croyances et de vos expériences de toutes vos vies. Vous savez que le passé ne peut plus revenir. Il ne peut pas modifier ce que vous vivez maintenant, ni ce que vous vivrez dans votre futur. Le pouvoir de modifier votre destinée réside dans votre moment présent, car il est le seul moment à l'intérieur duquel vous pouvez être en communion avec votre Soi supérieur ou votre Christ intérieur.

Dans le moment présent réside le pouvoir de changer tout ce que vous voulez changer dans votre vie, peu importe la nature et l'objet du changement. L'esprit est à la source de tout ce qui vient dans votre vie. Il est l'outil par excellence pour travailler sur votre perception du monde. Vouloir changer quelque chose dans votre vie demande d'accomplir une action. Il est bien de croire que tout peut changer, mais pour initier ces changements, il faut agir.

Plusieurs prétendent que la foi leur apportera tout ce dont ils ont besoin, au fur et à mesure de leurs demandes. Mais la foi sans action est comme une eau stagnante, elle ne rapporte rien dans votre vie. Pour que la foi ait un pouvoir sur vos attentes, il faut qu'elle soit accompagnée de l'action. Agir et croire que le succès est au bout de l'effort, c'est agir avec sagesse. L'inertie et l'attente n'ont jamais couronné un roi, encore moins celui qui compte sur la chance pour se voir accompli.

Les grands hommes qui ont apporté des changements majeurs et favorables sur cette planète ont tous eu des visions claires de leurs buts. Ils ont imaginé leur futur dans les moindres détails. Ils ont joué le scénario dans leur esprit des centaines de fois pour découvrir à l'avance les obstacles qui pourraient les piéger. Ils ont contourné les problèmes avant même qu'ils ne se manifestent parce qu'ils les ont vus venir. Mais comment ? Par leur intuition. Ils étaient présents à leur ressenti, à leur intelligence et à leur imagination.

Forts de leur esprit, ces hommes ont surmonté par leur détermination plusieurs échecs mineurs. Ils ont aussi vaincu les découragements de leur entourage, de leur famille et même de leurs bien-aimés. Ils ont tout oublié de ce qui leur était intime et personnel pour atteindre l'objectif rêvé. Et, leur rêve est devenu réalité. Ces hommes de courage et de vigueur étaient destinés à changer le monde, par leur vision.

Il est possible de voir dans l'avenir ce qui vous est réservé, parce que, ce qui vous est vraiment réservé, est tout simplement en train de mijoter dans votre esprit maintenant. Et si vous étiez un rêveur comme ceux qui ont laissé des traces dans ce monde pour l'élever un peu plus, cela s'appellerait pour vous, votre destinée heureuse. Pourquoi ne pas y croire ? Qu'avez-vous à perdre sinon un peu d'imagination et une dose d'efforts personnels ?

En ce moment de grands changements planétaires, vous avez à votre portée tout ce qu'il vous faut pour créer une vie qui vous mènera sur les plus hauts sommets du couronnement de l'homme. Mais, au lieu de marcher les yeux baissés à la recherche de la petite miette de bien matériel qui vous fera sourire pour un moment, ayez l'audace de vous voir celui ou celle qui apporte un changement majeur dans son entourage et, peut-être même, sur toute la planète.

Vous savez, lorsqu'un être exceptionnel marche sur la Terre, peu importe où il se trouve, tous le reconnaissent par son accomplissement. Il devient un héros, un modèle à imiter. Il est possible pour vous de devenir ce héros. Tous les hommes et les femmes sur cette planète ont ce potentiel, même les plus démunis. Il suffit de regarder au bon endroit. Il suffit de créer un rêve qui deviendra le but recherché.

Maintenant, J'aimerais vous expliquer le véritable sens spirituel du mot « VISION ». Selon toutes les traditions et religions du monde, un modèle désignait le chemin à parcourir. Ce modèle était considéré la plupart du temps comme un prophète, un messie ou un Guide spirituel selon la tradition. L'aspirant initié à cette doctrine se créait une vision de son chemin à parcourir. Il accomplissait des efforts personnels pour s'aligner, par le développement de ses attributs vertueux, avec l'idéologie présentée par la doctrine sur le modèle ou le prophète vénéré.

C'était la profondeur de la vision de l'aspirant à se donner en modèle qui avait raison du changement dans sa réalité d'homme. Par cette pratique, l'aspirant apprenait peu à peu à se reconnaître lui-même comme un prophète de Dieu. Il se sentait investi de la grâce de porter le flambeau à son tour. La vision était la force imaginative qui permettait de percer l'insondable, l'invisible et l'inconnu.

Tout homme qui demande à accomplir un aussi noble but doit avoir un idéal, une force intérieure dans laquelle il croit au plus profond de son être. Cette force devient sa raison d'être. Elle peut venir d'une autre vie ou elle peut être créée à l'instant même. Si vous n'avez pas cet idéal dans votre esprit, il est toujours temps de le considérer. Parfois, l'idée de devenir un être extraordinaire peut venir spontanément du cœur suite à une action, une lecture, une pensée noble qui devient une vision. Une vision d'être celui ou celle qui apporte une noblesse à son prochain.

J'aimerais ici créer cet idéal pour vous donner cette force qui créera la vision nécessaire pour vous à prendre action et créer à votre tour votre propre futur. Dans cette vision, c'est vous qui pensez, qui ressentez et qui vivez l'expérience. Entrez dans cette vision de tout votre être afin d'éveiller en vous l'essence de la créativité face à votre futur.

Voici l'expérience :

Très tôt ce matin, je me suis levé avec une impression toute nouvelle, un sentiment de bien-être au-delà de mes sens. Je ne me ressens plus comme avant avec cette lourdeur de la vie. Je suis débordant de joie et d'amour. Je regarde le soleil et il brille différemment. Tout ce que je regarde scintille comme des millions de petits soleils et témoigne de la vie, une vie au-delà de la forme matérielle, une vie qui est remplie de la perfection, comme s'il ne manquait rien à la création. Tout me semble parfait, paisible et naturel.

Au fait, qu'est-ce qui s'est passé hier soir ? Je suis allé dans cet endroit où il y avait une foule de gens qui chantaient et priaient, la joie dans le cœur et les larmes sur les joues. Il y avait une telle communion de cœur que je pleurais aussi. Mais, je ne savais pas pourquoi. Tout ce qui me touchait était, il me semble, de l'amour, l'amour des autres que je ressentais sur moi, en moi et tout autour. Je pleurais comme si mon âme m'avait retrouvé pour la première fois.

Les lumières des bougies tout autour semblaient participer à la fête. Elles sautillaient, dansaient au rythme des cœurs enchantés. Il y avait une magie dans l'air, une sorte de fantaisie enivrante et indescriptible. Pour la première fois de ma vie, je perçois tout ce qui est autour de moi sans même sembler y participer. J'étais comme un témoin de cette scène. Je me voyais tout comme si je voyais quelqu'un d'autre dans mon corps. J'avais l'impression d'être beaucoup plus grand, plus présent, plus sage, et je sentais que j'étais l'Amour infini.

Je me voyais approcher d'une statue de Jésus installée un peu sur le côté de la grande cathédrale. Les gens se bousculaient pour toucher ses pieds qui se trouvaient à la hauteur des yeux. Ces pieds, qui symbolisaient l'enracinement de la création, avaient été touchés des centaines de milliers de fois par la ferveur des fidèles en quête d'espoir. L'usure et la décoloration en témoignaient l'héritage. Je me frayais un chemin pour m'approcher, tout en suivant l'ordre déjà établi par les files d'attente. Certains approchaient les pieds en y déposant leurs mains et récitaient leur prière intérieure, d'autres apposaient des photos de personnes ou d'enfants, demandant la consolation et la bénédiction.

Mon tour arrivait, je m'approchais de plus en plus et, comme si la magie du moment participait à cette manifestation, mon cœur s'est mis à battre anormalement, comme s'il voulait sortir de ma poitrine. Il me semblait que quelque chose en moi allait éclater. Je ne savais pas ce qui m'arrivait, mais j'avais conscience d'être là où je suis le plus protégé. Finalement, mon tour arriva et j'ai déposé mes mains sur les pieds de Jésus. À l'instant, d'autres larmes se sont mises à couler sur mes joues. Je sentais une douce vibration dans les pieds, comme si le contact de mes mains les avait réveillés à la vie. Je commençais à sentir une chaleur venir des pieds comme s'ils étaient vraiment vivants. Je ne comprenais pas ce qui se passait mais je me dépêchais de faire mes prières et mes demandes, mais je n'y arrivais pas. L'Énergie m'avait déjà enveloppé et ma pensée s'était arrêtée.

Le temps s'est arrêté et en quelques battements de cœur, j'ai ressenti les pieds de Jésus si vivants que mon esprit s'est ouvert et a lâché prise et cessé de chercher à comprendre. À cet instant, mon état intérieur a changé et je ressentais que j'étais aux pieds de Jésus, là-bas, en Palestine dans une autre époque. Il s'était arrêté devant moi et m'a permis de Lui toucher les pieds. Un courant d'Amour si intense est passé en moi. Il a mis Sa main sur ma tête et m'a dit : « Va, mon frère, Je suis avec toi, bénis ton frère en Mon nom. »

Dans l'instant qui a suivi, je me voyais à nouveau près de la statue de Jésus dans la cathédrale. J'enlevais mes mains de Ses pieds avec beaucoup de respect et de gratitude. Je ne savais pas quoi penser. Aie-je vécu un épisode d'une vie passée avec Lui ? Je ne savais pas, mais quelque chose me disait intérieurement que ce moment béni était là pour moi depuis toujours et que j'en prendrais conscience au moment où je serais prêt à le vivre. Je suis retourné m'asseoir pour contempler cette expérience. La fantaisie qui était si vivante à l'extérieur de moi est devenue muette et s'exprimait maintenant sur un autre plan.

J'étais imprégné de la paix de Jésus et je contemplais Ses mots : « Va, mon frère, Je suis avec toi... » J'ai un profond sentiment d'avoir retrouvé l'Être le plus cher de ma vie, peut-être même de toutes mes vies. Je me sentais compris, aimé, écouté, enfin... je me sentais bien. Je suis resté dans cette méditation contemplative pendant plus de deux heures. J'étais comblé et généreusement béni.

Après un moment, je suis sorti de la cathédrale et, d'un pas lent, je regardais les étoiles, le ciel, les lumières du soir. Tout était différent. La magie continuait. Tout en regardant le ciel, je me demandais si tout cela avait été bien réel. Et, pour me répondre, le Divin m'a fait un signe en me laissant voir une étoile filante. À cet instant, j'ai pensé à Jésus. Peut-être était-ce Son étoile ? Je me réconfortais en me disant : Pourquoi pas ? Après tout, la coïncidence est trop forte et évidente.

Je continuais à marcher lentement, pour savourer ce joyeux nectar qui a été versé à l'intérieur de moi. Je revoyais cette scène avec Jésus encore et encore. Je me permettais d'y rajouter des rêveries. Et s'Il m'avait serré dans Ses bras ! Ou encore, s'Il s'était assis avec moi pour parler de mes problèmes. Mais, tout cela ne me semblait plus tellement accessible. Ce court instant de bénédiction était passé. Et comment y revenir ? Comment Lui communiquer de personne à personne mes inquiétudes, mes angoisses et mes difficultés ?

Je continuais de marcher en regardant le ciel et je me délectais dans le silence de la nuit. Ma pensée revenait constamment à l'image de Jésus que j'ai aperçue si momentanément. Une tristesse s'était levée dans ma conscience à la pensée de ne pas avoir été près de Lui à l'époque où Il a marché sur cette Terre. Mais, d'un sourire satisfait, j'ai revu cette scène où Il m'a permis de toucher Ses pieds. Donc, j'étais là, avec Lui, dans Son temps. Cette pensée a nourri mon désir d'être près de Lui davantage.

Content, j'augmentais la cadence de mes pas. Le crissement de la neige que foulaient mes pieds me donnait le sentiment d'être dans un moment éternel. Il me semblait que je touchais l'infiniment grand tout en étant infiniment petit face à cette création majestueuse. Ce silence de la nuit me touchait l'âme dans sa plus grande intimité. Mon attention était soudainement porté à regarder une étoile dans le ciel. Elle semblait beaucoup plus grosse que les autres. Je ne l'avais jamais remarquée auparavant.

Je ne pouvais plus retirer mon attention de cette étoile. Elle semblait très particulière. On aurait dit que plus je la regardais plus elle devenait apparente. Elle semblait grossir. Mais, ce n'est pas possible ! Mon esprit me joue des tours. Il trouble ma vision... vision ? À cet instant, je vois l'étoile venir vers moi à une grande vitesse. Je vois une grande lumière envahir le paysage autour de moi. Mais, dis-je, c'est l'étoile de Bethléem ! On est la nuit de Noël !

Tout se bouscule très vite dans ma tête, puis, plus rien, ni pensée, ni désir. Je me sens imprégné d'un Amour si grand que je n'oserais même pas le décrire. La grande Lumière est entrée en moi. Je me suis demandé : « Qu'est-ce qu'il m'arrive ? Et de mon cœur montait une réponse : « Je t'ai initié à Mon Étoile, frère de Lumière. Tu M'as reconnu, Je t'ai reconnu. Désormais, tu es Mon Initié. Je te bénis. »

Je crois qu'en un seul instant, ma conscience a parcouru tout l'Univers. Il me semblait tout connaître, tout savoir, comme si j'étais branché à une centrale de connaissances. Il ne restait en moi aucune question, sauf celles : Que s'est-il passé ? Que m'arrive-t-il ? Je sentais mon cœur battre à tout rompre à nouveau, mais encore plus intense que plus tôt dans la soirée. Tout en continuant mon chemin pour rentrer chez moi, je sentais fortement que ce n'était pas mon moi habituel qui rentrait chez lui, mais un être nouveau, un être d'Amour infini. J'étais habité par la « Force christique » que Jésus m'a donnée, la même Force qu'Il est venu donner en Palestine deux mille ans auparavant, mais que personne ou presque n'avait voulu reconnaître.

Je marchais toujours, ressentant très peu mon corps à moi, mais il y avait quelqu'un d'autre avec moi que je n'avais pas l'habitude de ressentir. Je sentais un Amour si grand dans mon cœur que je me sentais perdu, humainement parlant, bien sûr, mais retrouvé dans la profondeur de ma vie. J'étais bien, heureux, comblé et sans peurs. Je sentais que j'avais touché l'autre rive, celle des anciens et des sages. On m'avait accueilli dans ce village de béatitudes comme un vrai frère. Je vivais pour la première fois dans mon existence, d'autres réalités que je savais être moi. Mais ceci ne me causait aucun problème d'être multiple et UN à la fois.

Tout au long de mon chemin du retour chez moi, je voyais des mondes superposés à celui que je connais si bien dans cette réalité physique. Je percevais ma présence au-delà de l'imaginaire. J'étais immense, possédant des milliers et des milliers de corps et d'expériences diverses. Mais, contrairement à ce que j'aurais cru, toutes ces expériences avaient une seule raison : aimer, et aimer sans limites. Selon ma compréhension, toutes ces expériences auraient pues être mes vies passées d'après l'ordre des choses que l'on m'avait enseigné. Mais je ne voyais pas toutes ces étapes, qui me semblaient à l'époque, appartenir à la notion du mal. Il n'y avait pas de mal dans ma perception élargie de mon existence. Tout était parfait, créé par Dieu et pour Dieu dans un mouvement infini de la manifestation apparente.

Mais qui voyait quoi ? Je marchais toujours et je me suis mis à rire, mais rire comme jamais, et de bon cœur. Je voyais une danse de l'Énergie divine se dérouler à travers ma vie. Le mal n'était même pas au rendez-vous, car il est une construction de l'esprit. Il me semblait que j'avais laissé mon esprit quelque part par-là. Je ne sais pas vraiment ce qui s'est passé avec lui, mais, j'étais bien sans sa présence. J'avais l'Esprit du divin qui m'habitait, alors, pourquoi m'inquiéter des miettes ? Il me troublait toujours de toute façon.

Plus tôt dans la soirée, j'avais entendu, par la voix intérieure, Jésus me dire : « D'un homme ordinaire, Je ferai de toi un être extraordinaire. » Je ressens tout au fond de moi qu'Il a accompli Sa promesse. Je ne me sens plus comme avant, certes, je vois les mêmes choses, les mêmes dualités surviennent, mais elles ne sont qu'un jeu de l'esprit, une sorte de carrousel qui tourne et qui tourne jusqu'à ce que je comprenne les véritables enjeux de la vie. Je ne peux pas résister à ce contentement intérieur qui me chatouille le cœur. Je suis existence, joie et Amour... rien d'autre.

Mon expression de la vie est celle du Maître Jésus. Je ne vis que pour faire Son Oeuvre. Je suis un initié, un disciple de Celui qui est venu montrer la Voie. Je fais désormais Sa Volonté, car je n'ai plus, pour ainsi dire, de personnalité propre. Je me sens libre et abandonné à Celui qui est venu me prendre dans Ses bras et dans Son Cœur. Pourquoi rêver davantage ? Il n'y a plus rien à atteindre. Tout est là et a toujours été là, mais je ne le voyais pas. J'étais trop bruyant dans ma tête. Mon esprit était contre moi. Maintenant, je sais, je vois, j'entends.

Je m'approchais toujours d'un pas lent de chez moi. Même ma demeure me semblait différente. Je regardais tout autour et je voyais sensiblement toujours la même chose : l'Amour manifesté à travers les formes. Tout était parfait, même ce qui semblait de travers à mes yeux humains. Ma perception était pour le moins très différente et je ne me souciais plus des choses qui retenaient mon attention auparavant, comme ces détails d'un travail commencé mais jamais complété. Ça n'avait plus d'importance pour moi. Je savais au fond de mon cœur que tout s'alignerait pour mon plus grand bien.

Je suis arrivé chez moi, le cœur en équilibre sur l'aile d'une colombe, en paix avec moi-même pour la première fois de mon histoire. Il était tard dans la nuit, alors je n'ai pas hésité à aller au lit. Je crois que je me suis endormi assez rapidement. Mais, curieusement, je percevais tout autour de moi comme si j'étais réveillé, et pourtant, je savais que je dormais, dans la forme physique du moins. À l'instant, j'aperçois mon corps dans le lit qui dormait, mais moi, je ne dormais pas. J'étais témoin de tout. Toute la nuit, je vivais l'expérience d'un rêve, mais je savais que ce n'était pas vraiment un simple rêve.

Il me semblait que j'étais témoin d'une autre réalité qui se jouait à travers mon « JE » élargi. Je me voyais aller ça et là, me rapprocher des gens et m'asseoir avec eux pour parler, ce que je ne faisais jamais habituellement. Même si ces gens étaient inconnus de moi auparavant, il me semblait maintenant que je les connaissais. Je les voyais comme moi, illuminés et saisis d'un profond sentiment à la Force Christique qui m'habitait.

Certains me regardaient avec des yeux émerveillés et commençaient à pleurer en silence. Intérieurement, je me demandais pourquoi ils pleuraient. Qu'est-ce que j'aurais bien pu leur faire pour qu'ils se mettent à pleurer ? Au fond de moi, cette Voix divine me rassura en me disant qu'ils recevaient l'Amour du Christ émané à travers ma présence, cet Amour que Jésus leur donnait à travers mon canal christique. Je restais tout de même un peu gêné de cette expérience et je suis parti ailleurs.

Mais partout où j'allais, il y avait quelque chose d'heureux qui se passait. J'étais remarqué et cela m'ennuyait un peu, car je ne comprenais pas vraiment ce qui se passait par ma présence. Je n'étais pas habitué à ce genre de chose. Je me sentais seul, différent et transformé. Je devais sans doute apprendre à ressentir ce nouveau moi et oublier cette personnalité d'autrefois qui était moi, limité à mon esprit humain et à ses concepts. Le « rêve » se prolongeait toujours et je vivais de multiples expériences semblables où tout semblait couler de la perfection vers la perfection.

Il y avait un bien-être indescriptible qui habitait mon cœur. Je me sentais partout chez moi, bien à tout instant et, le plus merveilleux des ressentis, libéré de tout ce qui m'était difficile à vivre avant cette grande initiation de l'Étoile Christique. Il n'y avait pas d'endroit où je désirais aller. Il n'y avait pas de mots qui pouvaient me donner un plus grand bonheur. Il n'y avait rien au monde que je voulais plus que de vivre et me délecter à ce nectar qui coulait continuellement dans mon cœur. Je sentais en permanence la Présence Christique au fond de moi. Il s'était révélé à moi pour le reste de ma vie. J'ai enfin compris ce que Jésus était venu nous offrir, il y a deux mille ans.

Je vivais toujours ce « rêve » mais sans pour autant me raccrocher aux images et aux expressions qui s'y déroulaient. Le bonheur était au sommet de la perfection et cela me suffisait largement. Il y avait tant de choses à découvrir dans ce nouvel état, mais le temps n'est plus important ; je suis maintenant dans l'éternité. Mon seul désir est de laisser la Volonté divine s'exprimer à travers moi et ressentir l'Amour infini qui coule comme une rivière sans commencement ni fin.

Je vois mon corps se réveiller pour aller méditer et pour se reconnecter à ces pratiques qui m'ont aidées à m'élever et me préparer pour cette grande initiation. Pour mon corps, tout est comme avant. Il a sa propre conscience des choses de ce monde. Mais, je ne suis plus lui, avec ses attentes et ses souffrances du quotidien. Je ne ressens plus les mêmes émotions. Maintenant, je l'habite comme un plongeur habite son scaphandre de plongée. Je ne suis plus ce corps qui me limitait tant. Je suis maintenant un être divin éternel, sans prétention, humble et content. C'est mon secret. Personne ne le saura, sauf à travers l'Amour Christique que je porte en moi pour eux. Je suis le silence incarné dans une forme comme la lumière est associée à sa lanterne.

J'entends ces belles paroles dans ma tête : « Je Suis celui qui vient au nom du Seigneur. Je t'apporte la Paix. Je te donne ma Paix. » Puis, je me sens glisser en méditation comme je le fais chaque matin. L'habitude de méditer m'a permis de changer d'état de conscience très rapidement, mais cette fois, c'était différent. Je me sentais attiré dans un vortex d'énergie qui transcendait le temps et l'espace. Je me sentais dans un autre corps, à une autre époque. L'air était pur et clair. L'odeur des blés mûr dans les champs me rappelait des souvenirs très lointains.

Je vois autour de moi une foule de gens qui écoutent un être, tout habillé de blanc, parler et raconter de petites histoires qui amusaient les gens et leur apportaient une sorte de reconnaissance ou de gêne qui témoignaient de la confirmation de leurs actes passés. Ils semblaient bien amusés, les uns regardant les autres avec des regards accusateurs de leurs défauts et certains acquiescent des bonnes actions qu'ils ont dû accomplir lorsque le discours leur semble favorable.

Après avoir pris conscience de l'endroit où j'étais, j'ai porté mon attention sur cet homme à la voix si forte qu'elle perçait l'air frais de la montagne à la vallée. L'écho de sa voix, assuré par d'autres montagnes tout autour, ramenait les paroles à ceux qui ne les avaient pas bien entendues dans la première vague acoustique. Sa voix était d'une douceur indescriptible, mais qui touchait le cœur tellement que les larmes ne pouvaient faire autre que caresser les joues de tous ces gens. J'étais pris aussi dans cette sensation que c'était mon âme qui me parlait. Je ne pouvais faire autrement que d'aimer cet homme. Je communiais avec lui.

Je demandai à certains autour de moi, qui était cet homme si puissant. Plusieurs se hâtèrent pour me dire qu'il était Jésus, le Nazaréen, celui qu'on disait le Messie. Une grande chaleur me parcourait le dos et la nuque. Je me sentais tout à coup en harmonie vibratoire avec cet homme tout vêtu de blanc, les bras en croix et balançant son corps pour embrasser tout le monde avec son énergie. Il parlait à la foule comme s'il me parlait directement. Il disait :

« Venez à moi, ceux qui ont soif de liberté. Je vous montrerai le chemin qui mène à votre gloire. Je Suis la Voie, la Vérité et la Vie. Mon Père m'a envoyé pour vous reconnaître : fils et filles de la Lumière. Soyez bénis d'être là aujourd'hui, car Je suis venu vous apporter la bonne nouvelle : l'éternité vous appartient. »

J'entendais les paroles qu'Il disait, et je les comprenais si bien qu'elles formaient, d'une certaine façon, des images dans mon esprit. Je voyais ce que Ses paroles signifiaient dans tous les détails. Il avait la facilité de faire comprendre tout ce qu'Il disait. Même des gens qui venaient de très loin pour Le voir comprenaient comme s'Il parlait dans leur langue et dans leur patois.

Après avoir fini de parler, Jésus baissait les bras qu'Il avait soutenus en croix pendant tout le discours. Il s'assied sur un rocher près de l'endroit où il était debout. Tous les gens semblaient dans une sorte d'hypnose intérieure, en contemplation et en méditation. Personne ne se levait pour quitter cet endroit où l'écho semblait chuchoter encore les paroles de Jésus. Une brise légère balançait les récoltes à venir de blés bien mûris. L'Énergie de Jésus pénétrait tout et perçait même le cœur des plus incrédules. Tous étaient touchés par ce qui venait de se produire. Il n'y avait pas que des paroles, mais une Énergie d'Amour infini qui nous envahissait complètement.

La foule est restée là, en méditation profonde pendant plus d'une heure. Puis, graduellement, je perdis la conscience de cette réalité que je venais de visiter pour revenir dans ma sortie habituelle de méditation. J'étais songeur. Comment autant de choses pouvaient-elles se produire dans si peu de temps ? Tout était si inattendu. J'éprouvais une gratitude infinie envers les Êtres de Lumière qui ont permis tout ce qui s'est passé depuis hier.

Peu importe ce que je faisais après cette rencontre dans l'autre monde, je ne pensais qu'à Jésus, cet Être si lumineux et si accueillant. L'Amour qui se dégageait de Lui n'était comparable en rien à ce que je connaissais. Je n'avais qu'une pensée qui résonnait dans mon esprit : Je veux retrouver cet Être. Peu importe comment j'y parviendrai, mais je veux Le voir comme dans cette réalité que j'ai visitée. Je ne sais pas comment je peux y parvenir, mais la méditation a servi de porte d'entrée une fois, elle pourrait bien être le moyen par excellence pour y parvenir à nouveau.

Mon désir de Le connaître davantage est si fort que j'ai commencé ma recherche pour Le connaître. La littérature qui parle de Lui est si abondante, je parviendrai sûrement à reconnaître ce qui Lui appartient vraiment. Ma vision de Lui est encore très claire et elle ne semble pas diminuer avec le temps. Avec cette vision, je saurai ce qui est vrai dans toute cette littérature. Je suis en recherche de ma VISION pour en faire une RÉALITÉ dans toute ma vie.

Fin de cette vision du futur.

La vision de votre futur pourrait commencer là où cette histoire se termine. Ainsi, pour vous, cette vision ne sera jamais terminée, à moins que... vous ne deveniez Lui par le retour en Force de Ses Énergies à travers votre réalité. Ce choix vous appartient. Le Maître a dit un jour :

« Cherchez, et vous trouverez. »

« Aide-toi, et le Ciel t'aidera. »

« Frappez, et l'on vous ouvrira. »

« Celui qui Me cherche, Me trouve. »

Moi, Hilarion, Je vous bénis au nom de Celui qui donne la vrai Vie.

Adonaï

CHAPITRE

10

LA DISCIPLINE DE L'ESPRIT

Message pour l'année 2002

Vous avez sans doute entendu souvent parler des forces de l'esprit. Pourtant, la plupart des gens ne s'entendent pas avec leur vie qui leur semble beaucoup trop jonchée d'épreuves, de manques de toutes sortes et de souffrances dont ils n'en connaissent pas la source. Quelle est la véritable raison de l'apparition de ces dualités dans la vie d'un être qui, dit-on, a tous les pouvoirs cachés dans le secret de son cœur ?

Essayez honnêtement de faire un bilan de ce que vous vivez et comment vous le vivez dans une seule journée. Écoutez consciencieusement ce que vous dites à chaque jour de votre vie : les critiques, les moqueries, les jugements sur les autres et sur vous-même. Vous seriez surpris d'écouter un enregistrement de vous-même dans une seule journée.

Oui, ce que vous pensez, ce que vous dites et ce que vous faites est enregistré par un témoin infaillible en vous-même. Votre subconscient vous écoute et exécute vos moindres commandements. C'est la raison pour laquelle il vous faut toujours être conscient de ce que vous dites et de la façon dont vous le dites. Le subconscient est comme un enfant, il ne raisonne pas, ne juge pas et répond aux moindres détails de vos demandes. Mais il est souvent pris au piège entre vos critiques et vos désirs. Il peut interpréter ce que vous pensez être compliqué, par une idée simple.

Si vous dites : « Ah ! Ce voisin m'envahit. » Le subconscient analysera la situation que vous vivez émotivement et vous donnera la sensation d'être envahi dans toutes les autres situations similaires. Si vous dites : « Celui-là me casse les pieds. » Vous pouvez être assuré que votre subconscient organisera, à un moment approprié, une épreuve qui conviendra à votre commande. Parce que, pour lui, c'est une commande en terme simple et précis. Soyez vigilants dans vos énoncés verbaux. Ils sont très puissants, autant pour vous apporter des épreuves que vous assister dans votre succès.

Il est difficile dans la société actuelle de réussir à percer les mystères de la vie, parce que vous vivez dans des pseudo-réalités, c'est-à-dire des réalités qui sont empruntées au sens contraire de l'expression. Vous dites : « C'est écœurant comme c'est beau ! » Que ressentez-vous dans cette expression ? Une contradiction littéraire à coup sûr, mais aussi une confusion au niveau des sentiments. Ils ne sont pas clairs ni précis, et mettent dans l'embarras votre subconscient qui ne sait trop comment exécuter cette commande. Il essaie de vous apporter ce qu'il croit être le meilleur pour vous. Mais, en fin de compte, vous n'êtes pas satisfaits du résultat, c'est-à-dire de la façon dont se déroule votre vie.

Est-il possible de comprendre le phénomène qui vous met sur la scène de la différence ? Cette différence qui vous installe dans des situations que vous n'aviez pas voulues, mais que, par le verbe, vous aviez commandées. Votre vie n'est pas une bouffonnerie. Si vous ne portez pas attention à la façon de vous exprimer, votre subconscient ne sera pas fidèle à votre aspiration la plus profonde, car il ne la saisira pas. Si elle n'est pas exprimée par vos désirs et vos gestes d'une façon claire et précise, il est peu probable que la réponse à vos aspirations ne soit pas ce que vous recherchez.

Tout comme vous devez faire attention à ce que vous mangez pour ne pas vous empoisonner, vous devez aussi regarder ce que vous permettez à votre esprit de saisir et de croire. La mécanique de l'esprit est simple. Il est impressionné par tout ce qui le touche par le biais de vos sens, et réagit favorablement ou défavorablement à toutes les situations qui vous sont présentées selon vos expériences de vie. Votre caractère, étant la somme de l'acceptation de ces expériences, habillé par les influences environnementales et cosmiques, vous met face à face avec les connaissances que vous avez de vous-même et du monde dans lequel vous vivez.

Il est peut-être trop simple de dire que vous devenez ce que votre esprit accepte et intègre, mais la vie se limite principalement à cela. Il est nécessaire, donc, de reconnaître qu'il est de la plus grande importance d'élaborer un plan pour vous assurer que la vie ne se joue pas de vous, mais qu'étant le principal acteur, vous ayez la fermeté intellectuelle de reconnaître ce qui est bon pour votre expérience. La discipline de l'esprit est le seul moyen qui vous est accessible dans cette incarnation pour vous aider à atteindre votre but. Il faut savoir reconnaître ce que vous avez besoin de croire et de saisir pour arriver à destination de votre engagement de vie.

Comment peut-on appliquer concrètement la discipline de l'esprit ? En analysant sérieusement ce qui vous touche et ce qui vient dans votre environnement. Prenez par exemple la peur. Elle se traduit dans certaines situations par la fuite lorsque vous êtes devant un danger. Cette peur peut effectivement vous sauver la vie. Elle fait partie de la protection dont vous avez besoin pour vous permettre de poursuivre votre expérience.

Dans d'autres situations, elle se traduit par l'angoisse, la peur du futur, l'insécurité, la peur de perdre quelque chose que vous possédez. Face à cette peur, votre subconscient cherchera à équilibrer l'énergie qu'il perçoit entre vous et une situation possible, et provoquera dans votre vie un changement afin de tenter à reprendre un équilibre relatif, mais qui n'est pas toujours ce que vous cherchez.

Dans cette mesure, il peut y avoir un malentendu entre votre soi conscient et le subconscient. Ce phénomène peut se traduire physiquement par la maladie ou par des incidents non désirés. Par exemple, si vous avez une peur chronique de perdre votre maison par le feu, plutôt que de vous voir souffrir d'anxiété démesurée, votre subconscient pourrait s'entendre avec les éléments de la nature pour la détruire par le feu afin de vous libérer de cette peur. Il croira qu'une fois votre maison brûlée, elle ne vous causera plus d'ennui. L'attachement aux biens terrestres peut aller jusque-là. Donc, pour éviter ces désagréments, il est essentiel et même vital de gérer ce qui entre dans votre esprit, les pensées d'abord, et les informations venant des sens physiques par la suite. Cette gestion demande d'être toujours en vigile intellectuellement pour empêcher l'intrusion de ce qui ne vous convient pas pour votre bien.

La discipline de l'esprit vous ramène dans une focalisation des choix de votre vie, une concentration sur des valeurs que vous trouvez importantes pour vous. Lorsque vous portez vraiment votre attention sur ce que vous dites et sur ce que vous faites à l'instant présent, vous êtes en mesure de reconnaître ce qui ne convient pas pour vous. Si vous parlez en bien d'une personne par exemple, votre subconscient bénira cette personne suite à votre bonne intention. Le retour de cette grâce que vous émettez sera aussi bénéfique pour vous parce que l'effet causé sera le même pour vous que pour cette personne.

À l'inverse, si vous parlez en mal contre une personne, votre subconscient émettra des ondes nuisibles pour elle et le retour provoquera dans votre vie les mêmes menaces et les mêmes malaises. Une énergie déstabilisante de culpabilité se créera et vous serez toujours confrontés à des situations qui vous mettront dans l'embarras face à cette personne. Vous aurez un jour à harmoniser cette situation déplaisante, sinon, elle se transformera en maladie physique, en stress démesuré ou encore en angoisse chronique.

Accordez vos pensées à vos actes et vous saurez être juste en toutes choses. Ne soyez pas de ceux qui présentent un beau visage à quelqu'un tout en ayant des pensées noires envers lui car, tôt ou tard, ce déphasage de l'esprit créera des embûches dans votre propre vie. Vous avez sûrement connu dans votre enfance quelqu'un qui se disait malade pour ne pas faire face à ses responsabilités. Comment est cette personne aujourd'hui ? Il est possible que la maladie dont elle s'est servie comme alibi autrefois la dévore présentement.

Un nombre étonnant de personnes souffrent aujourd'hui pour avoir trahi leur esprit en dissociant leurs pensées de leurs actes. Elles se servent de raisons évasives pour ne pas affronter la véritable situation et faire croire à la personne impliquée ou aux individus qui sont directement associés à leur participation qu'elles sont malades ou indisposées. La programmation psychique de votre vie est constante et se fait à tout moment. Les pensées et les paroles sont les causes directes de tout ce qui vient à vous comme situation.

En ces temps qui filent à une vitesse de plus en plus croissante, par la perception de votre esprit, il est plus difficile de cacher ou de retarder les manifestations dont votre esprit est la cause. Vous avez sans doute remarqué que les désirs que vous formulez se manifestent plus rapidement qu'autrefois, bien sûr, en tenant bien compte que vous savez ce que vous voulez, et que votre demande est perçue clairement par votre subconscient. Que dire aussi du retour karmique des actions que vous posez ? Les retours ou les réactions sont aussi beaucoup plus hâtives.

La concentration sur la vie est importante à ce stade de développement de votre implication dans le monde manifesté. Sans cette concentration, vous faites face à une qualité de vie diminuée au point à ne jamais savoir ce que le lendemain vous réserve. Être vrai avec soi-même amène la paix dans votre vie. Sans cette paix, il est difficile de parcourir un chemin de croissance et de compréhension. La tranquillité de l'esprit est primordiale pour atteindre le succès dans toute entreprise et dans tout objectif. Apprenez à devenir sereins en ayant toujours à l'esprit la notion de vérité. Ne mentez pas aux autres pour ne pas mentir à vous-même. Ce que vous projetterez vers l'extérieur de vous-même vous reviendra assurément. Rappelez-vous constamment que l'extérieur n'est qu'un miroir.

D'autre part, votre esprit possède des dons immenses que vous ne connaissez pas ou que vous connaissez à peine. Par exemple, l'imagination. Vous pouvez créer, par votre imagination, tout ce que vous voulez dans votre vie. C'est cela projeter une VISION. Toutes les grandes entreprises au monde utilisent ce processus pour planifier leurs relations d'affaires à travers une discipline qu'elles choisissent. La méthode de discipline qu'elles choisissent peut varier, mais le principe de la VISION est toujours le même.

Par exemple, imaginez ce que vous voulez être dans dix ans. Projetez cette image sur votre écran mental comme une VISION afin d'imprégner votre subconscient de tous les paramètres possibles pour qu'il rende cette VISION une réalité. Par la pensée quotidienne, supportez votre VISION tant et aussi longtemps que vous n'aurez pas atteint votre but. Bien sûr, vous aurez des découragements en cours de route, mais ne vous laissez pas intimider par le doute ou la peur. Persistez dans votre VISION et alimentez continuellement cette VISION de nouvelles connaissances concernant votre projet.

Si vous devez prendre des cours pour vous rapprocher de l'aspect réel de cette VISION, faites-le sans hésiter. Ne restez pas dans l'inaction. Faites les pas nécessaires, un à un, vers ce but que vous chérissez. Les quatre piliers du succès sont : l'aspiration, la détermination, la persévérance et le courage. Augmentez peu à peu la discipline de votre esprit pour inclure ces quatre piliers dans vos attributs et dans votre profil de vie. Soyez toujours attentifs aux demandes que votre VISION vous propose.

Si vous prenez votre VISION au sérieux, à un moment dans ce processus, vous constaterez que votre relation avec cet objectif deviendra beaucoup plus qu'une chose. À force d'alimenter votre VISION avec votre énergie, elle prendra la forme d'une image vivante. Ce sera comme si votre VISION devenait une entité avec qui vous aurez un rapport très étroit et, enfin, votre VISION fusionnera avec votre réalité.

Tout cela est possible parce que votre cerveau est un instrument merveilleux qui peut vous supporter dans toutes les expériences que vous pourriez imaginer, même celles que vous n'oseriez même pas imaginer de peur d'être pris pour quelqu'un de dérangé. Vous avez sans doute appris, dans vos sciences appliquées, que le cerveau représente un système complexe de traitement d'informations qui n'a pas d'égal dans toute la création telle que vous la connaissez aujourd'hui. Il est composé de plus de cent milliards de cellules appelées neurones. Ce nombre est pratiquement égal au nombre d'étoiles dans votre galaxie entière. Ces neurones sont inter-reliés entre eux à l'aide de plus de cent trillions[1] de connexions.

Votre cerveau est plus puissant que la puissance unifiée de tous les ordinateurs les plus sophistiqués que l'humain d'aujourd'hui puisse concevoir. Croyez-vous vraiment que Dieu vous a donné cet outil pour simplement venir expérimenter la vie telle que vous lever le matin, aller travailler, vous amuser un peu et dormir ? Non, heureusement. Mais qu'en faites-vous ?

À travers les multi-milliards d'années de votre existence éternelle, vous avez acquis, dans votre concept énergétique, des cellules psychiques dont le nombre est aussi impressionnant que celui des cellules de votre cerveau. Ce vortex de cellules psychiques est votre esprit, doté d'abord d'un intellect qui est la partie supérieure de votre esprit, d'une mémoire qui a emmagasiné toutes vos expériences depuis le début de votre sortie de l'Unicité et d'une intelligence qui vous relie à la connaissance et à votre interrelation avec l'Univers.

Évidemment, l'esprit est beaucoup plus complexe que ce que Je vous ai énuméré ici, mais les éléments

---

[1] Cent millions de milliards.

principaux sont suffisamment apparents pour que vous puissiez apprécier Mon point de vue. Pouvez-vous imaginer que dans votre tête seulement, 1,3 kilo de matière grise, existe une complexité équivalente à celle de toute la galaxie dans laquelle vous évoluez ? Et que pour chaque cellule physique, il y a une contre-partie psychique qui se lie avec elle pour énergiser la cellule physique et permettre à votre esprit de s'imprégner dans la matière. Ce mariage esprit-matière vous donne cette faculté de sentir que vous existez, et d'être conscient que vous êtes un être vivant capable de contrôler vos pensées, votre motricité, vos émotions et tout le reste de votre corps et ses attributs.

Assurément, le mariage entre votre cerveau et votre esprit pourrait être plus parfait, car il découle justement de la discipline de l'esprit. Cependant, vous n'utilisez qu'une infime partie du cerveau parce que vous n'utilisez qu'une infime partie de votre esprit pour vous élever au-delà de l'expérience humaine. Vous êtes des dieux en devenir qui s'ignorent totalement. Le potentiel que Dieu a placé dans votre corps est incommensurable. Vous n'aurez jamais dans toute une vie assez de temps pour comprendre l'Intelligence suprême qui fut placée dans ce corps et particulièrement dans votre cerveau.

En Orient, il y eut des Sages qui ont légué au monde un héritage d'une valeur inestimable, mais très peu compris par l'homme. Les chants et mantras qui sont chantés dans les groupes de yoga à travers le monde sont des élévateurs d'énergie qui propulsent les vibrations dans des états supérieurs de conscience. Chaque son, chaque intonation et chaque rythme représentent une clé qui travaille sur les chakras pour leur apporter, non seulement une énergie, mais aussi un code d'élévation et de transformation. Les pratiques de ces mantras nourrissent le corps et l'esprit de prana, l'énergie du souffle de vie qui élève au-delà de l'humain. Seule la discipline de l'esprit peut vous permettre d'avoir accès à cette transformation.

Vous prendrez bientôt conscience des principes des Anciens qui ont fait le chemin que vous entreprenez aujourd'hui. Ces principes n'ont pas changé et ne changeront pas non plus dans l'avenir parce qu'ils constituent la loi de l'effort. Le Maître Jésus a dit : « Tu récolteras ce que tu auras semé. » Rien n'arrive dans votre vie si vous n'agissez pas. Il faut de la discipline pour être heureux. Le bonheur vient avec les efforts.

Les grands hommes, qui ont réussi et qui sont devenus des idoles aujourd'hui, ont sacrifié leur vie pour des principes qu'ils reconnaissaient comme valides pour eux. Ils n'ont pas agi pour être renommés, mais pour s'élever au-delà de leurs limites par amour pour eux-mêmes d'abord et par amour pour la collectivité ensuite. La plupart d'entre eux ne savaient même pas que l'héritage qu'ils allaient laisser supporterait un tant soit peu l'humanité. Il l'ont fait par amour et pour l'amour. Ils ont grandi et sont reconnus. La discipline qu'ils imposaient à leur esprit était l'enjeu de leur réussite et de leurs œuvres. Que la paix soit dans leur cœur.

Étant incarnés sur une planète soumise aux forces duelles de l'expression physique, vous voguez entre deux pôles extrêmes. Ces forces polaires existent en toutes choses et en toutes expressions. Vous remarquerez que toutes les manifestations physiques stables entre la Terre et les étoiles sont en équilibre à cause de ces deux forces polaires. Si l'une d'elles change ses paramètres ou sa forme d'expression, l'équilibre est perdu jusqu'à ce qu'il y ait une compensation ou une modification de l'une des deux forces polaires.

Votre esprit vogue aussi entre ces forces polaires, non pas physiques mais psychiques. Vous les appelez le bien et le mal. Le bien étant la force polaire de création et le mal étant celle de la destruction. Votre choix est déterminé par l'expérience que vous voulez vivre.

Pour atteindre un équilibre entre le bonheur et le malheur, vous avez à apprivoiser les options qui vous attirent le plus et les maîtriser dans votre vie. Si vous êtes de ceux ou celles qui choisissent de poursuivre les oeuvres des grands êtres dans ce monde, vous devez aussi choisir les options qui vous attirent vers ces grandes réalisations. Pour y arriver, il est nécessaire de comprendre un peu le fonctionnement de votre esprit afin d'être en mesure de le maîtriser.

J'ai mentionné antérieurement que l'esprit est le véhicule ou le corps de l'âme. C'est lui qui permet à l'âme de manifester sa présence dans le monde. J'aimerais ici aller un peu plus loin en clarifiant le contexte de l'esprit par rapport à l'âme. L'âme est comme le soleil et l'esprit est comme son rayonnement. L'âme étant une fragmentation de la Conscience Universelle doit se manifester obligatoirement à travers un véhicule, en projetant l'esprit avec ses attributs, comme le soleil projette son rayonnement avec ses effets.

L'âme, en elle-même, est la Conscience pure et ne sait pas qu'elle est séparée de Dieu et ne perçoit pas les mondes. L'esprit, au contraire, qui est la conscience projetée par l'âme, possède les attributs nécessaires pour percevoir la réalité à l'extérieur de l'Unicité qui représente les mondes créés dans la dualité. L'esprit est donc une projection de la conscience de Dieu à travers la réalité infinie de l'âme. Tant que l'âme projette l'esprit dans l'homme, celui-ci est humain. Si l'âme retire sa projection de l'esprit, il ne reste que Dieu à travers elle.

Bien que cette explication soit très sommaire, elle permettra néanmoins de comprendre partiellement l'origine de l'esprit. En occident, vous avez des notions sur l'esprit très différentes de celles que Je vous propose ici, mais Je me limiterai ici à vous donner ce qui est nécessaire pour comprendre comment appliquer la discipline de l'esprit afin de vous élever à votre grandeur d'origine. Les jeux de l'esprit sont illimités, mais regardons les quatre fonctions principales de l'esprit qui découlent de la perception par les sens.

La première fonction est la perception, qui se fait d'abord par les sens à travers l'acquisition de l'information ; comment vous vous percevez ; comment vous percevez les autres ; et finalement comment vous percevez tout ce qui vous entoure, c'est-à-dire le monde dans lequel vous vivez.

La deuxième fonction est la cognition, qui est la reconnaissance de l'information perçue et comparée à la similarité et à la familiarité des expériences passées.

La troisième fonction est le jugement, qui est la sélection des informations pour les classer comme non valides et inutiles, donc non retenues, ou comme utiles et enrichissantes, donc retenues pour l'expérience de vie.

La quatrième fonction est l'identification personnelle, qui est la fonction la plus importante pour former le caractère d'une personne. L'information retenue, après avoir passé à travers les autres fonctions, est acceptée comme faisant maintenant partie de l'expérience de vie. La personnalité cherche à s'identifier en intégrant à elle-même les informations perçues, reconnues, jugées et retenues comme valides et utiles pour se fondre dans l'identification personnelle.

Ces fonctions ont toutes un point en commun, les pensées. Les pensées sont comme les vagues de l'océan, elles ne cessent pratiquement jamais leur-va et-vient. L'activité cérébrale est continue durant tout le temps de veille et cesse lorsque le sommeil s'installe, pour reprendre au prochain réveil. L'esprit est l'instrument psychique qui supporte les pensées et, selon sa discipline, peut apporter une qualité de vie relative au caractère d'un individu.

En plus d'être directement reliées aux quatre fonctions principales de l'esprit , les pensées sont aussi les facteurs déterminants du style de vie d'un individu. L'état dans lequel vous vous sentez actuellement est le résultat des pensées qui vont et viennent constamment dans votre esprit.

Dès que vous changez le rythme de vos pensées, vous changez d'humeur. Si vous êtes en contact avec des informations heureuses, vous ressentez par votre esprit des émotions heureuses. Si par contre vous recevez une mauvaise nouvelle, vos pensées vous feront connaître une gamme d'émotions qui modifieront grandement l'aspect de votre perception du monde et de vous-même.

Ce qui fait souffrir lors de ces émotions n'est pas l'esprit comme tel, mais les vagues de pensées qui sont ressassées à travers la reconnaissance des événements similaires du passé qui font revivre les émotions douloureuses venant de la mémoire. Les pensées réveillent les sentiments, et ce sont elles qui agitent l'esprit qui se perçoit menacé par des informations qui viennent du mental, des émotions, de la mémoire des expériences passées et du jugement.

Dans les situations perturbantes, le seul moyen de calmer l'esprit et de faire cesser les activités du mental, est de porter l'attention vers l'intérieur par la concentration sur des sentiments plus favorables. Il est difficile mais nécessaire de détacher la personnalité des événements extérieurs afin de retrouver un équilibre qui évite la souffrance. L'esprit est capable, non seulement de vous rappeler à la conscience les actions que vous avez vécues, mais aussi les émotions qui étaient rattachées à ces actions.

Ces rappels sont douloureux lorsqu'il s'agit d'événements tragiques. Et inversement, ils sont agréables lorsqu'il s'agit d'événements heureux. La plus grande souffrance est l'identification de la personnalité à ces actions qui réveillent des sentiments de malheur. Ces états malheureux de l'esprit créés par les pensées sont nés de l'ignorance, du mal-être, de l'agitation et du mouvement incessant des pensées vers l'extérieur.

L'esprit se caractérise aussi par quatre états de cognition. Le premier état étant la cognition juste, qui se subdivise aussi en trois catégories : la cognition directe, lorsque les informations reçues sont sûres et exactes, la cognition par déduction, lorsque les informations reçues découlent de renseignements déjà connus, et la cognition dérivée, lorsque les informations viennent des livres de sagesse et de connaissance.

Le deuxième état étant la cognition erronée, lorsqu'une chose est prise pour une autre, par exemple prendre un poteau pour un voleur sur la route.

Le troisième état cognitif est l'imagination, qui s'associe parfois au deuxième état, par exemple lorsqu'un individu prend un poteau pour un voleur, l'imagination amène celui qui perçoit mal à toujours craindre le pire à cause de la peur.

Le quatrième état cognitif est le sommeil où les activités cérébrales de veille cessent pour laisser la place aux activités de rêve. L'esprit ne cesse pas ses activités durant le sommeil, il manipule les informations et voit même la petite activité cérébrale. Lorsque des cellules du cerveau s'apprêtent à mourir, celles-ci émettent des impulsions de la connaissance qu'elles portent pour la transférer à d'autres cellules plus jeunes afin de sauvegarder l'état cognitif de la mémoire. Durant ces transferts d'informations, l'esprit essaie de saisir les données partielles, les décode et crée une réalité de rêve qui, la plupart du temps, est incompréhensible à la raison.

Les rêves ne dérivent pas tous de ce phénomène, ils peuvent être aussi des inductions des autres plans de conscience associés à des vies passées ou encore des projections du mental pour créer une continuité des événements déjà enregistrés. Certains diront que leurs rêves proviennent des messages de leurs Guides spirituels. Bref, il existe plusieurs sources de manifestation du rêve.

Le cinquième état cognitif de l'esprit est, comme mentionné plus haut, celui de la mémoire. Sans mémoire, rien n'existerait. Tout serait chaos et entropie. De l'infiniment petit à l'infiniment grand, la mémoire est ce qui permet l'existence des structures de manifestations autant physiques que psychiques. L'expansion de la conscience de l'homme est basée sur les expériences vécues depuis un nombre important de vies. Les connaissances acquises durant ces expériences se sont intégrées dans l'esprit par la mémorisation des effets permettant la croissance des facultés de l'esprit.

Sans mémoire, même la pierre ne saurait garder sa structure de base car, à l'intérieur d'elle, dans l'infiniment petit, se joue toute une gamme de phénomènes, comme l'activité nucléaire de l'atome et des forces immenses pour garder la vibration matérielle dans un état stable à la perception humaine. Si la mémoire dans la pierre est importante pour son expression et son existence, n'est-elle pas plus importante pour les manifestations plus complexes comme l'être humain, la Terre et les étoiles ?

On pourrait en parler longtemps, mais revenons à l'esprit pour finalement connaître ses composantes majeures. Le moteur ou le noyau de votre esprit est l'âme qui projette son propre corps, qui est lui-même composé de cinq différentes couches ou si vous voulez nommons-les enveloppes.

La première enveloppe de l'esprit est celle de la béatitude. C'est cette enveloppe qui permet à l'esprit de fusionner finalement avec l'âme lorsque toutes les autres enveloppes inférieures sont purifiées. Certains l'appelle le supra-esprit.

La deuxième enveloppe qui entoure l'âme est celle de l'intellect. Cette enveloppe permet l'intelligence de Dieu de se manifester dans l'homme.

La troisième enveloppe qui entoure l'âme et qui compose l'esprit est celle du mental. C'est par les modifications de cette enveloppe que l'homme peut s'élever vers sa nature divine ou s'abaisser dans les profondeurs de l'oubli. Cette enveloppe renferme les activités cérébrale de la pensée.

La quatrième enveloppe est celle de l'expression pranique, c'est-à-dire les différentes formes d'expressions vitales et énergétiques qui supportent la dernière enveloppe : le corps physique.

La cinquième enveloppe, bien sûr, est celle de la chair, le corps physique avec ses fonctions innombrables associées à son grand laboratoire biologique.

L'enveloppe qui nous intéresse le plus pour la discipline de l'esprit est nulle autre que celle du mental. Dans le corps humain, le chakra qui fait le lien entre le ciel et la Terre est le cœur, qui se trouve au milieu du système humain. Dans le corps de l'esprit, celui qui se trouve au milieu est le mental qui fait le pont entre l'âme ou le ciel et la Terre. Donc, la clé la plus importante pour arriver à reconnaître son origine est le mental.

Comment le mental est-il associé à l'expérience de vie ? Cette partie de l'esprit est le régulateur de toutes les fonctions des enveloppes inférieures. Si l'esprit est perturbé, le mental créera des vagues dans les pensées qui seront comme un choc aux fonctions praniques, et le corps physique sera affecté à travers les émotions. L'esprit étant constamment en activité, les pensées ne cessent d'aller et venir comme les vagues de l'océan soumises à des forces de la nature.

Pour calmer l'esprit et éteindre le feu des émotions, il est nécessaire de calmer le mental. Le seul moyen de calmer le mental, comme déjà mentionné, est la concentration qui mène à la méditation. Lorsque le flot incessant de pensées se calme, l'esprit est porté à s'identifier davantage à sa source de projection qui est l'âme, le Soi intérieur. Dieu a dit à l'homme : « Tu es ou JE SUIS ». Dès que l'esprit ne pense plus, l'homme n'est plus et le « JE SUIS » est omniprésent.

La discipline de l'esprit n'est pas une contrainte qui exige de faire des exercices ardus et ennuyants. C'est simplement de regarder, observer et associer. Lorsque vous pensez, regardez si vos pensées sont bonnes, profitables, honnêtes et utiles. Observez si ces pensées vous mènent vers le but que vous vous donnez, comme la croissance, la compréhension, le bonheur et l'amour. Associez vos pensées à des événements heureux et imprégnez-vous des émotions de joie et de félicité que ces pensées peuvent vous apporter. Oubliez les pensées qui vous font souffrir le plus rapidement possible, et revenez dans un état de calme en vous rappelant ce qu'il y a de plus beau dans votre vie.

Et, finalement, essayez d'attirer votre attention vers les aspirations les plus profondes de votre âme, afin que votre esprit ait un encadrement noble pour s'occuper. N'oubliez pas le cheval, la charrette et le conducteur, et vos pensées vous conduiront là où vous les dirigez. Le pouvoir de l'esprit est infini et mystérieux.

Rappelez-vous les quatre piliers du succès : l'aspiration, la détermination, la persévérance et le courage. Avec ces attitudes, vous ne pouvez que réussir votre ascension personnelle.

Je vous bénis et vous attends de l'autre côté du voile. Je vous aime. Adonaï.

Hilarion

CHAPITRE

11

LA DIGNITÉ DE L'ÊTRE HUMAIN

Ce chapitre est un compte rendu d'une conférence-canalisation du Maître Hilarion reçue à Mulhouse, France, en octobre 2001 par André. La première partie en parole libre a été enlevée pour ne laisser que la canalisation en transe profonde consciente du Maître Hilarion.

Bonsoir, Je suis l'Énergie que vous appelez Hilarion. Je viens à cette rencontre pour vous apporter la paix, pour vous donner Ma paix. J'aimerais développer un thème qui M'est très cher, parce que Je ne vois dans cette salle que des Lumières brillantes. J'aimerais que vous compreniez comment les Êtres de Lumière vous voient, afin que vous appreniez à vous voir de la même façon. Le thème de ce soir est : « La dignité de l'être humain ». Lorsque Je regarde dans cette salle, Je ne vois pas les manteaux que vous portez. Les manteaux étant les personnalités et ce que vous pensez avoir comme défauts ou comme qualités. Je ne vois que des soleils qui ressemblent à Mon Énergie, car Mes yeux peuvent pénétrer votre esprit. Je vais au-delà de votre esprit pour connaître votre vraie nature, votre vraie réalité.

Vous avez cette Lumière depuis que vous êtes partis du Père, il y a de cela des éons, des temps incalculables dans l'esprit humain. Le Père, un jour, eut beaucoup de compassion pour les petits fragments de conscience qui formaient l'Unicité de la Source. Les petits fragments de conscience ont commencé à avoir des volontés différentes de celle du Père. Ils ont demandé au Père : « Pouvons-nous aller voir d'autres mondes ? » Et le Père dit : « Il n'y a pas d'autres mondes, JE SUIS TOUT et TOUT EST EN MOI. » Mais, ils insistèrent et le Père dit : « Je vais créer des mondes, pour que vous puissiez être supportés, mais Je vais vous donner le pouvoir d'être des créateurs de mondes. » Les volontés sont parties et, à travers des milliards d'années, elles ont vécu des expériences et ont accumulé de plus en plus d'énergies.

Elles ont commencé par créer l'amibe, la cellule unique qui était vivante. Et après des milliards d'années, elles ont créé tout ce qui existe dans la matière. Et leur esprit a pénétré cette matière pour y vivre des expériences. Ces volontés sont entrées dans la roche pour y résider pendant des millions d'années afin d'apprendre à être. Elles n'avaient pas l'intelligence. Elles n'avaient que la mémoire fragmentaire de leur origine du Père. Mais, ces volontés étaient des âmes non différentes de l'âme humaine, des étincelles de vie, des étincelles qui renfermaient tous les attributs du Père, de la Source.

Après avoir vécu des millions d'années dans la pierre et dans les minéraux, elles ont commencé à travailler l'alchimie de la matière et ont créé, par leur esprit, par leur intention, des cellules vivantes qui ont formé la flore que vous connaissez aujourd'hui. Mais cela a pris des milliards d'années. Il y eut des changements très importants sur cette planète, car elle n'était pas tout à fait prête pour recevoir des intelligences plus élevées. La Terre devait être transformée par ces volontés qui, au fur et à mesure que le temps s'écoulait, devenaient de plus en plus intelligentes et de plus en plus audacieuses. Elles ont créé des cellules qui ont commencé à former de petits animaux, des insectes, des oiseaux. Compte tenu que ces éléments existaient déjà dans d'autres mondes, donc les volontés ont fait venir les plans génétiques, les prototypes énergétiques et éthériques de ces phénomènes. Elles ont commencé à se rassembler sur ce plan pour former des éléments de la troisième dimension.

Avec le temps, les animaux sont devenus de plus en plus importants, de plus en plus gros et plus perfectionnés. Par la suite, les cellules volontaires ont créé des formes qui ont été pénétrées par l'esprit de l'homme que vous connaissez aujourd'hui. Maintenant, toutes ces cellules ne se rappellent plus de leur origine parce qu'il y a trop d'expériences qui les séparent de la Source. Trop de temps loin d'Elle s'est écoulé.

Mais heureusement, un Avatar est venu il y a deux mille ans. Il s'appelait Jésus. À cette époque, Il a initié un phénomène particulier afin d'implanter une conscience christique dans le cœur des hommes. Par sa Résurrection, Lui aussi s'est fragmenté afin de pénétrer dans le cœur de tous les humains et de tout ce qui vit sur cette planète.

Le Maître est venu, il y a deux mille ans pour ensemencer l'amour sur une planète qui se déchirait par la vengeance. Il a fallu beaucoup de temps après Son départ pour que l'amour s'installe et que le moment soit favorable au virage important qui se préparait : un changement de conscience. Le temps est maintenant arrivé pour reconnaître les effets de ce virage car, pendant deux mille ans, il y eut une transformation et une progression majeures. Maintenant, l'amour est prêt à être intégré. L'être humain doit intégrer l'amour pour franchir la prochaine étape de l'évolution spirituelle de l'humanité : la transformation de la conscience de l'être humain en un être divin.

Ce changement ne vous incite pas à aller chercher quelque chose à l'extérieur de vous-même. La semence a été implantée à l'intérieur de votre cœur, et il faut maintenant la laisser germer pour prendre racine et s'élever vers le Ciel, dans le mouvement du retour christique. Le retour christique ne veut pas dire quitter votre corps par la mort. Le retour christique signifie épurer l'esprit en enlevant les vortex d'énergie qui constituent, le manteau pour être libéré de l'attachement et voir sa propre Lumière afin d'émaner vers l'extérieur. L'émergence christique sera le résultat de votre recherche. Mais, pour entreprendre cette recherche, il vous faut des moyens, des compréhensions. Vous croyez aujourd'hui que pour avoir accès au divin, il faut l'apprendre et le chercher à l'extérieur de vous-même.

Ce trésor que vous cherchez est à l'intérieur de vous, caché par ce manteau. Le Maître Jésus a dit : « Enlevez le boisseau sur la Lumière ». C'est-à-dire enlevez le manteau qui cache votre soleil. Ayez de la dignité pour enlever et écarter ce que vous croyez imparfait. Tout ce qui est imparfait est une illusion entretenue par vos croyances formées suite à vos expériences incomprises et incomplètes.

À partir de maintenant jusqu'à cet événement dont vous avez entendu parler antérieurement, c'est-à-dire l'année 2012, la période de gestation de ce Christ intérieur prendra beaucoup d'importance. Donc, apprenez à vous connaître. Prenez l'exemple que J'aime apporter par sa simplicité : l'œuf et sa gestation. Le jaune est comme l'âme de l'humain, le blanc est comme l'esprit de l'humain, la coquille est comme l'ego de l'humain. Lorsque la gestation est commencée, le blanc nourrit le jaune pour qu'il grandisse, pour qu'il s'épanouisse, protégé dans sa coquille pour ne pas avoir d'interférence extérieure.

Lorsque le blanc est consumé au complet, le jaune donne émergence à un poussin, à une nouvelle vie. Par sa force intérieure, le poussin brise la coquille et voit le jour. L'homme possède une âme qui est le potentiel, le fragment de Dieu qui doit s'épanouir. L'esprit est la nourriture qui doit être fournie pour supporter l'âme afin qu'elle s'épanouisse et se libère pour s'exprimer comme un soleil. Comme la chrysalide se métamorphose pour former le papillon, l'esprit de l'homme se métamorphose pour former l'esprit divin qui fusionne avec l'âme, l'expression pure de Dieu.

Lorsque ce soleil est venu à terme, il brise l'ego qui n'est plus nécessaire pour supporter l'esprit, car l'esprit est totalement fusionné avec l'âme. Vous devenez alors un être réalisé. Vous devenez un soleil. Tous les chakras qui ont servi à supporter votre humanité fusionnent dans le chakra couronne, votre premier chakra divin. C'est la raison pour laquelle vous voyez les auréoles autour de la tête des saints sur des images. Le corps est nourri par la Lumière et non plus par la nourriture terrestre. Il n'a plus besoin de dormir, car les glandes endocrines sont prises en charge par la Lumière pour nourrir les systèmes à l'intérieur de l'humain.

Vous voyez peut-être des saints qui semblent un peu erratiques. Ils le sont parce qu'ils n'ont plus d'ego et s'expriment comme des enfants. Le soleil central gère leurs cellules et les nourrit par la Lumière. En étant sublimées, toutes les cellules deviennent des parties de la première étape de l'ascension. Ceux qui choisissent de laisser leur corps derrière, le font pour leurs disciples, parce qu'ils savent que leurs disciples ont besoin d'un symbole. Le corps étant sublimé, il ne se décompose pas comme la chair mortelle, il devient alors une relique.

Lorsque le Maître part, les disciples reçoivent ce que le Christ a donné, une parcelle de son Être, de son Soleil. Le Soleil est un Être infini qui se fond dans l'Océan de Lumière, dans la Conscience du Père. Les disciples qui ont été bénis par l'initiation pour devenir d'autres Maîtres vivent l'éveil. Ils se développent et font la même chose que le Maître. La dignité de l'être humain est de reconnaître qu'il est ce soleil en devenir. Vous avez à le nourrir avec votre conception nouvelle de la vie, de l'éternité, du Ciel, de la Terre, en somme, de vous-même.

Ce que vous croyez être des erreurs sont des balises pour vous conduire vers cette perfection que vous êtes, mais que vous ne comprenez pas, par manque de dignité. Il y a des couches autour de ce soleil qui cachent la vérité. Ces couches sont des vortex de petitesse, de culpabilité, de croyances différentes et multiples. Il y en a tellement que la Lumière qui brille plus que vingt mille soleils est cachée à vos yeux. Vous avez dans votre cœur un potentiel de rayonnement immense, mais vous avez oublié votre origine.

Lorsque Je fus sur la route de Damas dans mon incarnation de Paul, J'ai été frappé par le Soleil du Christ qui m'a révélé mon Soleil. Depuis, J'ai travaillé pour aider les êtres à retrouver leur soleil, leur dignité. Je suis revenu en tant qu'Hilarion, entre les années 291 et 371. Mon histoire n'est pas connue, car J'ai vécu pour la plupart du temps dans le désert. Mais J'ai fondé les monastères de la Palestine. Plusieurs disciples sont venus me voir afin que Je leur montre mon Soleil, et que Je les aide à retrouver leur Soleil.

Je reviens aujourd'hui, à travers ce canal, à travers d'autres canaux, à travers vous, pour révéler ce Soleil, pour vous apprendre à enlever, couche par couche, la misère, la violence et les perturbations que vous vivez, afin que vous puissiez comprendre que vous êtes des êtres merveilleux. Le sommeil a duré assez longtemps. Poursuivez votre chemin avec audace afin de changer les réalités qui ne vous conviennent plus, et d'expulser de votre être ce qui vous garde au sol. Les habits anciens, jetez-les. Mettez de nouveaux habits. Mettez les habits de l'initié. Vous êtes tous des initiés, plus ou moins révélés.

Apprenez à vous révéler à vous-même. Connais-toi toi-même, et tu connaîtras l'Univers. L'Univers est ton miroir. Tout ce que tu vois est créé par ton esprit.

Dès que tu cesses de vivre, ton monde cesse de vivre. Bien sûr, le reflet continue pour ceux qui ont créé la même histoire. Vos civilisations vous montrent un chemin d'imperfection. Changez de chemin, changez de paradigme. Pour ce faire, plutôt que de vous imprégner de l'esprit de vengeance, de l'esprit de haine, de la guerre, imprégnez-vous de l'amour pour votre prochain, de l'innocence de l'enfant, des yeux d'un être qui a besoin de votre aide. Regardez un être dans les yeux, peu importe qui il est. Si vous n'arrivez pas à reconnaître son amour dans dix minutes sans cligner des yeux, vous ne savez pas ce qu'est l'amour.

L'amour de chaque être humain est plus fort que cent bombes atomiques. L'amour d'un seul être humain, bien canalisé, peut changer ce monde pour devenir un monde céleste de la cinquième dimension, que le Maître Jésus a appelé le Royaume des Cieux. Pour cela, il faut retrouver votre dignité. Il faut retrouver ce que vous étiez lorsque vous étiez dans le Sein de Dieu, omniprésent, omnipotent et omniscient. Vivez votre jour au présent et vous créerez un canal intuitif entre votre cœur et votre esprit. Il y a une grande distance entre votre cœur et votre âme énergétiquement, mais votre âme est incluse physiquement dans votre cœur. Il n'y a pas de distance physique, et pourtant, votre âme semble si loin, si loin que vous l'avez oubliée.

On vous a fait croire qu'elle était si noire que vous êtes devenus fatalistes. On vous a dit que c'était impossible d'ascensionner, alors vous n'essayez plus. Qui peut s'autoriser un tel mensonge ? Nul autre que l'Ombre. Voyez votre Lumière en regardant à l'intérieur de vous par la contemplation, par l'imagination, par la méditation. Apprenez à méditer. Utilisez un mantra pour votre concentration. Si vous n'avez pas de mantra, utilisez celui que le Maître Jésus a donné à ses disciples :

MARANATHA, MARANATHA, MARANATHA, qui veut dire : viens Seigneur. Sur Son accueil, sur Sa visite en vous, Il tirera par résonance sur une corde importante. Il la fera vibrer pour éveiller ce Christ intérieur afin que le Maître se reflète dans votre miroir, dans votre dignité. Votre dignité est votre divinité. Amenez à votre esprit cette dignité.

J'aimerais que vous preniez un petit moment pour vous intérioriser et imaginer, à partir de votre tête, votre « JE », votre perception consciente. Imaginez votre « JE » étant vous, votre divinité, sans habits, sans attributs humains, mais avec tous les attributs du Père. Votre « JE » est sur le siège de la glande pinéale, au même endroit que le siège du Père, dans la glande pinéale. Le Maître Jésus a dit : « Je dois vous quitter pour aller m'asseoir à la droite du Père. » Son « JE » est devenu UN avec le Père, dans son chakra couronne.

Votre « JE » est assis avec le Père parce qu'Il est aussi dans votre chakra couronne. Percevez, sentez où Il est. Où est votre conscience ? Elle est au milieu de votre tête, exactement au même endroit que votre glande pinéale où se situe le Père, la première personne de votre Trinité. La deuxième personne étant vous dans le cœur, fils ou fille de Dieu, votre âme, votre parcelle christique. La Mère est dans le chakra de la base. Le Christ a dit : « Lorsque Je serai dans le

Sein du Père, assis à Sa droite, Je vous enverrai l'Esprit Saint. » Il a activé en vous l'Énergie de la Mère, que vous appelez Kundalini. L'Esprit Saint est la Mère, dans votre chakra de la base. Lorsque vous devenez disciple assidu du Maître, en l'occurrence, lorsque vous reconnaîtrez le Maître Jésus comme votre Maître, Il vous baptisera de l'Énergie de la Mère pour révéler le Christ en vous. La Mère s'éveillera et commencera le voyage vers votre cœur et Elle purifiera tous les chakras qu'Elle trouvera sur Son chemin.

Lorsque les chakras seront purifiés, une énergie de pouvoir naîtra en eux. C'est de là que viennent les miracles des saints, des chakras fusionnés et restaurés à leur plein pouvoir. Tant que vous êtes dans l'expérience humaine, la vitesse de rotation de vos chakras est diminuée. Ils ne peuvent plus puiser autant d'énergie dans le Cosmos et nourrir votre corps. C'est la raison pour laquelle vous vieillissez. Il n'y a pas assez d'énergie. Mais, dans votre cœur réside une génératrice ultime. Faites la connexion à cette génératrice par votre dignité. Laissez tomber vos préjugés et vos barrières. Laissez tomber vos doutes et vos peurs. Laissez tomber votre incompréhension et vos souffrances.

Il est possible de laisser tomber les souffrances, en connaissant la raison pour laquelle elles sont là. Toutes ces raisons sont reliées au manque de dignité, de votre indignité. Le manque d'estime de soi est le résultat, et produit les maladies. Les cancers viennent du manque d'estime de soi. L'être humain, en général, ne peut pas se regarder fixement dans le miroir plus de cinq minutes, car il ne s'aime pas assez par manque de dignité. Le paradigme que vous devez changer est de s'efforcer à aimer cet être que vous voyez dans le miroir, avec toutes les conditions qui y sont rattachées.

Les conditions que vous vivez sont des impressions karmiques à l'intérieur de vous, à l'intérieur de votre esprit. Une seule chose peut diluer ces impressions d'une façon instantanée, c'est l'Amour inconditionnel, de vous-même d'abord, et le reste suivra. Il est important de comprendre que le système karmique est un système temporaire parce que vous avez renié cet Amour inconditionnel. Il est un système fataliste parce qu'il agit œil pour œil, dent pour dent. Parce que, si vous donnez un coup de pied à votre frère, s'il n'est pas capable de vous donner le retour dans cette vie, il vous poursuivra pour l'éternité pour vous le rendre. Ceci est important pour équilibrer le karma.

Alors, vous vivez des situations où un nombre impressionnant de gens viennent pour vous remettre les dettes que vous avez contractées en d'autres temps. Et vous revenez aussi pour payer vos dettes à ceux que vous avez lésés. Mais pour effacer l'illusion de ce système temporaire, aimez inconditionnellement. Retournez au fond de votre être pour retrouver ce soleil. Il est là, il a toujours été là, et c'est cela le retour : c'est d'exprimer ce soleil intérieur. Il a fallu des milliers et des milliers de vies pour accomplir l'ascension dans votre être, là où vous êtes maintenant. Votre colonne vertébrale, où le canal de Lumière y est superposé, a moins d'un mètre de long, et pourtant, l'ascension est seulement de laisser monter la Mère vers le Père, et vous prendre en route pour vous intégrer, vous fusionner, dans votre tête, assis à la droite du Père.

Tout cela est mécanique, mais très difficile à comprendre et à mettre en pratique. L'amour humain est un départ. L'Amour divin est l'arrivée. Entre les deux, sont vos pensées et vos croyances. Tout le reste est illusion et conditionnel à la cause que vous vivez et manifestez. Chaque pensée que vous laissez entrer dans votre esprit, crée votre futur. Si vous vous pensez petit aujourd'hui, vous serez petit dans votre futur. Si vous êtes digne aujourd'hui, vous serez le mystique de l'Âge d'Or dans votre futur, peut-être jusqu'en l'an 2050. D'ici là, il y a beaucoup de transformation pour l'humanité collective. Mais chaque être humain peut monter dans l'ascenseur et ne pas attendre la collectivité, en travaillant sur soi-même.

Vous avez tous les renseignements à l'intérieur de vous. Vous avez la Création à l'intérieur de vous. Dans ce « JE » qui est assis à la droite du Père, il y a une petite Lumière grosse comme un pois, une Lumière bleue que l'on appelle la Perle bleue, laissez-la s'exprimer. Laissez-la jouer avec vous, et illuminez votre monde. Votre « JE » est le Père, acceptez-Le. Ceci n'est pas de se prendre pour Dieu, mais ceci est de se perdre en Dieu.

Nous vous aimons et nous vous bénissons.

Adonaï.

Hilarion

DU MÊME ÉDITEUR

Ce livre de 856 pages est une compilation des enseignements donnés par « Lumière de l'Être », les Énergies Christiques du Maître Jésus, lors des rencontres d'Intégration Christique à Montréal et à Québec de septembre 1999 à juin 2000.

ISBN 2-921662-24-8 Prix régulier : 37,25 $ Canadien.

« Il est dit que ce temps est le temps du jugement. Non pas que Dieu juge qui que ce soit, car Dieu voit tout dans la perfection. Il est un temps où l'être humain ne peut pas se tricher lui-même. En ce moment, vous vivez sur le seuil de la quatrième dimension, la dimension des émotions et des désirs. Les désirs non comblés seront réalisés. Les émotions non résolues seront harmonisées et maîtrisées afin que vous puissiez vivre l'unicité.

« Il est nécessaire, dans cette prochaine décennie, de s'engager sur le chemin du Retour par la voie de l'Unicité. Pour ce faire, vous devez développer une vision d'ensemble de votre humanité en cessant de soutenir l'énergie de la séparation. Ainsi, vous éviterez de prolonger votre voyage dans la dimension humaine.

« L'Intégration Christique vous conduit à cette Unicité en vous permettant de vous absorber dans une Énergie ascensionnelle que vous érigez par votre présence, comme si chacun venait avec une chandelle et, de sa flamme, rajouter à la flamme de l'ensemble. Ensemble, vous ascensionnerez, car ensemble vous créez un bassin christique assez puissant pour que chacun puisse y être infusé et intégré. Lorsque vous trempez une éponge dans l'eau, vous créez une infusion, une intégration. De même, lorsque vous vous présentez dans des réunions au nom du Divin, vous vous imprégnez comme l'éponge dans un seau d'eau. Vous vous imprégnez dans un bassin d'Énergie Christique, et l'infusion commence.

« Aujourd'hui, vous n'avez plus le temps d'ouvrir les livres et apprendre par la connaissance. Vous devez avancer et comprendre par infusion. Plus vous serez nombreux à vous regrouper au nom du Divin, plus l'Énergie d'infusion sera effective. Ainsi, l'ascension se fera sans efforts, sans douleur et sera mille fois supérieure à l'apprentissage intellectuel de la connaissance.

« Nous avons donné l'Intégration Christique pour commencer cette infusion à travers l'ensemble de l'humanité. Ces rencontres deviendront un phénomène mondial. Plusieurs voix à travers le monde entier répondront à l'appel afin de permettre la réalisation de ces rencontres. Il est nécessaire qu'un changement de conscience s'installe au niveau planétaire avant la fin de cette décennie afin que la Terre puisse entrer en harmonie vibratoire avec les Énergies de la Conscience Christique. »

— Lumière de l'Être

DU MÊME ÉDITEUR

JE ME SOUVIENS DE TOI
Ô MA LUMIÈRE

avec

«Lumière de l'Être»

Énergie Christique du Maître Jésus

par

Francine Ouellet

André DeLadurantaye

♥ MARIE-LAKSHMI ♥

À PARAÎTRE BIENTÔT

PRINTEMPS 2003

Ce livre est une compilation des enseignements donnés par « Lumière de l'Être », les Énergies Christiques du Maître Jésus, lors des rencontres d'Intégration Christique à Montréal et à Québec de septembre 2000 à juin 2001.

DU MÊME ÉDITEUR

MA PRÉSENCE DANS TA VIE

avec

«Lumière de l'Être»

Énergie Christique du Maître Jésus

par

Francine Ouellet

André DeLadurantaye

♥ MARIE-LAKSHMI ♥

À PARAÎTRE BIENTÔT

AUTOMNE 2003

Ce livre est une compilation des enseignements donnés par « Lumière de l'Être », les Énergies Christiques du Maître Jésus, lors des rencontres d'Intégration Christique à Montréal et à Québec de septembre 2001 à juin 2002.

DU MÊME ÉDITEUR

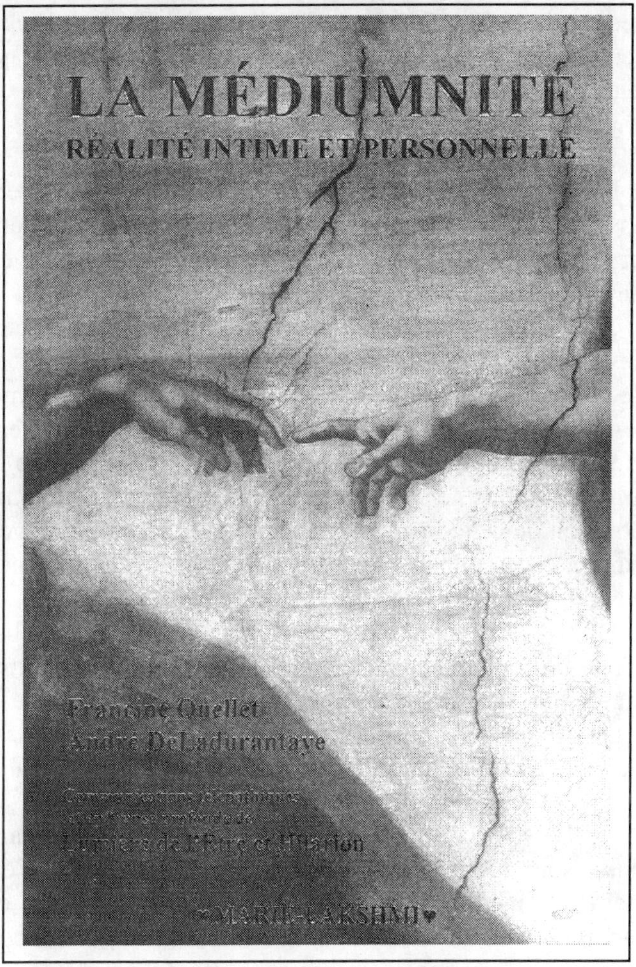

Ce livre de 378 pages est un compte rendu du développement d'un médium en formation avec son médium-instructeur. Plusieurs enseignements sont donnés par « Lumière de l'Être », les Énergies Christiques du Maître Jésus, et par le Maître Hilarion.

ISBN 2-921662-17-5 Prix régulier : 24,95 $ Canadien.

Ce livre est un témoignage de la vie d'un médium qui forme d'autres médiums ainsi que celui d'un élève en formation. Toutes les facettes de la formation sont démontrées telles que vécues par les deux sujets, l'enseignant et l'élève. Toutes les phases de l'enseignement sont guidées par « Lumière de l'Être », qui est l'Énergie Christique du Maître Jésus.

Voici un extrait des enseignements de « Lumière de l'Être » :

« Nous sommes heureux de pouvoir communiquer avec vous sur les enseignements que nous désirons transmettre à l'humanité concernant l'Éveil Christique de leur être à travers la manifestation de leur médiumnité…

« …La médiumnité est l'émergence des connaissances déjà établies à l'intérieur de l'être qui canalise. Elles sont cependant éveillées par l'Énergie d'un Être de Lumière indépendamment de l'énergie du médium. Il existe une médiumnité à manifestation spectaculaire afin de faire preuve de l'existence réelle de ce pouvoir, mais nous ne voulons point enseigner la médiumnité par l'élaboration de cette facette. La médiumnité sert à l'émergence, à la résurgence de connaissances divines inscrites dans la mémoire cellulaire et subtile du Dieu intérieur de chaque médium.

« L'Être de Lumière canalisé par le médium utilise les capacités de connaissance du médium pour transmettre ses messages. Par sa puissance vibratoire, l'Être de Lumière active l'Énergie divine de chaque médium et y puise les connaissances afin de transmettre les messages à dicter par l'imagerie visuelle ou par l'imagerie verbale…

« … Lorsque l'Être de Lumière pénètre dans le canal du médium, son Énergie vibratoire étant abaissée et l'énergie vibratoire du médium étant élevée, un contact se crée et, par l'abandon du médium à laisser imprégner tout ce qui concerne sa conscience, la Lumière se transmet. Cette expérience est vécue directement avec la Lumière. Lorsque la Lumière imprègne et habite l'énergie du médium d'une façon complète, l'expérience est proche de l'extase. L'enveloppe de Lumière baigne tout le corps du médium et celui-ci se retrouve dans un état de bien-être. »

— Lumière de l'Être

DU MÊME ÉDITEUR

À PARAÎTRE BIENTÔT

« Chère âme bien-aimée,

Depuis plusieurs années, ta montée vers les sphères de la Divinité te fait expérimenter une nouvelle façon d'aimer. Cette ascension te porte à éprouver des émotions qui ont tendance à dépasser les limites de la normalité à laquelle tu étais habituée. Actuellement, tous tes sentiments vivent l'affranchissement des limitations reçues par tradition de génération en génération.

Ne t'inquiète point de l'insécurité que tu peux ressentir à vivre cette réalité de ton évolution. Au rythme de ta respiration, laisse la grâce de cette libération imprégner sur le vitrail de ton cœur une nouvelle luminosité destinée à rendre hommage à toute la beauté de ta sensibilité.

Il est naturel qu'en ces temps de grande déstabilisation intérieure, tu ne parvienne plus à retrouver en toi et tout autour de toi, les balises qui ont si souvent sécurisé ta route vers le bonheur. Un jeu de forces mystérieuses soumettent toutes les relations personnelles à des alternances d'exaltation et de dépression. Comme si un rythme minutieusement ordonné par un balancier invisible te faisait ressentir à tour de rôle, les plus hautes vibrations de l'Amour divin et l'abîme des plus profonds tourments de l'amour humain.

Il est évident que ce constant mouvement ondulatoire réussit plus souvent à te déchirer émotivement qu'à t'exalter spirituellement. Cependant, Il te faut prendre en considération que les multiples variations de ces bouleversements sont un signe des Temps. Ils viennent révéler que la transmutation de l'amour humain à l'Amour divin est amorcée dans le processus d'évolution de ton individualité et dans celui de toute l'humanité.

En vérité, je te le dis ; que ton cœur soit patient, car il est prédit que, dans un temps très rapproché, ta faculté d'aimer atteindra la splendeur inégalée d'une Cathédrale dédiée à la Divinité. »

« Lumière de l'Être »

RENCONTRE INTIME
AVEC
HILARION

Régent du
Cinquième Rayon Christique
de Guérison
Vert émeraude

Le Maître Ascensionné Hilarion est canalisé en transse profonde consciente par André DeLadurantaye, éditeur et co-auteur des livres :

Reiki – un pont entre deux mondes

La médiumnité, réalité intime et personnelle

Mon retour par l'Intégration Christique

Consultation privée : Hilarion peut répondre à des questions personnelles concernant le cheminement d'un individu. Ce n'est pas de la voyance, mais une reconnaissance de l'évolution de l'être en cheminement. Ils regarde dans les vies passées pour trouver la cause d'un problème dans la vie actuelle.

Canalisation de groupe (en salle ou résidence) : Hilarion peut développer un thème et/ou répondre à des questions personnelles à chacun à l'intérieur du groupe.

Pour information : Contactez André (450) 652-5649
Site Web : http://www.marie-lakshmi.com
Courriel : info@marie-lakshmi.com
Présence en France : avril, mai, octobre et novembre
Pour info contactez : Nicole Florio, Tél : 03-87-71-50-55
Courriel : florio.nicole@wanadoo.fr

REIKI

FORCE DE VIE UNIVERSELLE

Système de guérison holistique et spiritelle

Initiation Reiki niveau 1 : 100$ (500 fr.)
Initiation Reiki niveau 2 : 140$ (700 fr.)
Initiation Reiki niveau 3 : 400$ (2000 fr.)
(Maître de Reiki) : permet d'initier 1 & 2
Initiation Reiki niveau 4 : 500$ (2500 fr.)
(Maître enseignant de Reiki) permet d'initier tous les niveaux.

Pour info : André DeLadurantaye (450) 652-5649
Maître enseignant de Reiki depuis 1992
Éditeur et co-auteur du livre :
Reiki – un pont entre deux mondes
Site Web : http://www.marie-lakshmi.com
Courriel : info@marie-lakshmi.com

Présence en France : avril, mai, octobre et novembre
Pour info contactez : Nicole Florio, Tél : 03-87-71-50-55
Courriel : florio.nicole@wanadoo.fr